# 《申报》景德镇瓷业文献选辑

詹伟鸿　编著

本书系江西省社科规划项目『《申报》景德镇陶瓷艺术文献的整理与研究（项目批准号：20YS17）』阶段性成果

中国轻工业出版社

**图书在版编目（CIP）数据**

《申报》景德镇瓷业文献选辑 / 詹伟鸿编著. —北京：中国轻工业出版社，2022.12
ISBN 978-7-5184-4033-7

Ⅰ.①申… Ⅱ.①詹… Ⅲ.①陶瓷工业—工业史—史料—景德镇—近代 Ⅳ.①F426.7

中国版本图书馆CIP数据核字（2022）第102399号

责任编辑：毛旭林　张　晗　　责任终审：李建华　　整体设计：锋尚设计
策划编辑：毛旭林　张　晗　　责任校对：吴大朋　　责任监印：张　可

出版发行：中国轻工业出版社（北京东长安街6号，邮编：100740）
印　　刷：北京君升印刷有限公司
经　　销：各地新华书店
版　　次：2022年12月第1版第1次印刷
开　　本：710×1000　1/16　印张：14.75
字　　数：320千字
书　　号：ISBN 978-7-5184-4033-7　定价：59.80元
邮购电话：010-65241695
发行电话：010-85119835　传真：85113293
网　　址：http://www.chlip.com.cn
Email：club@chlip.com.cn
如发现图书残缺请与我社邮购联系调换
211676W2X101ZBW

# 前　言

《申报》是近代中国“第一大报”，且《申报》在景德镇设有发行站和通讯记者，对近代景德镇的报道及时全面，是不可多得的研究近代景德镇瓷业史料来源。笔者身在“瓷都”，耳濡目染，竟也涉入“瓷学”大观园了，教学之余，将《申报》有关景德镇瓷业的资料誊录出来，以期对“景德镇”和“瓷业史”研究有所裨益。

《申报》容量庞大，翻检之劳，不难想见。本资料集的辑录遵循以下原则。

一、所辑资料，均来源于《申报》(含《申报》汉口版和香港版)，所采各条于末尾注明出处，以便查考。

二、所录正文以《申报》所载为准，虽有讹舛，不妄加改动。其中关于景德镇瓷业所录同一人名、地名、专业名词，因音近、形近，前后时有异文，径为改正，以求一律。《申报》对瓷的书写有“磁”“瓷”“甆”等，摘录时，为统一称谓，将其均改为“瓷”。

三、《申报》属于近代报刊，常有缺损、模糊处，还有错字、别字、脱漏字、异体字等。对于一时无法辨识的残缺字，以“□”代之。明显错字、别字、异体字，更正后加“[ ]”，予以标出。脱漏字补上后，加“( )”，原文衍生内容以“〔 〕”标出。

四、晚清《申报》没有句读，民国很长时期只有简单断句。此次选辑，对资料进行了句读，以便省览，以免错乱。1920年后，《申报》开始出现顿号“、”，到1940年后又有逗号“，”、句号“。”，凡《申报》已用新式标点者，句读大体保留原样。

五、所录以年代早晚为序，或增入干支年份，以求一律。

六、对所辑资料中涉及的人名、地名、瓷业专有名词等，作有注释。

七、对原标题过长者做了必要的精简。没有标题的酌加标题，以便参照、检索。内容完全雷同的资料，辑录最早出现者，其余从略。

八、因部分史料是《申报》某一专题报道中的一部分，所以不相关的内容尽量予以省略。文中出现的“(前略)”“(中略)”“(后略)”均为笔者所加。

除上述辑录原则外，在内容上，本资料集还有意将近代制瓷科学和景德镇瓷商活动的重要资料收录其中。笔者以为，近代以景德镇为代表的中国传统瓷业衰落的同时，瓷业现代化却逐步得以萌芽和发展。推动中国瓷业现代化的因素主要有两方面：一是国外制瓷科学技术的引入。它们伴随国外瓷器输入进来，在国内得到迅速传播和效仿，成为推动中国瓷业改革的重要因素。二是瓷商地位的崛起。瓷器在当时是生活必须商品，除了瓷器生产，瓷器销售也非常重要。近代社会发展带来商人地位逐渐崛起。景德镇瓷商作为其中的一份子，不但早已将瓷庄开到了九江、上海、天津、香港、纽约等国内外城市，而且加入瓷业公所、商会、国货维持委员会等组织，在同政府公权力角力中日益成为一种不可忽视的力量。为更好探索

“传统瓷业近代发展”的主题，笔者将《申报》景德镇瓷业资料的搜索范围扩大，不再局限于“陶阳十三里”的地理范围，有意将近代制瓷科学传播和景德镇瓷商活动的重要资料收录其中。

有关景德镇瓷业内容大多穿插于“通讯”“评论”和“广告”中，不少地方植字错漏，难以分篇和句读，为方便读者阅读，笔者虽对搜集誊录的史料进行了点注，但鉴于笔者学力不深，水平有限，誊录句读难免疏漏，敬请读者批评指正。

# 目　录

# 一

# 有关景德镇瓷业报道的《申报》影印照

欽

加道銜署理江西分巡廣饒九南兵備道管理

九江關稅務兼管窯廠事調補南昌府正堂許　為

出示嚴禁事照得字紙聖賢遺跡萬古同文凡為官紳

士庶莫不存心敬惜即農工商賈亦當敬謹力行查字

跡書之紙箋竹帛一旦無用猶可化為灰燼若書之磁

器碗碟及經破碎瓦礫同拋近來此等陋俗日即澆漓

甚至一器之中以蠅頭小楷密緻聯編計字不下數十

試思此等字跡刷洗不去磁破丟棄踐入藩溷褻瀆殊

甚考古名磁如宣窯成窯以器古器精為最貴釉均細

以釉美色鮮為尚未聞以字跡爭勝且字畫縱極端楷

一經窯火變幻百出既不足以美觀瞻更不足以昂價

值即敬製

御窯貢磁亦以釉料畫工為貴從不以製字為工本署道

覩此頹風欲除積習合行出示嚴禁為此示仰闔鎮窯

戶及販磁客商人等知悉凡秀民善士固宜雅重詩書

即大賈富商亦必精通翰墨千金一字愛惜情殷已往

從寬後來宜禁所有窯戶造賣商販定燒底蓋代以花

紋儘堪區別年號偶書款識或免模糊若四圍製字一

律盡除況且磁在必需日用不能稍缺豈有器因無字

生意或至轉疎亟宜改圖挽救陋習禍福或懸於虛渺

利害立見於當前自示之後窯戶磁販倘敢故違一經

拿獲從嚴懲辦磁則繳官收存人則納鍰示罰本署道

言出法隨決不寬貸各宜凜遵毋違特示　乙○○

同治十一年十月日　九江關抄

图一 《为出示严禁事》,《申报》1872年11月2日，第5版。

大清光緒　丙子六月　念二日

# 申報

第一千三百十八號

西曆一千八百七十六年八月十一日即禮拜五

論蘇州機匠公稟控董事恃勢挾詐科斂同業事

昨閱蘇城機匠公稟控董事沈鳳三假公科斂恃勢作威種種不法已非一朝一夕而且于絲

難之際迎合局員無故加捐以致積成衆怒局批斥革查辦歸罪一身而于委員既免同科之

愆頗言嘖嘖殊未能昭公允而服人心也查董事之名起于三十年董事之盛近于二十年董

過十餘年也軍務初起府縣城鄉保甲團練籌餉善後在在設局即在在需人因地制宜自爲

官所能盡於是邀紳衿之公正廉幹者參預諸務爰有董事之名迨捐釐議起各局有各局

業之董總有總董分有分董甚而一村一卡一事一藝莫不董其所董此董事之所由盛也東

復指務日繁甚且巧立名目擅設書差董事借委員爲恫喝委員藉董事以張羅積久假則下

弊集衣冠之敗類廢閭閻之脂膏城狐社鼠得所憑依蠹國病民殊深慨歎澤麟虎皮衆矢之

局必然顧員董共事利害共之其平日爲人之賢否行事之公私共事之委員自必知之有素

派納規勒索捐禮推而給示有費分書有費婚喪喜慶無一事不有費怨聲載道愁緒盈城朝

豈竟如聾如瞶漫無覺察耶猶肉分肥有同故縱原心定罪未使從寬夫關市之征王政所以

千焉千取百焉不爲不多矣倘能滴滴歸源涓銖盡用百姓之天良具在何妨紓難而毀家無

魁之名商旅歎轉輸之困而從中飽於若輩之私囊此則有心人不禁爲之長太息也不僅此

濟衆之虛名與集腋成裘之美舉善善從長堂堂無欺董其事者初則面黃肌瘦繼而腦滿腸

用連騎結駟頓改寒酸之氣象是殆天之報施善人是亦與噫不可問矣因論機匠而不覺連

電報重續　○由中國經過俄地到歐羅巴電綫業已修好西歷八月初七日電信錢價

個不力半比先稍減倫敦絲價亦略平矣法國絲市甚爲熱鬧西商由中運法每磅賺十二个

可賺銀二百二十餘兩也

洋銀將到　○近日滬市洋銀甚缺以致拆息以外又有貼現貼水等名目每千多至

市井之弊政頃聞外國各號商載來銀洋約二百萬之譜此一禮拜內可到市面可以通暢矣

佩民鬧事　○頃得駐劄南京之勇業經奉調四營前赴穎壽等府防剿緣該處有佩民

搶掠以致捻匪餘黨乘勢蠢動前聞有一縣業已被圍故飛報請援至所調者或謂係南門外

萬統領一營爲龍山吳統領一營但未知確係此四營否容俟探明再述

誤殺二子　○有魏某者當西寧僑人也性好賭出則恒數日不歸妻勸止之亦不聽

予忽同日暴卒妻亦不知何往比鄰頗有疑意欲弃告於魏而魏又素無定處聞其鄰嫗曰此

本欲害夫改嫁陰市毒藥爲餅餌以俟夫歸不意二子誤食之蓋婦與姦夫私商適鄰嫗夜從

而得故知二子必係誤食藥餅也此事必須跟獲其婦方可研究細底耳諺云最毒婦人

窰廠滋事　○江右瓷器甲於天下其出售之處曰景德鎮爲饒州浮梁縣管轄與徽

一大市鎮也所設窰廠不下百數十處各色手藝人等五方不齊尤以都昌人爲最多向來有

之飯食孫上熟白米不得摻一紅粒此外有差至前月間衆工聚議謂以後炊米均須照最上

停工廠主未允以致爭執嘩鬧不休旋廠主亦答許此六月內俱用上白米餘仍照原衆工又

激手該鎮有浮梁縣行署邑尊每半年駐鎮半年駐城縣主以各工有意把持遂赴署稟衆

在分府分司各署俱遞呈一紙當經邑尊傳訊并查核歷年條規皆無上白米之例顯係藉端

責幷將爲首者數人曹行管押在案無如各工人等聚衆既多其中喜事者又不乏人自縣訊

鬧即大開會館議事集衆至萬餘人持械齊起先將各處要道堵塞以與廠主從事廠主聞信

蜂擁入署立將各犯臨內緊要犯人一概放出并將縣署書辦家皆搶掠一空幸官見勢先避

矣由是合鎮市面均閉不開路上亦不敢來往時邑尊不勝大怒即撰稟府適被搶之書辦在

矣何暇上顧萬一合被聞知是速禍而貽性命之憂聞得此端有樂平土棍三人神通廣大登

图二 《窑厂滋事》,《申报》1876年8月11日，第1—2版。

贛撫柯大中丞奏請振工藝以保利權摺 ○護理江西巡撫布政使臣柯逢時跪奏爲

利權恭摺仰祈 聖鑒事竊，查浮梁縣之景德鎮製造磁器已歷數朝每年售價約值五百

精稅釐太重之故臣初亦信以爲然自來豫章悉心考察乃知此項製作實勝外邦其選料也則

彩也則取各省之物而配色故其光澤而其彩鮮明又復講求火候考驗天時備極精微遂成絕

不相師非若他技之淺而易明也始由朝鮮學製漸達于東西各洋視爲瓌寶經營仿造乃克有

成其詣力未深爽然若失外洋各國亦自以爲弗如也至於征榷則稅重而釐輕江西磁釐不及

粗辦其花色幾逾十倍故商人辦運皆取道內地繞越海關獨與他貨異轍然中國之銷數日細

充不能與之相競籌該鎮自軍興以後元氣未復又一燬於火磁商或挾外人之勢冀免稅釐歷

不能自保矧該鎮聚工匠數十萬人性情獷悍或致別滋事端隱憂尤大今旣設立公司精求新

工藝收效雖期不若因其固有者而擴充之爲事半而功倍也該鎮銀根緊迫百物騰貴此次並

准贍時察看情以資補助是否有當除咨外務部督辦政務處戶部外合將江西創設磁器公司

摺具陳伏乞 皇太后 皇上聖鑒訓示謹奏奉 硃批外務部戶部知道欽此

[illegible]

图三 《赣抚柯大中丞奏请振工艺以保利权折》，《申报》1903年7月7日，第2版。

第一萬二千二百五

# 奏定商辦江西瓷業有限公司廣告

江西瓷業爲我國物產之大宗 [illegible] 以改良製造爲宗旨以期工藝之擴張商業之發達 用特糾合同志

[illegible] 呈請督撫憲奏明立案幷蒙 農工商部批准 本公司計集股本銀二十

萬圓每股五圓計四萬股 除由發起人 先行分認一萬五千股外尚餘二萬五千

股海內同志幸速贊成 [illegible]

本公司發起人 [illegible]

贊成人 [illegible]

經收股款處 [illegible]

江西 收股款處 同啓 上海

图四 《奏定商办江西瓷业有限公司广告》，《申报》1907年6月9日，第1版。

●仿製電用磁料

吾國各項電料大半購自外洋即電杆上之磁瓶等亦用外貨每年購買爲數甚夥茲江西瓷業公司因挽回利權起見擬將此項電用磁瓶呈請交通部考驗昨駐滬電料轉運處已準到交通部第一四五號訓令開據江西瓷業公司康達函稱爲振興實業挽回利權起見仿製各種電用磁料檢同貨樣請爲考驗備案等情查該公司所製各種電用磁料大多係電燈材料惟其中磁頭一項爲本部電報電話上所必需該項貨品能否合用應由該處會究電師唐蘊田洋員伊勃生（譯音）切實考驗呈候核辦一面另由該處將外洋各種電用磁瓶磁頭式樣檢具全份連同料式單一併寄交該公司悉心研究再行仿照呈驗以期適用而挽利權除函復江西瓷業公司外仰該處長即便遵照此令

图五 《仿制电用瓷料》,《申报》1916年8月31日，第11版。

◉景德鎮變賣窰廠基地之抗爭

江西景德鎮珠山、爲當地名勝之區、俗謂九龍搶珠、茲以有九山凸形似得名、位置在鎮中心、前清御窰廠設於此、廠前有工業學校、模範工廠、女子工學、模範學校、積穀倉、龍珠閣古蹟亦在焉、日前墾務局派委羅某至鎮、變賣該處基地、闔鎮輿論譁然、以爲數千年之古蹟、一旦被人變賣、鎮將亡矣、景鎮浮梁各界、爲保存御窰廠前後地基事、假浮梁公所、特於前日開全體大會、人山人海、勢燄高張、一個個摩拳擦掌、俱謂應將羅某逐出總商會、幸經穩健者再三開導、（原定在商會開會、因羅某住商會不便、）三時、人數已有千餘、由浮梁紳士蔡邦儁發言、大致以景鎮之御窰廠、珠山突起、商埠宏開、其地勢甚高、甬道寬敞、爲景鎮精華所聚、加以此地每至初夏、霪雨連綿、山洪暴漲、一般居住近河之苦工人均紛紛逃往廠前頭門內、以避水災、且此廠地、非特名勝、古蹟具在、即造磁器一項、亦中國著名之工廠、此廠一經變賣則廠亡、景鎮與之俱亡、民六時財產清理局竟欲變賣、經同人等分稟各當道、誓死力爭、稟准保存、以垂久遠、存案俱在、今日亦是討論救濟及保存辦法、萬不能令其變賣云云、經各幫首領討論良久、議決一面分派代表、向羅文鼎接洽、向縣知事要求保存、一面由景鎮徽雜窰三幫及浮梁紳商學工界分電蔡督理鍾墾務局長省議長新民報館力爭、務須達到保存目的、浮梁推定蔡邦儁吳麟瑞等四人、窰幫推定袁祖良等四人、雜幫推定鄧小禹袁蕭等四人、徽幫推定程鑅湖董杰珊等四人、共十六人、前往總商會向羅交涉、散會時已萬家燈火矣

图六 《景德镇变卖窑厂基地之抗争》,《申报》1924年1月26日，第7版。

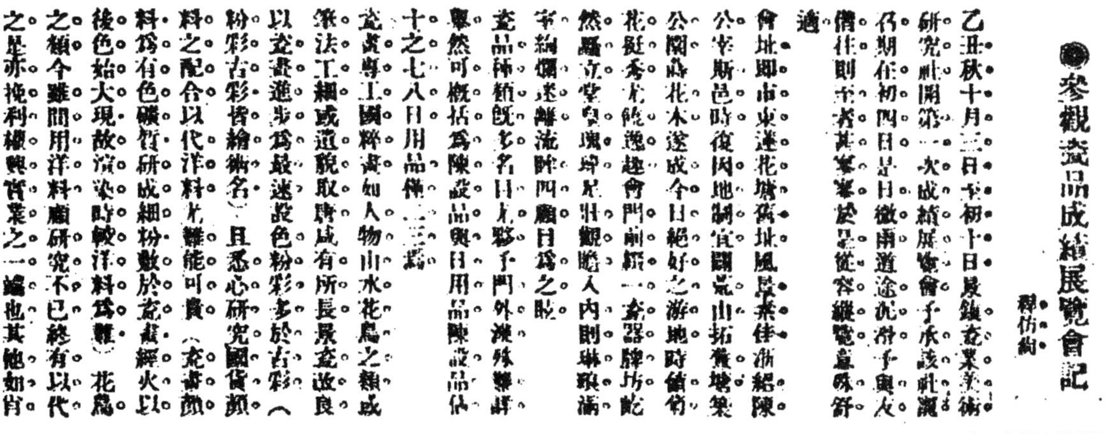

參觀瓷品成績展覽會記

程仿鶴

乙丑秋十月三日至初十日景鎮瓷業美術研究社開第一次成績展覽會予承該社邀乃期往初四日是日微雨道途泥滑予與友偕往則至者甚眾幾於無從容縱覽轟飫舒適

會址即由東逕花墩爲址風景柔佳渐紹陳公宰斯邑時復因地制宜闢荒山拓爲塘築公閣爲花木遂成今日絕好之游地時値菊花挺秀尤饒逸趣會門前綴一瓷器牌坊巍然矗立堂皇瑰瑋足壯觀瞻入内則琳瑯滿目絢爛迷離流眩四顧目爲之眩

瓷品種類既多名目尤夥予門外漢殊難詳舉然可概括爲陳設品與日用品陳設品佔十之七八日用品佔十之二三

瓷畫專工圖粹畫如人物山水花鳥之類咸係法工細或道貌取勝咸有所長景瓷改良以瓷畫進步爲最速設色粉彩多於古彩（粉彩古彩皆繪術名）且悉心研究國貨顏料之配合以代洋料尤難能可貴（瓷畫顏料爲有色礦質研成細粉敷於瓷畫經火以後色始大現故渲染時較洋料爲難）花鳥之類今雖間用洋料顧研究不已終有以代之是亦挽利權興實業之一端也其他如肖

图七 《参观瓷品成绩展览会记》，《申报》1925年12月17日，第11—12版。

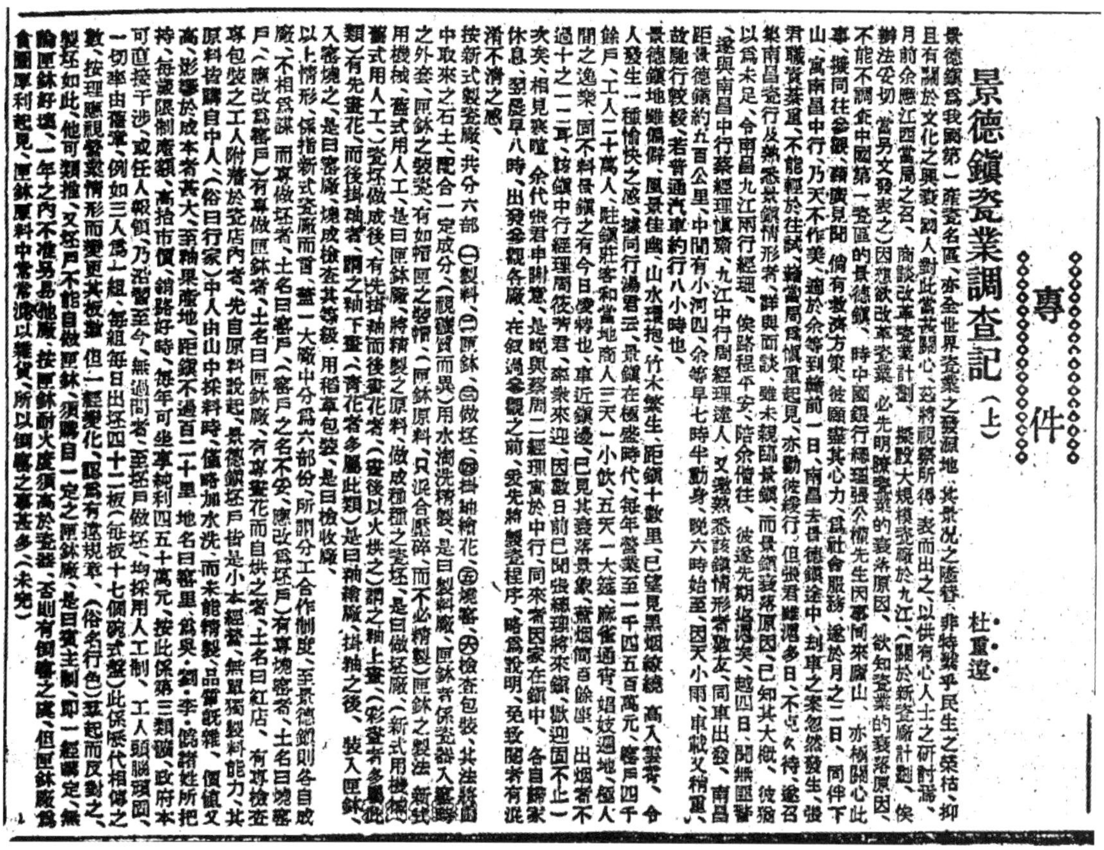

專件

# 景德鎮瓷業調查記（上）

杜重遠

景德鎮爲我國第一產瓷名區、亦全世界瓷業之發源地、其景況之隆替、非特繫乎民生之榮枯、抑且有關於文化之興衰、國人對此當甚關心、茲將視察所得、表而出之、以供有心人士之研討焉、月前余應江西當局之召、商談改革瓷業計劃、擬設大規模瓷廠於九江、（關於新瓷廠計劃、俟辦法妥切、當另文發表之）因思欲改革瓷業、必先明瞭瓷業的衰落原因、欲知瓷業的衰落原因、不能不調查中國第一瓷區的景德鎮、時中國銀行總理張公權先生因事同來廬山、亦極關心此事、擬同往參觀、藉廣見聞、倘有救濟方策、彼願盡其心力、爲社會服務、遂於月之二日、同伴下山、寓南昌中行、乃天不作美、適於余等到鎮前一日、南昌去景德鎮途中、封車之案忽然發生、張君職責甚重、不能輕於往試、藉當局係愼重起見、亦勸彼緩行、但張君雖滯多日、不克久待、遂召集南昌瓷行及熟悉景鎮情形者、詳與面談、雖未親臨景鎮、而景鎮衰落原因、已知其大概、彼猶以爲未足、令南昌九江兩行經理、俟路程平安、陪余偕往、彼遂先期返滬矣、越四日、聞無匪警、遂與南昌中行蔡經理愼齋、九江中行周經理達人、又激熟悉該鎮情形者數友、同車出發、南昌距景德鎮約五百公里、中間有小河四、余等早七時半動身、晚六時始至、因天小雨、車較又稍重、故馳行較緩、若普通汽車約行八小時也、

景德鎮地雖偏僻、風景佳幽、山水環抱、竹木繁生、距鎮十數里、已望見黑烟繚繞、高入雲霄、令人發生一種愉快之感、據同行湯君云、景鎮在極盛時代、每年營業至一千四五百萬元、窯戶四千餘戶、工人二十萬人、駐鎮莊客和當地商人三天一小飲、五天一大筵、麻雀通宵、娼妓遍地、極人間之逸樂、固不料景鎮之有今日慘狀也、車近鎮邊、已見其衰落景象、黑烟僅百餘處、出烟者不過十之一二耳、該鎮中行經理周筱芳君、率衆來迎、因數日前已聞張總理將來鎮、歡迎固不止一次矣、相見寒暄、余代張君申謝意、是晚與蔡周二經理寓於中行、同來者因家在鎮中、各自歸家休息、翌晨早八時、出發參觀各廠、在敘過參觀之前、要先將製瓷程序、略爲說明、免致閱者有混淆不清之感、

按新式製瓷廠、共分六部（一）製料、（二）匣鉢、（三）做坯、（四）掛釉繪花、（五）燒窯、（六）檢查包裝、其法係由中取來之石土、配合一定成分、（視礦質而異）用水淘洗精製、是曰製料廠、匣鉢者係瓷器入窯時之外套、匣鉢之製造、有如帽匣之製帽、（匣鉢原料、只混合壓碎、而不必精製）匣鉢之製法、新式用機械、舊式用人工、是曰匣鉢廠、將精製之原料、做成種種之瓷坯、是曰做坯廠、（新式用機械舊式用人工、）瓷坯做成後、有先掛釉而後畫花者、（畫後以火烘之）謂之釉上畫、（彩畫者多屬此類）有先畫花、而後掛釉者、謂之釉下畫、（青花者多屬此類）是曰釉繪廠、掛釉之後、裝入匣鉢、入窯燒之、是曰窯廠、燒成檢查其等級、用稻草包裝、是曰檢收廠、

以上情形、係指新式瓷廠而言、蓋一大廠中分爲六部份、所謂分工合作制度、至景德鎮則各自成廠、不相爲謀、而專做坯者、土名曰窯戶、（窯戶之名不安、應改爲坯戶）有專燒窯者、土名曰燒窯戶、（應改爲窯戶）有專做匣鉢者、土名曰匣鉢廠、有專畫花而自烘之者、土名曰紅店、有專檢查專包裝之工人附着於瓷店內者、先自原料說起、景德鎮坯戶皆是小本經營、無單獨製料能力、其原料皆購自中人、（俗曰行家）中人由山中採料時、僅略加水洗、而未能精製、品質旣雜、價値又高、影響於成本者甚大、至釉果產地、距鎮不過百二十里、地名曰窯里、爲吳・劉・李・饒諸姓所把持、每歲限制產額、高抬市價、銷路好時、每年可坐享純利四五十萬元、按此係第三類礦、政府本可直接干涉、或任人報領、乃沿習至今、無過問者、至坯戶做坯、均採用人工制、工人頭腦頑固、一切率由舊章、例如三人爲一組、每組每日出坯四十二板（每板十七個碗式盤）此係歷代相傳之數、按理應視營業情形而變更其板數、但一經變化、即爲有違規章、（俗名行色）羣起而反對之、製坯如此、他可類推、又坯戶不能自做匣鉢、須購自一定之匣鉢廠、是曰賓主制、即一經議定、無論匣鉢好壞、一年之內不准另易他廠、按匣鉢耐火度須高於瓷器、否則有倒窯之虞、但匣鉢廠爲貪圖厚利起見、匣鉢原料中常常混以雜質、所以倒窯之事甚多、（未完）

图八 《专件·景德镇瓷业调查记（上）》，《申报》1934年9月30日，第11版。

## 景鎮將設立國窰廠

### 已由陶業局擬定計劃

南昌通信、江西景德鎮之瓷、在昔全盛時、年產千五萬元、近年來業已一敗塗地、究其原因、不外技術落後、不事改良、致不能與外瓷競爭之故、本省當局、爲挽救瓷業計、擬照以前御窰制、設立國窰廠、以作示範指導之重心、此項國窰廠、經陶業局擬定計劃、咨送實業部審核、嗣正由國民經濟建設運動委員會、促其成立、其辦法爲國窰廠下設七廠、㈠脫胎廠、製造薄胎・燒碗・等類、㈡大件廠、製造三百級以上瓶缸罐盂等類、㈢粉定廠、製造三百級以下瓶缸罐盂等類、㈣雕鑲廠、製造非正圓形各種物品、㈤青花廠、釉下飾彩、㈥彩紅廠、釉上彩飾、㈦窰廠、專事燒成、以上開辦設備費十萬元、常年費三萬元、每年能出瓷十萬〇六千五百件、

图九 《景镇将设立国窑厂，已由陶业局拟定计划》，《申报》1936年12月14日，第7版。

## 主席關切瓷業

### 曾接見贛瓷校校長 指示今後改良之道

〔本報牯嶺廿三日電〕馳名國內外之江西磁器，刻因蔣主席之關切而將開始步入更大發展之途。昨晚八時，江西省陶瓷職業學校校長汪璠，曾蒙主席召見，除垂詢江西陶瓷業一般情況外，並指示今後研究改良之道，在質的方面，應追及康熙乾隆時代出品之精美，在花色方面，應多多搜羅我國歷代名畫，加以臨摹，以表揚中國固有藝術。此外，主席並提示，景德鎮原有之「御窰」應更名「國窰」，將其出品分贈盟邦，以紀念協助我國抗戰之盛情。最後並囑汪校長擬具整個江西瓷業之改良計劃，由贛省府付諸實施。

图十 《主席关切瓷业，曾接见赣瓷校校长，指示今后改良之道》，《申报》1946年7月25日，第1版。

# 二

# 晚清《申报》中的景德镇瓷业

# 1872年

## 为出示严禁事[①]

钦加道衔署理江西分巡广饶九南兵备道□理九江关税兼管窑厂事调补南昌府正堂许为出示严禁事。照得字乃圣贤遗迹，万古同文。凡为官绅士庶莫不存心敬惜，即农工商贾亦当敬谨力行。查字迹书之纸笺竹帛，一旦无用，犹可化为灰烬，若书之瓷器碗碟，及经破碎瓦砾同抛。近来此等陋俗日即浇漓，甚至一器之中以蝇头小楷蜜［密］缀联编，计字不下数十。试思此等字迹刷洗不去，瓷破丢弃，堕八藩溷[②]，亵渎殊甚。考古名瓷，如宣窑、成窑以器古画精为最，哥釉均釉以釉美色鲜为尚，未闻以字迹争胜。且字画从极端楷一经窑火变换百出，既不足以美观瞻，更不足以昂价值。即敬制御窑上贡瓷，亦以釉料画工为贵，从不以制字为工。本署道睹此颓风，欲除积习，合行出示严禁。为此示仰阖镇窑户及贩瓷客商人等知悉：凡秀民善士，固宜雅重诗书，即大贾富商亦必精通翰墨，千金一字，爱惜情殷。已往从宽，后来宜禁。所有窑户造卖商贩定烧，底盖代以花纹俘堪区别。年号偶书款识或免模糊，若四围制字一律尽除。况且瓷在必需，日用不能稍缺，岂有器因无字，生意或至转疏，亟宜改图，挽兹陋习，祸福或悬于虚渺，利害立见于当前。自示之后，窑户瓷贩倘敢故违，一经拿获，从严惩办。瓷则缴官收存，人则纳锾示罚。本署道言出法随，决不宽贷，各宜凛遵毋违，特示。

同治十一年十月，九江关抄。

——《申报》1872年11月2日，第5版。

# 1874年

## 访友

兹者景德镇金胜号陈立标兄开在上海，现有伊号要信，无处投交，望至平阳里慎德钱庄问詹镜泉便是。

——《申报》1874年9月7日，第5版。

---

① 本文标题为作者所拟。

② 藩溷（fān hùn）：篱笆和厕所。

## 礼拜二拍卖

启者：本行于八月初五日夜八点半钟拍卖东洋瓷器花瓶、象牙人物……老泰兴洋行启。

——《申报》1874年9月15日，第5版。

# 1876年

## 美国赛会近闻

今岁为美国百年大会，中朝所寄相赛诸物，闻现在已具有规模。传得摆列在会中者，届时当可为一大观也！（中略）所赛之物计有丝、茶、竹器、药材、瓷瓦、器皿、煤炭、衣裳、靴鞋、棉花及（中略）各物，俱陈于柜堂上，而覆以碧色绸缎，沿以花缎边，其柱上则悬以十八省时新之服。所有瓷器，自九江来。又有发蓝［珐琅］物件，系杭垣某钱庄主吴君邮去也。统计以上诸物约值银十万云。

——《申报》1876年2月25日，第2版。

## 护理江西巡抚布政使李文敏[①]奏为九江关奉拨窑工余剩银两事[②]

（前略）护理江西巡抚、布政使臣李文敏跪奏，为九江关奉拨窑工余剩银两，现无存储，请动常税委解并酌议以后筹解章程，恭折奏祈圣鉴事。窃臣按准户部咨准造办处咨送钞奏内开：恭办紧要活计，无款筹备，势甚竭蹶，请旨严饬九江关应解窑工余剩银二万两，限于本年五月内，无论何款项下，先行设法赶紧筹拨，按年解交，以济急需。并请饬下户部严定限制，酌筹章程等因。光绪二月十九日奏。奉旨：依议，钦此。即经转行钦遵去后。兹据九江关监督沈保靖[③]详称：该关向例每年与常税盈余项下提银一万两，以为窑工经费，除动用烧造瓷器工料外，余剩银两无论多寡，奏缴造办处充公。道光年间，传办瓷器无几，每年窑工余剩约有四五千两。加以额领监督养廉银一万一千两，及平余、积平两款剩存之银，均解造办处充公。统计四款，约有银二万余两。咸丰年间，长江被扰，关税停征。同治元年，复设关卡，征税□绌，

① 李文敏，字捷峯，陕西西乡人，咸丰二年进士，同治十年十一月，任广东按察使，同年十二月，任江西按察使，光绪元年八月任江西布政史，四年七月任江西巡抚，八年十月被革职。引自《清季职官表（附人物录）》，魏秀梅编，第835页。

② 本文是《申报》1876年7月22日《光绪二年闰五月十三日京报全录》的一部分，现标题为笔者自拟。

③ 沈保靖，字仲维，江苏江阴人。咸丰八年举人。同治十一年，授江西广饶九南道。时英使订约烟台，议于江西湖口轮舟停泊起卸货物，保靖以有碍九江关税务，力争之，总署卒废约。擢按察使，摄布政使。光绪七年，迁福建布政使。引自《清史稿·列传·二百三十九》。

所有耗银，入不敷出。历任监督均未开支养廉，遂致无可解缴。其窑工经费，近来传办瓷器较多，年额所提万金，尚不敷用。委无余□之资。至平余、积平两款，亦因随解内务府饷银应交平余招夫口袋等项，与夫例支办公各款，为数不少。每年剩存解交造办处，仅止一二千金。此□缴充公银两昔多今少之原委也。现在窑工费并无余剩银两，本属无款可解第，事关供应内廷要差，原奏声明无论何款，先行设法筹拨□，未便稍事拘泥，亟应变通办理。拟请在于光绪元年分征存常税项下动拨银二万两，委员解交造办处，以济急需。至于以后按年筹解章程，伏查往年解缴充公四款，以监督养廉为大宗，此时耗银内实无可支，拟请每年在于常税盈余项下提银一万一千两，作抵监督养廉，循照向章，随同三分平余及积平等款剩存银两，解缴造办处，兑收窑工经费，如有余剩，亦即附缴，以符旧章等情，具详请奏前来。臣覆加确核，均属实在情形。除饬该监督迅将现拨常税银二万两，克日详请委员解交济用并咨明户部外，理合恭折具奏，伏乞皇太后、皇上圣鉴，敕部查照施行。谨奏。军机大臣奉旨：该衙门知道。钦此。

——《申报》1876年7月22日，第4—5版。

## 窑厂滋事

江右瓷产甲于天下，其出货之处曰景德镇。为饶州浮梁县管辖，与徽属各县接壤，亦一大市镇也。所设窑厂不下百数十处，各色手艺人等，五方不齐，尤以都昌人为最多。向来有一等最高手艺之饭食，系上熟白米，不得间一红粒，此外有差。至前月间，众工聚议，谓以后炊米均须照最上一等之式，否则停工。厂主未允，以致争执嚷闹不休。旋厂主亦答许此六月内俱用上白米，余仍照原。众工又不允，因即齐行歇手。该镇有浮梁县行署，邑尊每半年驻镇，半年驻城。厂主以各工有意把持，遂赴署投禀，众工亦往递呈，并在分府分司各署俱递呈一纸。当经邑尊传讯，并查核历年条规，皆无上白米之例，显系藉端挟制，即予以薄责，并将为首者数人暂行管押在案。无如各工人等聚众既多，其中喜事者又不乏人。自县讯后，众人愈加喧闹，即大开会馆议事，集众至万余人，持械并起，先将各处要道堵塞，以与厂主从事。厂主闻信，各窜身远逃，遂蜂拥入署，立将各署监内紧要犯人一概放出，并将县署书办家资抢掠一空。幸官见势先避，否则不免被戕矣。由是合镇市面均闭不开，路上亦不敢来往。时邑尊不胜大怒，即拟禀府，适被抢之书办在旁献策曰：事急矣！何暇上禀？万一令彼闻知，是速祸而贻性命之忧。闻得此间有乐平土棍三人，神通广大，登时可召号多人，不如姑与商榷，请彼率众前来，以震恐之，或可寝其锋也。邑尊姑如所请，即邀得三人至署，议定仅用数百人，每人每日给工资一百二十文、米一升、肉半斤。三人回乡，私行窃议，谓数百人无济于事，乃率群不逞之徒共得八千人，整队而至。都昌人御战于镇外门数合，乐平伤七人，都昌伤九人，此第一次交仗情形也。其时都昌人恚[①]甚，谓我等与官为难，毫无干涉乐平人之事，而无故率众以敌我，是

① 恚（huì）：恼恨；发怒。

自寻衅，必得乘间报复，方泄此恨。因离镇三十里有一乡村，为乐平统辖，居民约三四十家，向以做合钵为业，即做碗模范者。一夜都昌人骤至，无论大小男妇尽杀之，遂将全村屋宇尽行焚去。未几，乐平人得信，复聚集数千人前至，所过都昌属地，亦肆行焚杀，闻共屠去数村。自是两敌对垒，每日攻击，互有杀伤云。以上据该镇逃出者所述，惟各人姓名及各地名均未得悉。至所述情节有无不实不确处，亦不敢知。惟现在江省于初四日委令江军门宗良、蔡观察嵩年等文武委员五人，统率镇武军及南昌城守营勇弁共一千名前往饶郡，尊亦调德字营会同查办，即由安人县前进。近日之内，尚未闻有头绪，俟后探明确实，再为述陈。

——《申报》1876年8月11日，第1—2版。

## 窑匠滋事续闻

月前，江右景德镇窑厂因众工藉端把持，以致谋动干戈，其情节已备述前报。兹闻省垣发去之队勇，即于是月初八日抵境，在离景镇四十里地方驻扎。其时乐平、都昌人见营兵麇集，互相恐惧，当有数人亲诣营门，自愿解释听命。现闻将次平静，日前有该镇逃至省垣之商人，近已陆续搬回矣！

——《申报》1876年9月21日，第2—3版。

## 详记景德镇械斗事

江右景德镇窑户前因争食熟米饭聚众罢市抗敌官兵，此已叠次列报。

昨复据友人函述，知此事现已消释，而所以能办理得宜者实由蔡太守嵩年之力也。先是饶州府薛太尊于六月初九日到镇时，该镇已知省中调派大员会同江镇军宗良带勇前来，故各铺户均已开市，惟各窑全未兴工。薛太尊劝谕再三，窑户仍漫听漫应。蔡太尊于十一日到镇，当将各窑户全传至公馆，面谕云：尔等所以不敢兴工者，缘凶犯未除，各怀疑畏，我今到此，先拿滋事首恶，尽法惩治，以快尔等之心。但尔等如抗不兴工，即非安分良民，理当先办，兹限尔等三日内一律兴工。众曰唯唯。嗣闻有五行头从中作梗，太守立传到案，以祸福谕之，各行头悚惧而出。三日后登高一望，果窑烟四起，见者皆欣欣然有喜色。十八日，蔡太尊邀同薛太尊、江镇军、周参戎率领各勇通镇巡查，复至马鞍山列队示威，观者如堵。其时滋事首恶已访闻得实，适一县役私通消息，放走一人，立传该役比，限以即日交出，迟则立毙杖下。当于是夜拿获首犯彭喜林、曹六仔两名，尚有余姓、冯姓两首犯亦次第拿到，阖镇商民欢呼称快。然此案究系都乐两帮械斗，伤毙多命，故薛蔡两太尊谓应归命案办理，并将乐平首事严加申饬，勒限交出滋事之人。旋即拿获严红□等三名，照例治罪，尚有未获之犯，饬县严缉。都昌人见之，遂皆悦服，谓此方两得其平。现在都昌之首犯四名，业已详请上宪就地正法。蔡太守临行时，复酌订善后事宜十二条，通详立案，意欲将该处从前陋习痛为剪除，又劝谕各帮助资添勇，以严防守，并将该处著名地棍严办一二人，以示惩儆。由是颂声交作，咸称太守之德于不置。呜呼！临事济变，非才识兼全者，曷克操之而裕如哉！如蔡太守者，在江省，诚当首屈一指也。

——《申报》1876年11月4日，第3—4版。

## 乐平复有争斗

传闻月前江右乐平县叶、张二姓复有争斗之事，彼此伤亡人命共七十余口，焚烧房屋不下数十家。至其构衅之由，却未深悉。其时镇武军尚驻札［扎］景德镇，以资弹压，无可移动。饶州郡尊当即拨调德字营前往查办，闻现在已可了结矣。按前次张、胡两姓滋事，经办妥后，解到省垣之犯人多至六十余名，而接踵而起者犹不少息，风气之强悍，夫何至于此极也！一经肇衅，死者动至数十人，按抵者亦如之，彼民情之愚蠢固可恶，而亦甚可悯矣。

——《申报》1876年11月8日，第1版。

# 1877年

## 刘秉璋奏报九江关烧造瓷器事（一）①

（前略）刘秉璋②片：再据九江关监督沈保靖详称，每年九江关烧造大运琢圆瓷器及传办各项瓷器，向系缮造件数黄册恭呈御览。兹查光绪二年分［份］奉传黄单，上年未造齐鱼缸、花盆、花瓶一千二百五十四件，暨本年大运琢器八十件、圆器一千二百四件及节次奉文传办琢圆瓷器九千三百件，共计上色琢圆瓷鱼缸、花盆、花瓶一万一千八百三十八件，容即专差委员，搭坐轮船，由海运京，解交瓷库验收。共用窑工经费银一万两，全数给发外，尚不敷银二万八千六百十两一钱四分三厘，已在光绪二年分征收盈余项下动支凑发。除即循例造具工料细册送呈内务府核销外，缮造各项瓷器黄册，详请代奏前来。臣复核无异，理合附片陈口，并将黄册一本敬呈御览，伏乞圣鉴。谨奏。军机大臣奉旨：该衙门知道。册并发。钦此。（后略）

——《申报》1877年7月7日，第3版。

---

① 本文是《申报》1877年7月7日《光绪三年五月初十日京报接录》的一部分，现标题为笔者自拟。

② 刘秉璋，字仲良，安徽庐江人。咸丰十年进士，选庶吉士，授编修。光绪元年（1875年），升江西巡抚。光绪八年（1882年），授浙江巡抚。

## 书《格致汇编》第八卷后

西士傅兰雅君[①]之《格致汇编》，近又印行第八卷矣。暇日披诵数四，见其首载西国造瓷机器，知其要事厥有四端：一将生料磨细，淘净和匀；二制各器皿；三将器皿入窑烧之；四上颜色与釉，皆有机器以运动之。故成速而工省也。绘一筛器之图，则令前器之浆过此器而分出其粗者。又绘一筛器之图，则第一器筛过，犹有粗者于此器中分出也。又绘一筛器之图，瓷过此器则愈细矣。至第四图，器以生铁为之，其中有熟铁刀如螺丝形，能切碎其泥，亦匀亦密。第五则为成器皿之机器图，第六则为车器皿，寻常用之车床图，旋转之间，其刀已割去，余泥配准式样。至第七图则为新设之机器，能令泥成为薄片，省锤击之工□。窑已装满，封其门而生火以烧之器，又有第九图。而印花上釉等事之机器，又有第十图。此皆西国精于格致之人，苦心孤诣，始得成此。不得以寻常窑匠目之也。次载纺织厂图说……

——《申报》1877年11月22日，第3版。

# 1878年

## 刘秉璋奏报九江关烧造瓷器事（二）[②]

（前略）刘秉璋片：再据九南关监督沈保靖详称：每年九江关烧造大运琢圆瓷及传办各项瓷器，向系缮造件数黄册，恭呈御览。兹造光绪三年分烧造大运共计上色琢器八十件、上色圆器一千二百四件，以及节次奉文传办寿呈殿等处需用瓷登爵铸盘碗等项，共计三百三十二件，容即委员搭坐轮船，由海运京，解交瓷库验收。查本年例支窑工银一万两，除支给物料工价等项银四千五百三十五两七钱九分三厘，实在剩存银五千四百六十四两二钱七厘，应即循照旧章，奏明解缴造办处充公。除循例造具工料细册送呈内务府核销外，烧造各项瓷器名目件数造册，详请代奏前来。臣复核无异，理合附片陈明，并将黄册一本敬呈御览，伏乞圣鉴。谨奏。军机大臣奉旨：该衙门知道，册并发。钦此。（后略）

——《申报》1878年4月1日，第5版。

---

① 傅兰雅（John Fryer，1839—1928），英国人。1861年来华，任香港圣保罗书院院长。1863年被清政府聘为北京同文馆英文教习。1865年起任上海英华书院首任院长、《教会新报》编辑。1868年在江南制造局翻译馆从事译书工作，1876年主持格致汇编社，出版、主编近代中国第一份专门性科学杂志《格致汇编》月刊，筹办上海格致书院。1896年赴美国任加利福尼亚大学首任东方语言文学教授，并继续从事西书汉译工作。所译西书约130种，涵盖社会科学、自然科学和应用技术等方面。后卒于美国。

② 本文是《申报》1878年4月1日《光绪四年二月十五日京报全录》的一部分，现标题为笔者自拟。

## 水灾可畏

江右突遭水灾，人死无算，节经登报。兹悉宁州、武宁等处之茶树，亦被水浸受伤。景德镇窑厂悉经灌注，各货付之水滨。至与江西交界之常山县，亦于上月二十三日起蛟，淹没三百余家。徽之婺源并发洪水，冲去民居数十户，溺人畜若干。虽未详查，然窃计当必不少。天灾若此，人其侧身修行哉！

——《申报》1878年7月18日，第2版。

# 1879年

## 讪上获戾

江右景德镇布疋贸易，向推徽帮，而本省人亦照常营贸，不过规模稍隘耳。迨前年间，本省人欲廓大门面、整顿市规，遂为徽帮所忌，历次控诸府县，皆不得直，始诣省投控。抚署旧任刘中丞特发火签拘人，屡委候补府道勒令本省人歇业，不准复开。众商遂奔窜四散，其妇人孺子之在家者，莫不备承痛楚，正不独倾家失业而已也。由是激成众怒。至去年，本省人乃控于两江督署，蒙督宪批判，以天地间无论何人何货皆可贸易，该徽帮何得独揽利权，据为垄断，札饬饶州府秉公讯结。恒太守上体督宪之意，遂以曲直为胜负，本省人始得照旧理业。众商咸感太守之德，爰于客冬公送德政匾一方，曰“鉴空衡平”。徽帮见之亦制牌伞数事，于新正月送入郡署，伞为大红缎制成，有大金字四，曰“独有二天”。当送入时，太守仍以礼肃客，并设席优待。客退后，或谓此实有微辞焉。太守大怒，立饬家丁舁[①]伞至为首者之家，当众毁裂，惟将四金字收存，将□备文申详。至主笔之人，系一廪生，已发差捕捉，务欲究办云。至所送之牌，又有感深虞芮[②]等字，此实费解。夫文字最易召祸，天下读书人尚慎旃哉[③]！

——《申报》1879年4月1日，第2版。

# 1880年

## 李文敏奏报九江关烧造瓷器事（一）[④]

（前略）李文敏片：再据署九江关监督王高龄详称，每年九江关烧造大运琢圆瓷器及传办

---

① 舁（yú）：共同用手抬。

② 虞芮：谦让息讼者。

③ 尚慎旃哉（shàng shèn zhān zāi）：尚，还；旃，之。还要谨慎小心啊。

④ 本文是《申报》1880年1月16日《光绪五年十一月十三日京报全录》的一部分，现标题为笔者自拟。

各项瓷器，向系缮造件数黄册，恭呈御览。兹查光绪五年分烧造大运共计上色琢器八十件，上色圆器一千二百四十件，以及节次奉文传办琢圆祭器共计上色七十八件，容即委员搭坐轮船，由海运京，解交瓷库验收。查本年例支窑费共银一万两，除支给物料工价等项银三千五百七十八两四钱八分五毫七丝九忽八微，实在剩存银六千四百二十一两五钱一分九厘四毫二丝二微，应即循照旧章，奏明解缴造办处充公。除循例造具工料细册送呈内务府核销外，缮造各项瓷器名目件数黄册详请代奏前来。臣复核无异，理合附片陈明，并将黄册一本敬呈御览，伏乞圣鉴。谨奏。军机大臣奉旨：该衙门知道，册并发。钦此。（后略）

——《申报》1880年1月16日，第5版。

## 花样一新

瓷器之有炉花，始于三四年前。缘景德镇各坐号客商，偶以一二茶壶酒杯小件，自出花样，填写名号于上，渐传至省，见者莫不以为新雅。于是有画明款式，托友定造，又有买其白瓷料，并买其画花料水。自请妙手画成，以炉火烘之，遂名之曰："炉花"。初出时，一碗贵至七八百文。而官幕两途，凡案头之陈设，席上之用具，觉无炉花，则不足以壮观瞻。驯至近日，排庄而售者，有加无已［减］。其价虽较前两年稍落，然与窑瓷相比，犹约昂四倍。从前一切花样，几成先进礼乐矣。顾其画多有模糊者，且着色处如粘渣滓，不能同窑瓷之光滑。此则好之者未暇辨焉。

——《申报》1880年3月12日，第3版。

## 礼拜五拍卖

十八日十点钟在本行拍卖……外国花纸瓷器……

——《申报》1880年6月24日，第5版。

## 李文敏奏报九江关烧造瓷器事（二）①

（前略）李文敏片：再据九江关监督洪绪详称，每年九江关烧造大运琢圆瓷器及传办各项瓷器向系缮造件数黄册，恭呈御览。兹查光绪六年分，烧造大运共计上色琢器八十件、上色圆器一千二百四件，又奉旨传办上色琢器三百件、上色圆器八百件，以及奉文传办琢园祭器，共计上色八十二件，容即委员搭坐轮船，由海运京，解交瓷库验收。查本年例支窑工银一万两，除支给物料工价等项银九千九百五十七两三钱九分九厘九毫八丝三忽五微，实在存银四十二两

① 本文是《申报》1877年7月7日《光绪三年五月初十日京报接录》的一部分，现标题为笔者自拟。

六钱一丝六忽五微，应即循例造具工料细册，送呈内务府核销外，缮造各项瓷器名目件数黄册，详请代奏前来。臣复核无异，理合附片陈明，并将黄册一本敬呈御览，伏乞圣鉴。谨奏。军机大臣奉旨：该衙门知道。册并发。钦此。（后略）

——《申报》1880年12月26日，第5版。

# 1881年

## 李文敏奏报九江关烧造瓷器事（三）

（前略）李文敏片：再据九江关监督洪绪详称，每年九江关烧造大运琢圆瓷器及传办各项瓷器向系缮造件数黄册，恭呈御览。兹查光绪七年分烧造大运共计上色琢器八十件、上色圆器一千二百四件，又传办琢圆祭器共计上色一百五十七件，容即委员搭坐轮船由海运京解交瓷库验收。查本年例支窑工银一万两，除支给物料工价等项银四千一百二十九两六钱六分八厘一毫八忽七微，实在剩存银五千八百七十两三钱三分一厘八毫九丝一忽三微，应即循照旧章解缴造办处充公。除循例造具工料细册送呈内务府核销外，缮造各项瓷器名目件数黄册，详请代奏前来，臣复核无异，理合附片陈明，并将黄册一本敬呈御览，伏乞圣鉴。谨奏。军机大臣奉旨：该衙门知道。册并发。钦此。（后略）

——《申报》1881年11月11日，第4版。

## 专画瓷器

新到种玉堂自选各色新旧博古细彩瓷器，随时定画加款，均可任意拣选，仕商雅客赐顾者请至新北门内旧大街，定辨不误。种玉堂告白。

——《申报》1881年11月11日，第4版。

## 瓷业日盛

闻驻九江之英领事言：近来九江地方之瓷器较前为胜。格式既见新奇，颜色亦复工雅，现在西人之购办者甚多，想日新月盛再三四年，该处之瓷业必将大加兴旺矣！

——《申报》1881年12月20日，第1版。

## 卡员滋弊

军兴以来，奏设厘捐，在各大宪当年急于筹饷，不过是一时权宜之计，原非久远之图。迄今日久承平，叠奉上谕，汰除勇费，□剔厘捐，谟浩煌煌，仰见我圣朝念切□□之至意。而各大宪又能仰体宸衷，数年来撤勇撤捐，相机裁汰之处，已非一端矣。

景镇瓷器通于天下，各省贩运之商络绎不绝。其瓷器由景德镇驳船装载饶州，再换大船运赴各省。其厘金向由景镇厘局点数完纳为始，叠至饶州之黄龙卡，又复点数完满十分，自黄龙卡直至湖口卡，再复换票完厘，分运各省而去。向章自黄龙至湖口，经过合卡俱是验票放行，并无留搁苛索情弊。自光绪六年夏六月以来，而饶州之某卡陡生弊端，每运瓷器船到卡□，蓄意留搁，多方苛索，必须□花洋蚨数十元或数元，然后盖戳放行，否则开舱点数，或扣留半月一月不等。夫瓷器出自景镇，既经景局至黄龙等卡点数完厘，此外并无加办瓷器之处。况驳船载轻，点数颇易，大船载重，点数甚难。且各省之采运瓷器者，细彩俱多，若任开舱翻驳，损坏破碎，谁为之□？故瓷商始而忍耐花销，冀图快运，不期该卡至今习为常规，瓷商之苦不可胜言。一年之间，闭歇不少，饶河生意因之冷淡。嗟呼！上以念切民瘼为心，下以贪得民财为事。此辈贪官污吏，心狠而情□，所望西省大宪饬丁密查，廉得其情，惩一警百，俾瓷商不至困穷，群安生业，亦厘饷籍资充裕，共庆平康，是则仆之数言，可为世道人心一助。

——《申报》1881年12月29日，第4版。

## 1882年

### 定彩瓷器

本号向在江西，驰名久远。专办官礼细瓷，定彩加款，笔墨无不精妙，诚为士大夫高雅之所共赏。苏浙名区，讲究极多，往往托办多不称心，往返迟缓，非数月半载之久不可，且不能点要花色。今小号迁移沪江，系官商雅仕之通衢路径。此地定办，较之往江西殊为便捷，现由景镇拣选极细粉定瓷胎随时彩画加款，数日即可。官商来往配送产仪，点画、花色清淡浓□、上下双款均无不可，价值悉从货之高低定沽，划一不二，老少无欺，赐顾者至四马路口，（中略）从好堂主人白。

——《申报》1882年8月1日，第4版。

## 1883年

### 潘霨[①]奏报会匪李光发潜谋起事一案[②]

（前略）潘霨片：再会匪李光发潜谋起事一案，经前抚臣李文敏饬属，先后获犯，讯明惩

① 潘霨（1826—1894），初字燕山，后改伟如，号铧园，晚号心岸，江苏吴县人。光绪八年任江西巡抚，十年，到京候简，十一年，任贵州巡抚。引自《清季职官表（附人物录）》，第805页。

② 本文是《申报》1880年12月26日《光绪九年五月十七日京报全录》的一部分，现标题为笔者自拟。

办，据实具奏，（中略）王老三，都昌县人。向在景德镇瓷厂作工，光绪七年，听从乐正龙邀入哥老会，封做旗长，得小黄旗一面。八年八月间，经乐正龙、李得子赴景德镇约会，九月内，饶州起事。令其在镇上纠人放火，再到饶州会齐黄盛□，均经答应，（中略）旨：欧昌炽等均着交部照例议叙，□犯乐正龙等仍着该抚严饬，各属认□缉拿，务获究办。钦此。（后略）

——《申报》1883年7月1日，第10版。

## 浔阳琐事

景德镇窑厂各瓷器，现因货多客少，价渐跌落。闻照老码八折，贩买者尚寥寥云。

——《申报》，1883年8月22日，第11版。

# 1884年

## 九江琐录

税务司穆麟德之在朝鲜也，以陶器□窳，欲仿中国景德镇制瓷之式，于朝鲜开一窑厂。三月间，曾着司事汤君至景镇聘请陶匠数名。四月二十后，动身赴朝。闻所聘者皆景镇著名之妙工也！

——《申报》1884年6月9日，第2版。

## 官瓷滞销

有江西友人函本馆，述及景镇地方市面坏极。该地以造瓷为大宗，昔盛时贸迁云集，即咸、同后亦不过十减一二。旧岁诸商裹足，有不可终日之势，至本岁则萧条愈甚，歇业者踵接。推其故，一为厘捐太重，一为土碗□销。查江西瓷器厘章，本省以十二分为止，就地先抽七分，越百廿里为古县渡卡，抽三分，越六十里为饶州黄龙卡，抽二分，即此三处，约货一千，非完至一千三四百不可过。此为照票，向无加厘之说，今则至初验以为多，当加若干，至次验犹以为多，又加若干。一卡如此，卡卡如此，盖明知瓷器一经搬查，易于损坏，诸客未有不哑忍者。至于贩运往各省，仍须在江西出口之处加抽二分，以后有卡即完，有完必加，直至所卖地方而止。前之一千完至一千三四者，今且完至二千有余矣。故相传有本一千厘八百之说，又何怪跋涉江湖者弃此如敝屣哉！夫天下事，养之以宽，则生息愈甚，持之太刻则生理易穷。他不具论，即景镇一卡，最旺时每月收至万有五千，今并不及大衍之数，少求之而反得其多，多求之而适成其少，此其故，当局者盖未通盘打算耳。朝廷子惠元元，是因军务频仍而出此万不得已之举，初不料奉行者之至于此极也。惟既至此，则土碗得以乘其便矣。土碗何便？

便于不抽厘耳。不抽厘则造者便、卖者便，及买者亦无不便。目下川、浙、闽、粤、湖南等省土碗日多，贩运愈广，苟得留心国计者，使之照章抽厘，日计不足，月计有余矣，未始非裕饷之一道也。倘悠悠终此，则该镇不知伊于胡底？

——《申报》1884年7月25日，第4版。

## 景镇蛟灾

客有自西江景德镇来者，述及本月初三日，该处乌云密布，居民如坐漆室中，一时箕伯[①]威扬，雨师驾税，涛翻浪涌，颇疑倒泻银河。迄午后，平地积水高至三四丈，男妇老幼趋避无从，有升屋者、有援树者，狂飙一卷，纷纷堕白浪中，如鸭浮波，如凫没水，哭声震地不忍闻。接□八十余里一片汪洋，田地园林、屋宇窑厂，东坍西倒，踪迹不分，淹毙人民约以万计。较光绪八年五月初五出蛟，受灾尤甚。次日，雨止风平，榱桷门窗、箱笼锅灶及男妇尸身漂入鄱阳湖者，累累若水上萍，各船户咸打捞什物，满载而归。有云系宁波会馆内起蛟，有云系鳝鱼精为患，巷议街谈，无［毋］庸深究。惟望为民父母者，眷念哀鸿，渥施抚恤，则伏案书生所馨香以祷者也。

——《申报》1884年8月5日，第2版。

## 蛟灾续闻

月初，景德镇蛟水成灾，大概已列前报。兹闻蛟水发源于祁门县，由山河迤逦过景镇而入鄱湖。当抵景镇时，水势骤高丈余，沿途漂来箱箧等物不少，人争捞取之。顷刻风威愈猛，檐溜[②]如绳，水头陡高三四丈，始平楼板，继齐屋檐，而屋又随水倾倒，居民始思舍物逃命，已无及矣。是处所泊大小船只约有数千艘，只顾捞物不愿救人，纵有在眼前沉溺者，亦不肯援手。是以男妇老幼从河伯游者，约以数万计。日来水势虽退，屋宇无存，窑厂已失去三之一，屋基尽被泥压，各街巷倩［请］工挑泥，每日给工价四百文，而往挑者尚□寥寥，死者既葬鱼腹，生者又叹鸿嗷。是以饶州府知府即派员赶设粥厂赈济。九江关道洪观察一闻灾耗，亦捐廉购河米数百担，解往灾区。此该镇受灾之实在情形也！拉杂记之，可当一幅《流民图》观。

——《申报》1884年8月11日，第2版。

---

① 箕伯（Jī bó）：风师，风神。

② 檐溜（yán liù）：房檐流下的雨水。

## 江西省饶州府署内幕友徐少衡同乡致上海丝业会馆筹赈公所告灾书

少钦[①]先生乡丈大人阁下：夙仰仁声，未亲雅教，临风景□，莫可言宣。弟居在菱湖，幕游章省，近岁馆于芝阳，亦七年矣。忆壬午秋试报罢，道出申江，晤郁梓楣诸□，犹道及阁下乐善不倦，有非寻常所可及□。忽忽归棹，不获趋领兰言，至今尚耿耿也。

景镇业窑糊口计十余万人，类皆极窘贫民，藉谋衣食，刻遭蛟洪大祲，困苦情形，不堪殚述。此外各乡□舍荡然，人民离散，棚栖露宿，遍野哀鸿。虽地方官已为民请命，迭次吁陈，蒙上宪委员命勘，赈抚并施，然被灾太深，恐西江之水仍不足以苏涸鲋。江省向无赈捐公局，且殷实绅商散而不聚，徒手奋呼，情难自已。因思前此直东被水，皆赖各省善士多方劝□，极力维持，而吾先生博济为怀，孜孜不已，尤群望之所攸归。用将浮梁、景镇被灾实情，缕叙节略，寄呈台鉴。务求吾先生悯此十数万灾黎，匪独度日乏粮，抑且御寒无褐，流□琐尾，有万不可不援手拯之之势。祈迅即赐商各处善长，或多筹款，酌遣妥友前赴景镇并各乡体察情形，优加矜恤，或劝助棉衣，广为施散，但能尽一分之鼎力，即受一分之福惠。弟自愧力棉，无能为役，恃与阁下桑梓情殷，是以不揣冒昧，专肃奉求，想吾先生见义必为，定能曲谅愚衷也。临颖[②]不胜翘企祷祝之至。

再启者，景德以窑业为最，窑户尚多殷宽，而一切工匠及藉窑糊口者，不下数万家，类皆贫苦小民，谋衣食而不足。光绪十年六月初一日起，至初三日止，大雨倾盆，连宵达旦。接界之祁门县，蛟洪陡发，骇浪奔驰，水头高至十数丈，直趋以下。浮梁、祁门两县境内，上下三百里中，沿河村庄冲没坍塌者数十处，有全村千余烟户房屋冲没仅存数家者。浮梁县城亦冲坍数十处，八城门冲去其六，城内民房十坏六七。景镇自观音阁下至西瓜洲，店屋民房全行冲没，有深陷至一二丈者，溺毙之人以万余计。甚至景镇下游数十里，尚有水高数丈，事后有人目睹高树距地二三丈者，树杪亦有漂尸留挂。诚以水势太急，猝不及防，故被灾若斯之重也。饶郡距镇一百八十里，而上游漂流之树木房屋、猪牛什物，蔽河而下，层层叠叠，两日夜不绝。所漂棺木，捞获六七百具，捞理尸骸，亦有千余具。此外尚多随流奔迅，已无可设法者。水中遇救得生者亦将千人。鄱阳、余干两县，逼处湖滨，频年遭水，兹复被波臣之虐，其困苦亦难言状。目下景镇市廛萧索，户口凋残，各乡人民，流离颠沛，有非言语所能罄者。转瞬秋冬，此数万灾黎，不但度日维艰，抑且御寒无褐。虽经府县叠次禀陈，上宪委员前往查勘，许以优加赈抚，即道府亦俱捐米捐银，并劝谕殷实捐赀助赈。无如被灾太重，仍恐未能博济，用敢缕陈被水实情，函恳同乡善长设法集资，广施赈齐，俾无告哀鸿，得稍纾其涸辙，则感何仁

---

① 施善昌（1828—1896），字少钦，又名邦庆，江苏震泽人。长年在上海经商，是上海丝织业的领袖人物，长期任上海丝业会馆总董。施善昌也是当时的一位大善士，不仅对宗族、邻里、桑梓等公益事务用心出力，而且长期领导上海仁济善堂，积极从事养老、恤嫠、育婴、教育、施衣、散药等善行，深受地方士人爱戴。

② 临颖（lín yǐng）：犹临笔。常用于书信。

人之赐，当望空九顿以拜嘉也。归安卧庐居士徐赢谨启，时客饶州幕次。

——《申报》1884年9月21日，第9版。

## 汤老九到镇延请窑工遭官府管押①

（前略）朝鲜创设瓷器窑厂，延华人汤老九总司其事。汤原籍九江，上月回华，至景德镇购买瓷黝［釉］及各泥料，并□请工匠偕往，被景镇□军府某司马访问，以瓷黝［釉］□禁出口，且未奉该□照，□私行贩运勾引匠工实干法纪，遂将汤管押，申文关道署，禀请究办，不识□观察如何办理也。

——《申报》1884年11月7日，第2版。

## 江西省浮梁景德镇绅董江有声等致上海三省筹赈公所施封翁书

少钦仁翁善长大人钧座：敬禀者，敝镇水灾，亘古未有，幸蒙各大宪暨阁下设法抚恤，得息鸿嗷而庆鸠安。惟敝镇自丙子年②来水灾叠作，于今为甚，漂没房屋人民，约以万计。推原其故，实由河道壅塞，百余年未曾疏浚，致遭此奇灾。敝镇半系窑业，为御器所出，四方辐辏，胥萃于兹。每日挑倒钵屑瓷砾，络绎不绝，日积月累，河道渐狭，河面渐高。加之今岁冲倒房屋窑厂坯坊数千余间，沿河填塞，五日不雨，水浅舟胶，船不能上，一逢久雨，泛溢妄行，近河前街，多受其患。若当春夏之交，大雨倾盆，正街后街，俱成水乡，甚至舟行屋上，人在水中，顷刻之间，尽室覆没者，不知凡几。可悲可惨，莫此为甚。本郡恒太守于十月朔日莅镇查勘，见此情形，谓前车可鉴，后害堪虞，为之恻然。特捐廉俸，首创开河之议，并先出示，严禁钵屑瓷砾，不准倾倒河边，以清其源。拟择其要隘先为疏通，暂济眉急。若通河开浚，经费浩大，独力难支，除札饬浮梁县及三帮首士筹划外，并邀有声等出为劝导，奈凋敝之余，集腋无多，杯水车薪，难以济矣。伏思前遭水厄，蒙大君子悉心赒恤，筹赈筹衣，源源而来，亿万生灵均沾恩于挟纩③。口碑载道，颂生佛者万家。原不敢复以此相累，想大君子慈祥在抱，利济为怀，其必有以惠教我也。倘蒙逾格筹款，俾全河得以疏浚，将见患泯一旦，利溥千秋，阛市民人不知如何感戴大君子之功，当不在禹下，岂仅望空九顿，馨香以祝，足以抒其愚悃哉！谨□区区伏维原鉴，虔叩筹安，统希赐覆。不宣。浮梁景德镇董事晚生江有声、朱龙翔、程以和、吴拱辰、吴鉴堂、李丙元仝顿首。谨禀。十月十八日拜发。

右启者，奉到来函，拜读之余，得悉景德镇河道百余年来迄未疏浚，以致水脉难通。今年

---

① 本文是《申报》1884年11月7日《浔阳丛话》的一部分，现标题为笔者自拟。

② 光绪丙子年（1876年）。

③ 挟纩（jiā kuàng）：纩，丝绵。披着棉衣，亦比喻受人抚慰而感到温暖。

遭此大劫，□贤太守亲履查勘，目睹情形，首先捐廉，拟创开河之举，以清其源，为民除害，此乃万全之策。足见恒太守为国为民，洵称罕觏。据谕三大帮首董，并谕贵绅董出为筹劝，想众擎则易举，务望诸大绅董不辞劳瘁，悉心筹划。大凡人有善愿，天必从之。弟想刻下正在放赈之时，大可举行，从领赈之中，遴选精壮灾民，派来挑泥浚河，另酌加钱几文一天，在灾民每日可多得钱几文，定能乐于从事，较之另外雇人挑挖，节省不少，名为以工代赈，两省裨益。请诸大绅董乘此放赈之时，迅速举办。照以工代赈之法，赈款本来要给，只要另外酌加核计，妥筹款若干，务须核实速筹，如实在不敷，再请示知。弟总当竭尽心力，代为襄理，以全大局。专此奉覆，恭叩德安。上海北市三省筹赈公所教弟施善昌顿首谨覆。十一月初三日。

——《申报》1884年12月26日，第3—4版。

# 1885年

## 潘霨奏报九江关烧造瓷器事①

（前略）潘霨片，再，据九江关监督洪绪详称，每年九江关烧造大运琢圆瓷器及传办各项瓷器，向系缮造件数黄册，恭呈御览。兹查光绪十年，分烧造大运共计上色琢器八十件，上色圆器一千二百四件。又奉文恭备万寿赏用瓶盘盌碟上色瓷器一千二百件，暨祭器上色六十件，业已委员搭坐轮船，由海运京，解交瓷库验收。查本年例支窑工银一万两，今共支给物料工价等项银一万二千八百二十九两五钱七分二厘六毫四丝七忽五微，计不敷银二千八百二十九两五钱七分二厘六毫四丝七忽五微，循照旧章，在于盈余项下支发。除造具工料细册送呈内务府核销外，缮造各项瓷器名目件数黄册，详请代奏前来。臣复核无异，理合附片陈明，并将黄册一本敬呈御览，伏乞圣鉴。谨奏。军机大臣奉旨：该衙门知道。册并发。钦此。（后略）

——《申报》1885年1月25日，第9版。

## 普劝世人器物概不写字瓦瓷有字归字库说

尝读贵报，有江西徐少衡善士来函，景德镇蛟水为灾，水头高至十余丈，沿河上至观音桥下至西瓜州［洲］等处一概冲没等语。不禁有慨于该镇之水患，或亦孽□人作也。盖景德镇素产瓷器、碗盏杯盘，皆贫富必需用物，向祗描摹花卉、山水、人物并年号图章，嗣又歌赋、诗词、长篇书写，近复于茶碗、盖缸上开列上下名号，以供把玩。始则珍惜，一经损破，视为瓷瓦，随时弃置，其瓷上字概置不问。试思苍圣造字垂训，开字之源，后圣着书于人，广字之

① 本文是《申报》1885年1月25日《光绪十年十一月十九日京报全录》的一部分，现标题为笔者自拟。

用。世人□书明理，因字取义，一字千金，不可限量。字纸应毁时，即付丙丁[1]，将字灰装沉净水。□字之流，是以敬惜字纸一条，历经上帝垂箴，官宪出示，谆谆诰戒，报应昭彰，岂该镇窑户独不知耶？岂镇中惜字之人，竟不能预禁于未写之先，拾取于破损之后耶？无如凡事由浅入深、由近及远。余幼时嘉道年间，碗上有字其稀，目下窑户冀图厚利，翻陈出新，人买我买，人弃我弃，相习成风，以至每出一窑，难免一二损破，千万窑中破损甚多。计中窑□市，凡破损有字之瓷器，每见灰坑污秽之间，堆积而无人拾取。虽作践之咎，自分获于众人，而作孽之由，定专归于窑主。无怪乎年复一年，上干天怒。此次大劫，不能尽由字迹之孽，亦不能无关字迹。惜字免灾，亦有证说。

余寓居盐城县东乡南洋岸有年矣。地处海滨，镇市不满千家，草住房十居七八，一经失慎，每有沿烧之苦。绅士某素惜字纸，集唔同志，敬检读文昌帝君《惜字》诸篇，内有惜字免火灾□说，普劝本镇各家，同我辈沿门逐户收寻字纸，诚心敬惜，常将收数呈明神前。本镇果然神明默佑而火劫无矣。以此推广，可见天道高而难测，人道近而可凭。是以奉劝世人，凡于动用桌椅等物概免写字，另出花样，亦可记识，以及未入窑之瓷器，此后不可写字。已入市购用碗盏，凡有字者，一经损破，均归字库，便同字灰烧沉入水，不至［致］复遭污秽，渎神干谴，是为至要。□碗字有无，根从窑出，恭请江西景德镇诸位好善君子，□切劝说窑人，嗣后碗上概不写字，先泯作孽之源。惜字之功，各修各得，尽人力之诚，挽天心之怒，亦祈福消灾之一道也。胡不勉而行之？是否有当，请登贵报，以广传闻，是所切祷。迂阔子未定稿。

——《申报》1885年2月2日，第4版。

# 1886年

## 德馨[2]奏报九江关烧造瓷器事（一）[3]

（前略）德馨片，再据九江关监督李希莲[4]详称：每年九江关烧造大运琢圆瓷器及传办各瓷器，向系缮造件数黄册，恭呈御览，查光绪十年分烧造大运，共计上色琢器八十件，上色圆器一千二百四十件，又内务府传烧各琢圆瓷器并祭器计上色六千三百四十件，业经委员搭坐轮船，由海运京，解交瓷库验收。以期妥速。查本年例支窑工银一万两，今共支给物料工价等项

① 丙丁：古代以天下配五行，丙、丁属火，因称火为“丙丁”。放进火里烧掉。

② 德馨，字晓峯，满镶红，光绪四年六月，任江苏按察使，十月，任河南按察史，五年八月，任浙江布政史，十年九月，任江西巡抚，二十一年七月被革职。引自《清季职官表附人物录》，第824页。

③ 本文是《申报》1886年1月7日《光绪十一年十一月十四日京报全录》的一部分，现标题为笔者自拟。

④ 李希莲（1842—1898），字亦青，山西平定州人，咸丰十年进士。光绪十一年，授江西九江关道台兼监督御窑厂，十七年，任山东盐运史，二十二年二月，任贵州按察使，二十三年九月，任陕西布政史，二十四年四月六日，卒。

银一万四千六百五十一两四钱九分四毫八丝九忽二微，计不敷银四千六百五十一两四钱九分四毫八丝九忽二微，循照旧章，在于盈余项下支发。除造具工料细册送呈内务府报销外，缮造各项瓷器名目数黄册，详请代奏前来，臣复核无异，理合附片陈明，并将黄册一本敬呈御览，伏乞圣鉴。谨奏。军机大臣奉旨：核衙门知道。册并发。钦此。（后略）

——《申报》1886年1月7日，第11版。

# 1887年

## 巨案和息

客有自景德镇来者云：浮梁县所辖朱家头、柳家湾两处，今年因烧石灰窑起衅。约期械斗，各聚数百人。枪炮齐施，短兵相接。朱家头人败北狂奔，柳家湾人奋勇赶上，杀落人头十二颗，悬于该处戏台左右，以张大其威。朱家头人乃由县上控至抚辕，德大中丞即委发审局员任大令国铨前往查办。任大令束装就道，会同浮梁县任小园明府，将两造绅民传到研讯，极力调停，饬令柳家湾将为首凶犯两名交出论抵外，出洋钱一千七百元给各苦主斋醮。两造俱已首肯，出具切结完案。任大令回省销差，时两造绅民公制万民伞两顶、德政牌八面，鼓乐喧天，送至舟次，以志感激。

——《申报》1887年1月17日，第3版。

## 德馨奏报九江关烧造瓷器事（二）①

（前略）德馨片，再据九江关监督李希莲详称：每年九江关烧造大运琢圆瓷器及传办各项瓷器，向系缮造件数黄册恭呈御览。兹查光绪十二年分烧造大运共计上色琢器八十件，上色圆器一千二百四十件，又恭逢懿旨传用上色细彩花盆四百二十二件，并奉旨赏□瓶盘各琢圆上色瓷器一千二百件，以及内廷需用黄瓷绿龙碗等共上色二千件，业经委员附搭轮船，由海运京，解交瓷库验收。以期妥速。查本年共支给物料工价等项银二万□千四百八十七两八厘五毫七丝三微，除将本年例支窑工银一万两全支给外，计不敷银一万一千四百八十七两八厘五毫十丝三微。□查光绪八年分［份］窑工项下剩存银二十七两七钱八分六厘二丝七忽二微，亦全数支给外，仍不敷银一万一千四百五十九两二钱九分九厘九毫四丝三忽一微。循照旧章，在于盈余项下支发，除造具工料给册送呈内务府核销外，缮造各项瓷器名目件数黄册，详请代奏前来。臣

① 本文是《申报》1887年2月1日《光绪十二年十二月十八日京报全录》的一部分，现标题为笔者自拟。

复核无异。理合附片陈明，并将黄册一本敬呈御览。伏乞圣鉴。谨奏。军机大臣奉旨：该衙门知道。册并发。钦此。（后略）

——《申报》1887年2月1日，第9版。

## 东报汇译

日本近年所出瓷器，运入中国盈千累万，业此者获利独厚。惟种种花样，不能合中国之意，故有先期定制，以期花样合式者。今年正月，西京、尾张、美浓等制造家集会协议，派遣三人赴天津参仿各式。上月上旬，更选巧匠十余名，以俟三人回时，以样传授。此后造出瓷器，定□精细入妙，适合华人所用，不知肥前地方各家制造能参照否？

——《申报》1887年5月22日，第11版。

## 杀商骇闻

江西来信云：有客自鄱阳湖来者，称上月某日，湖南商人贩运景德镇瓷器。装载船只，经过饶州之某卡，照章完纳厘金讫，方欲扬帆而去。该巡丁以完厘之外，向来俱有私馈，今该商独无，是有意□陋规也，即扣留其船，多方需索。该商历练未深，与之口角。巡丁大怒，回卡取出腰刀，先剖商人腹，肠出未死，复刺胛膀两刀，随手拨商人入河中。船户见之大惧，邀齐各船百余人，赴饶州府衙门具控。太守闻之大惊，立饬卡员捞起商尸，并饬竭力和解。现闻已经了息。此事殊骇听闻，如果属实，清平世界尚复成何事体耶？

——《申报》1887年6月5日，第2版。

## 九江关监督奉送大婚瓷①

（前略）九江关监督，奉户部札饬，将同治年间毅皇帝大婚时，传办各项瓷器，详细造册送部，以便转咨大婚礼仪处查核云云。刻该监督，已将册送部，内开皇后妆奁磁器，计十四分[份]，另有茶盅、盖碗、零星器皿数百件，谨将名目、颜色、花样、件数造具清册，详送该部，旋即转咨大婚礼仪处云。（后略）

——《申报》1887年11月8日，第1版。

① 本文是《申报》1887年11月8日《□城新景》的一部分，现标题为笔者自拟。

## 贡瓶被窃

九江信云：传闻某署有贡瓷瓶八只，分贮两木桶内。九月二十后某夜，忽然不翼而飞，次日检查，杳无踪迹。经理者大为骇异。凡署内房屋以及署外当差各住宅，派人挨户搜寻，亦无所见。其时官宪因事公出，闻信赶回，饬人赶紧追寻，不识能珠还合浦否？

——《申报》1887年11月19日，第2版。

# 1888年

## 盗案类志

（前略）鄱阳县属之汪家桥地方，系通景德镇要路。十月二十一日，有粤客贩运瓷器，用钢车两乘，小轿一乘，行至汪家桥，日已西沉，乃投宿于某饭店。睡至三更后，有盗党十余人，用朱墨□面。明火执仗，啸聚该饭店门首，用石条撞开大门。连放洋枪，手中并持利刃，任意搜寻，当劫去洋蚨三百余元，一拥而去。粤客潜尾其后，一见盗党不多，乃即回店，邀同伴伙八九人并店主雇工数人，各持器械，呐喊飞追。相离不远，盗即反戈相向，两相对敌，短兵相接。粤客奋勇向前，当即杀毙盗犯一名。盗众胆怯，始各落荒而遁。粤客亦伤左膀，夺回信袋内汇票并洋蚨百余元。次日，该处乡民恐有拖累，遂与粤客同赴鄱阳县署报案，勒限踩缉。盗贼之多如此，行路者宜如何戒备哉？

——《申报》1888年12月5日，第2版。

# 1889年

## 德馨奏报九江关烧造瓷器事（三）①

（前略）德馨片：再据九江关监督李希莲详称，每年九江关烧造大运琢圆瓷器及传办各项瓷器，向系缮造件数黄册，恭呈御览。兹查光绪十四年分［份］恭造大婚铺宫各细彩盘、碗、盅、碟等件共计上色八百六十八件，共用过银二千五百一两一钱九分一厘九毫五丝三忽。查烧造大婚瓷器，案奉户部拨洋税、京饷项下银二千五百两存关备用，除全数支给外，计不敷银一两一钱九分一厘九毫五丝三忽，业由该关筹款弥补。又本届十四年分［份］烧造大运上色琢器八十件，上色圆器一千二百四件，又奉旨传办赏用细彩天青瓶、足尺大盘及内廷等处需用盘、碗、盅、碟暨祭器、各琢圆瓷器等，共计上色七千九百五十二件，共支给物料、工价等项银二

① 本文是《申报》1889年3月29日《光绪十五年二月十四日京报全录》的一部分，现标题为笔者自拟。

万八千三百四十三两一钱八分六厘八毫九丝八忽二微。查例支窑工银一万两全数支给外，计不敷银一万八千三百四十三两一钱八分六厘八毫九丝八忽二微。循照旧章，在于盈余项下动支凑发。除已将奉传大婚并本届大运暨奉旨传用各瓷器，于九月二十一日照章附搭轮船由海运京，解交瓷库验收，并分别造具工料细册，送呈内务府暨户部核销外，缮造各项瓷器名目件数黄册，详请代奏前来。臣复核无异，理合附片陈明，并将黄册一本敬呈御览，伏乞圣鉴。谨奏。奉朱批：该衙门知道。册并发。钦此。（后略）

——《申报》1889年3月29日，第11版。

## 九江关道往景德镇巡阅[①]

（前略）九江关道兼管景德镇窑厂事宜，每年例由关道往景德镇巡阅一次。今年李亦青观察于十六日轻车减从，往阅窑厂，属下印委各员，均出大东门恭送行旌。

——《申报》1889年7月24日，第2版。

# 1890年

## 凤阙晴辉

（前略）九江关监督李亦青观察于正月二十左右，将光绪十四、十五二年烧造大内瓷器，委员分起运交造办处及瓷器库，一面造具清册，解送户部核销。闻所运瓷器三千余件，共支银一万八千数百两，除由九江关年例应提窑工经费银一万两开支外，尚欠八千数百两。咨请户部准由该关所征赢［盈］余项下，如数给发。部臣须俟内务府点见共收若干件，核与清册相符后，始由承办司回明堂官，定其准驳也。（后略）

——《申报》1890年3月7日，第2版。

## 德馨奏报九江关烧造瓷器事（四）[②]

（前略）德馨片，再，九江关监督李希莲详称：每年九江关烧造大运琢圆瓷器及传办各项瓷器，向系缮造件数黄册，恭呈御览。兹查光绪十五年分烧造大运上色琢器八十件，上色圆器一千二百四件，又奉总管内务府札饬传办内廷等处需用瓷器碗、盅、碟两单，暨补报欠解光绪十三年奉传瓷盅、碟一单，共计上色五百件。共支给物料工价等项银一万五千一百九十两五钱

① 本文是《申报》1889年7月24日《九江零拾》的一部分，现标题为笔者自拟。

② 本文是《申报》1890年3月19日《光绪十六年二月十八日京报全录》的一部分，现标题为笔者自拟。

五分六厘七毫九丝九忽四微。查本年例支窑工银一万两全数支给外计不敷银五千一百九十两五钱五分六厘七毫九丝九忽四微，循照旧章，在于盈余项下动支凑发。除已将本年大运暨奉传内廷等处需用瓷器，于九月初九日照章附塔轮船由海运解京，交瓷库验收，并分别造具工料细册，送呈内务府暨户部核销外，缮造各项瓷器名目件数黄册，详请代奏前来。臣复核无异，理合附片陈明，并将黄册一本敬呈御览。伏乞圣鉴。谨奏。奉朱批：该衙门知道。册并发。钦此。（后略）

——《申报》1890年3月19日，第13版。

# 1891年

## 新到精刊瓷器

专办景镇官窑白玉瓷器，精刊山水人物、翎毛、花卉，官□书款均能随意。每字刊资洋三分，各自书画面议。新北门外兴圣街仿古斋主人启。

——《申报》1891年1月9日，第8版。

# 1892年

## 德馨奏报九江关烧造瓷器事（五）[①]

（前略）德馨片，再据九江关监督李希莲详称：每年九江关烧造大运琢圆瓷器及传办各项瓷器，向系缮造件数黄册，恭呈御览。兹查光绪十七年分烧造大运上色琢器八十件、上色圆器一千二百四十件，又奉传御茶膳房需用各瓷及泰东陵、孝东陵、西陵、孝陵、坤宁宫等处祭器，并上年奉旨传用二尺二寸各大盘等，共计上色三千二百八十二件。已于十月二十五日照章附搭轮船，由海运京，解交瓷库验收，以期妥速。查例支窑工银一万两，十七年共支给物料工价等项银二万八千七百三十四两二钱八分四厘六毫四丝八微，计不敷银一万八千七百三十四两二钱八分四厘六毫四丝八微，循照旧章，在于盈余项下动支凑发。除分别造具工料细册，呈送内务府暨户部核销外，谨缮造各项瓷器名目件数黄册，详请代奏前来。臣复核无异，理合附片陈明，并将黄册一本，敬呈御览，伏乞圣鉴。谨奏。奉朱批：该衙门知道。册并发。钦此。

——《申报》1892年4月13日，第13版。

① 本文是《申报》1892年4月13日《光绪十八年三月初九日京报全录》的一部分，现标题为笔者自拟。

## 瓷商遭劫禀官[①]

（前略）离九江四十里，有镇名姑塘□，人烟辐凑［辏］，贾舶如云。当道设立榷关，以征各船税饷。其下游五六里尹家塘，孤洲野渚，素为寇盗出没之区。自彭刚道公获犯枭示以来，稍为安静。上月十九日，东方未白，有一湖北鸦艄船，满载瓷器及秀油雨伞之类，鼓浪而来。突来小划船名双飞燕者数艘，团团围住，三舟子见来势凶恶，凫水而逃。旋经他船救往姑塘炮船，向汛官禀报，汛官立派勇丁两名，协同地保前往查看，则盗匪已劫去银□货物，将船击沈［沉］，并拔去船桅，以图灭迹。既而在附近查得赃物，回营禀白，汛官不知能为之究办否也?

——《申报》1892年6月2日，第3版。

## 轮船售瓷遭禁[②]

（前略）景德镇人每以卖瓷器为生。当轮船抵埠时，争先恐后，扰攘喧哗，前与趸船水手争竞，碰破瓷器，甚至用武。经查轮船委员刘荫芗明府极力弹压，旋为德化县[③]罗明府所闻，出示禁止。其文曰：轮船来往，片刻躭延。起货卸货，拥挤摩肩。小卖瓷器，纷纷上船。穿舱乱闯，插入流连。洋跳既窄，阻塞不前。客商有碍，痛恨难言。合行晓谕，毋蹈前愆。嗣后卖货，路走空闲，毋挤洋跳，致讨人嫌。房舱一带，不准盘旋。如敢故违，恶习相沿，定行带案，责惩从严。

——《申报》1892年10月29日，第3版。

# 1893年

## 拍卖御窑瓷器

准于十五日礼拜三十点半在本行拍卖前朝远年御窑瓷器，各色瓷瓶、碗盆兼有，（中略）永发洋行启。

——《申报》1893年6月21日，第6版。

---

① 本文是《申报》1892年6月2日《九江派声》的一部分，现标题为笔者自拟。

② 本文是《申报》1892年10月29日《浔阳琐缀》的一部分，现标题为笔者自拟。

③ 即九江府德化县，现九江县及湖北黄梅封郭洲、团牌洲等区域。

## 江右采风

江省各项贾买，如油纸、鱼布等类，各立有行，茶叶、海味、绸缎、洋货等类则立有会。以及肩挑手艺，凡不入会者，不能出而谋利。（中略）又某戊自景德镇来挑瓷器一担，甫行入市，某己即问其会钱交何铺，戊信口指某铺以塞责。己令其同住，戊呆若木鸡，己即代挑其担以行，索钱三串三百，方准回赎。诸如此类，不可指数。有地方之责者，曷其奈何不禁？（后略）

——《申报》1893年11月18日，第2版。

## 贡瓷入都[①]

关道宪诚观察札委军火局委员彭星□明府□瑞管解贡瓷入都，于初二日附江宽轮船起程。（后略）

——《申报》1893年11月24日，第2版。

## 瓷商落水、幸得搭救[②]

（前略）十四日，有湖北黄陂县轮船一艘，装载瓷器及药材四捆，内有朱提[③]二千余两，由景德镇运赴汉。皋行至九江下游三十里之张家洲地方，突遇暴风，长年三老支持不住，即行沉没。经王彩亭守戎瞥见，率领小池河口汛把总唐训登，飞驾杉板往前施救，将人货次第捞起。事后检点，则已淹毙一人。守戎令汛弁等驻此守护，俾榜人[④]得以收拾遄回云。（后略）

——《申报》1893年12月29日，第2版。

# 1894年

## 轮船售瓷依旧[⑤]

（前略）初七日午前十一点钟时，招商局江永轮船上驶，适江宽下水，同时抵埠，以致人

① 本文是《申报》1893年11月24日《庐山真面》的一部分，现标题为笔者自拟。

② 本文是《申报》1893年12月29日《浔江杂佩》的一部分，现标题为笔者自拟。

③ 朱提：指银子。以朱提山盛产白银而得名。

④ 榜人：船夫。

⑤ 本文是《申报》1894年4月21日《浔水春光》的一部分，现标题为笔者自拟。

多于蚁，拥挤喧哗。有提篮卖瓷器者，约伴十余人，雇坐小划船，攀援而上，不堤［提］防被巨浪所激，俱堕水中。幸众划船户极力救援，得不丧命。（后略）

——《申报》1894年4月21日，第2版。

## 德馨奏报九江关烧造瓷器事（六）[①]

（前略）德馨片：再据九江关监督诚勋[②]详称，每年九江关烧造大运琢圆瓷器及传办各项瓷器，向系缮造件数黄册，恭呈御览。兹查光绪十九年分烧造大运上色琢器八十件，上色圆器二千二百四件，又奉旨传烧琢圆各瓷暨祭品，共计上色一万八千陆百七十六件，已于十九年九月二十六日，照章附搭轮船，由海运京，解交瓷库验收，以期妥速。查例支窑工银一万两，十九年共支给物料工价等项银三万八千一百八十七两一钱九毫八丝八忽七微，循照旧章，在于盈余项下动支凑拨。除分别造具工料细册，送呈内务府暨户部核销外，缮造各项瓷器名目件数黄册，详请代奏前来。臣复核无异，理合附片陈明，并将黄册一本，敬呈御览。伏乞圣鉴。谨奏。奉朱批：该衙门知道。册并发。钦此。（后略）

——《申报》1894年7月19日，第13版。

## 徽号之期，贡瓷北上[③]

八月十五日，为崇上皇太后徽号之期，九江关道诚观察、总镇周军门、郡伯崇太守暨文武各官，均于黎明时，恭具朝服，诣万寿宫行朝贺礼。雍雍肃肃，极尽诚敬。上用景德镇官窑瓷器，诚观察遴委林辅臣少尹志忠管解三百余桶，于二十日，附元和轮船至甲转解北上，并派哨官刘秋岩都戎护送，以昭慎重。

——《申报》1894年9月26日，第2版。

# 1895年

## 改行装货

启者，接九江廖鹤轩信，据称所管招商浔局□船事务业已交卸，接管者黄子珊系梅西族

① 本文是《申报》1894年7月19日《光绪二十年六月初八日京报全录》的一部分，现标题为笔者自拟。

② 诚勋（1848—1915），字果泉，满正白，荫生，光绪十九年至二十五年任江西广饶九南道、九江关监督。

③ 本文是《申报》1894年9月26日《浔阳秋月》的一部分，现标题为笔者自拟。

人。我等各帮瓷器、葵扇、棉纱等货鹤轩承装多年，极为妥当，今易生手，嗣后我帮货物皆改装太古、怡和。告白。天津复隆恒、香港恒兴益、牛庄天利福、新会成隆记、烟台保顺仁、景德镇公和兴、烟台同泰昌、上海万聚永、广东正隆号、上海利泰昌公启。

——《申报》1895年5月3日，第3版。

## 德寿奏报九江关烧造瓷器事[①]

（前略）德寿[②]片，再据九江关监督诚勋详称：每年九江关烧造大运琢圆瓷器及传办各项瓷器，向系缮造件数黄册，恭呈御览。兹查光绪二十年分［份］烧造续传恭备万寿庆典各瓷三单，共计上色三千一百八十件，已于二十年九月二十日照章附搭轮船，由海运京，解交瓷库验收。以期妥速。查本年发造续传庆典各瓷，共支给物料工价等项银二万十六两四钱八分七厘八毫九丝三忽三微，已奉部准，在于指拨洋药税厘项下支发。除分批造具工料细数清册，呈内务府暨户部核销外，缮造续传庆典瓷器名目件数黄册，详请代奏等情到前抚臣德馨。旋因交卸，移交到臣，复核无异，理合附片陈明，并将黄册一本，敬呈御览。伏乞圣鉴。谨奏。奉朱批：该衙门知道。册并发。钦此。（后略）

——《申报》1895年12月2日，第12版。

# 1896年

## 王建亭明府谒见道宪[③]

（前略）委办景德镇窑厂事务王建亭明府懋漳，因公至九江，谒见道宪，并拜会诸寅好。（后略）

——《申报》1896年2月16日，第4版。

## 许少尹署理景德镇分司[④]

（前略）九江新关委员许小峯少尹，经藩司檄令，署理景德镇分司。少尹部署行装，于本

① 本文是《申报》1895年12月2日《光绪二十一年十月初七日京报全录》的一部分，现标题为笔者自拟。

② 德寿（1837—1904），耿姓，字静山，内务府汉军镶黄，翻译生员，光十五、十二，川按，十八、四，皖布，廿、十二，黔抚，廿一、闰五，湘抚，七月赣抚，廿四、五，苏抚。引自《清季职官表附人物录》第824页。

③ 本文是《申报》1896年2月16日《浔阳纪胜》的一部分，现标题为笔者自拟。

④ 本文是《申报》1896年4月3日《庐山樵唱》的一部分，现标题为笔者自拟。

月初八日赴道辕禀辞，初十日解维赴任。

——《申报》1896年4月3日，第3版。

## 礼拜一拍卖

初八日十点钟，本行拍卖御窑瓷器花瓶、碗、杯、茶、船、盆子……

——《申报》1896年4月20日，第6版。

## 窑案已平

江西采访友人云：景德镇窑工闹事以致伤毙人命，人言藉藉［籍籍］，几于通国皆知。查其起衅之由，缘各窑户给发工资，向章每洋银一圆作钱一千二百文，今者洋银价值日低，各工匠受亏实甚，屡请按照时价，各窑户坚不允从，以致两相龃龉者久之。本月某日，各工匠集议暂停。各窑户以无人作工控诸官署，官断令仍照原价，各工匠抗不遵断，即重予笞臀。事后积忿难平，遂与各窑户滋闹，官并不持平办理，即请保安军营勇弹压查拿，无如工匠多至数万人，营勇寥寥数百名，大有众寡不敌之势。遂致伤毙三命，刀械俱失落无踪。于是窑户停窑，工匠停工，廛市萧然，三日中几无人迹。旋经邻封某明府驰至开导，再三劝令各窑户每洋银一圆作钱一千文，以期两得其平，无稍偏倚。各工匠之闹事者，着自行查察，限交凶犯三名，两造欢喜逾恒①，即具结遵断。于是窑户照常开窑，工匠照常开工，街市照常开市。一顷刻而大事即化为小事，小事即化为无事矣。明府其真有济变之才者欤！

——《申报》1896年8月7日，第2版。

## 补述景德镇械斗缘起

兹据本馆常驻江西访事人函称：该镇距省城四百余里。瓷器甲天下，名闻中外，其间窑户数百家，工匠千万人，店铺千百间，为天下四大镇之一。惟五方杂处，而又食力人居多，风气强悍，良莠不齐，动辄械斗，酿成巨祸。军兴后，二三老成禀请大宪，创立保安一军，招募勇丁数百名，长年驻扎，以资震慑，由来久矣。该军章程因由商集办，一切军械口粮归商筹款供给，而管带之员则由省宪遴委，相安无事，亦非一日。不料六月某日，窑工乐平帮与都昌帮因事口角，虽经动众，然已经解散。讵有奸徒从中煽祸，先向乐平帮唆云：都昌帮已缮甲兵，议定某日兴师问罪，尔盍预备之，闻者不察，果比戈称干以待。匪徒见祸机已动，又向都昌帮告曰：乐平帮枕戈蓐食为何事乎，闻其人议定某日将向尔复仇。古人云，宁我负人，毋人负我，

① 逾恒：超过寻常。

盍预备旃。□闻者亦不察，深信为真，果于某日各临场械斗，伤数十人，毙数人。维时保安军亟派哨官带勇前来弹压，两造不分皂白，反将哨官杀毙，又毙勇丁二名。亦可见愚人之鲁莽，只凭血气不顾利害矣。是役也，死者共十四人。当下窑户停工，工匠各散，镇上店铺一律闭市，人心惶惶，几疑从此无太平世界。如是者数日，驻镇分防军捕、同知某司马会同保安军管带极力镇抚，饶州府鄱阳县均闻警驰至，交相设法定变，人心始靖。现在抚宪德静帅接变后，立派贺芷澜观察会同王云笙游戎管带振武军后营，驰往查办云。

——《申报》1896年8月10日，第1版。

## 详述景德镇窑案

据江西访事人文言云：景德镇窑工械斗缘由已录前报。兹闻尚有案定复闹，闹后复定各节，合再录之，以供众览。盖此中坯工之强蛮难驯，痞匪之乘机煽祸，各宪之查办苦心，前后三阅月，风浪万端，卒致地方安靖，事变敉平，殆亦初念所不及此。先是水客买瓷器，向窑户高抬银价，每两作钱一千七百文，窑户给工资，亦向坯工高抬洋价，每元作钱一千二百文。本年银洋价值大跌，水客银价每两减作一千五百文。工资洋价，坯工亦议照减。此固情理之常况。有前饶州府恒太守原案具存，旧章可核。乃窑户刻薄不仁，坚不允减其折给钱文，复不照旧章，辄用街市换来之大钱，搀以沙壳私钱，激令坯工怀忿停工。当经浮梁县任筱园[①]明府收押坯工二名，坯工愈忿，聚集万余人，□请查照原案旧章水客新章减作洋价，明定钱色，开释押犯。时有痞匪从中唆使，谣言四起，当事者未及体察下情，遽饬保安军前往弹压，以致拒毙一勇，此五月间启衅之始事也。

迨事已决裂，势极危急，饶州府吴太守飞檄德兴县陈子封明府驰往查办，竭力调停，允减洋价，释押犯，谕令开工。旋因钱色未定，既开又停。明府乃率令两造首事赴府，禀请吴太守讯断。查照恒前宪原案旧章，洋价随市涨落，不得再行高抬钱色，仍用街市大钱，不得搀［掺］和沙壳，遵照国法，勒限交出正凶，伺候开释押犯，不得再滋事端。两造至此皆知畏法惧祸，当堂呈递甘结。此六月中旬事。前报所谓窑案已平之一节也。

维时，德静山中丞已札调营务处贺芷澜[②]观察，会同王云笙镇军带同随员俞子新明府管带振武后营驰往，行至饶州，闻知一切，观察料其必有翻异。盖瓷窑行名甚多，人亦甚众，向系分行作价，仓卒之间，未及分别某行洋价酌减若干，恐强归一致势多不便也。且所谓街市大钱者，实通行常用之钱，并非官板制钱，又非民间所称典钱，所以申明不准搀［掺］和沙壳私钱也。而洋元亦高下悬殊，钱价即彼此迥别，恐漫无定限，终难划一也。观察于是先行出示晓谕，窑户坯工及各行工人居民铺户并游闲人等已统营至，盖隐示以镇慑，使人心相安也。

① 任玉琛，字筱圆或小圆，萧山监生，同治五年署乐平县知县，光绪三年署星子令，光绪七年调浮梁令。
② 贺芷澜，字元彬，江西候补道。

未几，窑户给发工资，未能遵用大钱，因又停工。霎时痞匪遍张揭帖，谓：丙申年丙申月丙申日丙申时在镇起事，令人罢市迁避，免遭蹂躏，盖指本年七月初三日申时也。又该镇向有水星阁镇压火劫兵燹，阁毁未建，逢丙迭遭劫数，往事足征。此次痞匪乘机煽祸，人心益皇皇［亦惶惶］，莫知所措。观察即谕坯工如敢作反，立即聚而歼旃，并悬赏格，购拿匪犯，次晨即获造谣者一名。枷责游街，谣言顿息。坯工亦恐为匪所害，是夕，查街勇丁沿途拾得字条，皆坯工乞恩断结，俾早开工，衣食有赖。众知坯工畏祸，人心始定。观察又分别示谕，并饬任俞两明府传各地保及五行头都班二十四姓首事，邀同窑户坯工，酌中定议洋价钱色，务合两造倾心折服，公同禀明，酌核出示，定案永远遵守。并查有痞匪胆敢黑夜涂脸闯入坯房毁车殴人行凶滋事，复悬赏格严拿，当晚即获一名，责押。观察见各首事皆生意中领袖，不得不破格礼接众心，益洽妥议，禀覆按行酌定，即行示谕某行鹰光洋一元作价典钱一千零九十文，某行一千零五十文，某行一千文。俾洋有定样，钱有定色，价有定数，始无闪烁间隙，当可不至争扰纷纭，并限五日内一并具结兴工，以期永远和息。此七月初旬事。即所谓翻后复定者也。

惟七月十五日，相传为天中节。向有芋头会，各窑户应备芋头酒席以饮，各行工人计不下十万人，所费不下数千串。定案时适近中元，窑户因惜此费，欲俟节后定妥，未免所见者小矣，一切容俟再录。

——《申报》1896年9月8日，第1—2版。

## 窑工复闹

江西采访友人云：景德镇窑工肇事，前曾备列报章。兹闻七月十五日后，窑户坯工均经饬，具遵断切结，旋即一律开工。贺观察会同王镇军将善后事宜妥为酌定，留哨勇若干名为之弹压，始定期回省销差，不料良懦坯工虽愿如期工作而其中强横者仍出而阻挠，以致各坯房中，时被若辈毁物滋闹。盖以为所定各项工价均系每洋银一圆作钱一千文未免与市价相悬，须县主再来厘定也。至八月十八日，传闻坯工房中被若辈杀毙六人，伤一人。事既难救，祸益加烈，不知何日始能相与帖然也。

——《申报》1896年10月13日，第2版。

## 窑事续谭

江西景德镇窑案，屡翻屡定，屡定屡翻，并八月十八日杀毙坯工各节，前经报知。兹查悉工作如恒，惟匪徒仍欲逼令停工翻案，希图渔利，良懦坯工固所不愿，即稍涉强横者，亦不敢肆意胡为。匪徒技无所施，因向坯房索取谢礼，未遂欲壑，致有十八日之变。杀毙祇有一名，然匪徒仍屡欲向坯房扰害泄忿。二十日，营勇查夜突遇匪徒多名，极力围拿，反被枪伤数名，当即高悬赏格，严密购拿，想难幸逃法网也。又上月德中丞批示，大致谓如果此案系程英华主持，余四九等济恶率众滋事，余和福拒毙保安军勇丁，均属玩法。然程英华等一日不获，则景镇大局一日不定，自应上紧缉拿，按名务获，督饬印委分别究办，以遏刁风。

又本月贺观察批：据冯克薪等禀陈程英华主令余四九等纠众不法各情，本道抵镇月余，访查此案，颇知其详。屡次停工情节，虽属匪徒挑唆，实由尔等自误其始。因近来洋价陡落，尔等向客商议减洋价，坯工亦向尔等议减，乃属情理之常。尔等如推己及人，酌中定议，照尔等商减客商之数，推减给资，坯工自然心平气和，虽有匪徒，何所藉口？尔等与坯工两相龃龉，波浪掀天，尔同行竟有稳坐舟中，怏然自得者，其明证也！乃尔等决意不允，使局外匪徒生心，从中渔利，以大钱歆动各行坯工，愚顽堕其术中，纠众横行，挟制官长，一发莫遏，坐废今岁极畅旺生理，尔等之自误者一也！

其继府委德兴县陈令来镇查办，尔等岂不知余四九等纠众横行？即应指名直诉，亦可知其病源。乃意存偏袒，隐忍不言，致陈令费尽无穷之力，始能罗致余四九等。与尔等赴府求断洋价，当时兵勇未来，匪徒势盛，坯众正为所惑，犹谓众怒难犯。及到饶郡，则虎已离山并无羽翼，尔等如对黄堂指出余四九等实系局外匪徒，并非坯工，吴守为一府之主，景镇系所属紧要之区，岂肯姑息养奸，必能不动声色，立将余四九等拿办。……乃尔等各祖各姓，犹隐忍不言，低首下心，甘与匪徒同堂具结，实所不解。然犹谓委曲求全，保身免祸，实出于不得已之苦衷。但即已具结，六月底，找结工资，即当遵守。乃以洋价未定，且正兵勇来临，又复阳奉阴违，欺凌坯工，致使匪徒片纸传单，停工如故。彼时官司治民如医生之治病，徒据尔等控称匪徒唆使坯工匿不露面之词，望闻问切皆不可得，从何立方？官长为国家安抚生民，任怨任劳，本属分内之事，尔等争一时忿气，废两月营谋，回首思之，与其受累伤财，掷之于构讼兴兵之地，何若怜贫恤苦，施之于同乡共井之人，岂非一举两得乎？尔等之自误者二也！

（中略）以剥肤切近之灾，为袖手旁观之态。虽除暴安良，官司责任，然非尔等引导，即匪人对面，兵勇亦不能辨识。诚尔等扪心自问，系官长之不为民除害乎？抑尔等之自贻伊戚乎？至于程英华，素行不端，在镇数载，怨声载道。本道抵镇数日，即有所闻，此案人言啧啧，多所指斥，但无人控告，又无供词，安能以疑似之言加人以莫大之罪？尔等如及早举发，则程英华每日骑马乘舆往来街市，只一二人即已擒获，毫不费力为景镇除一巨害，何快如之？……前此陈令费尽无穷之力暗中摩挲觅出余四九等，尔等即控余四九为主谋，近来本道暗中摩挲访出程英华，尔等又控程英华为主令。殊不知余四九等为坯众之主谋，程英华为坯众之主令，本道闻程英华不过胆大妄为、包揽词讼、嗜利忘害之粗人，尚有为程英华主令者，尔等其知之否？闻尔等虽在市廛，读书明理颇不乏人，倘有一二办事公正、曲体人情、见利思义、众望归者，自能化大为小，化小为无。程英华、余四九等虽属狡黠，即欲蛊众渔利，何敢藐视一切，尔等之自误者三也！

有此三误，今又具禀，其意何居？岂闻本道与王军门将欲回省，始为此备案之虚文乎？则亦备案之虚文而已。抑见本道与王军门尚未启行，将欲见获犯之实效乎？亡羊补牢，犹未晚也。果能同仇共忾，自能同心协力，觅线弋获，断非难事。余四九等有各本姓首事在，必能一一交出。余四九既能到案，则程英华虚实自明，及早努力，毋令挺［铤］而走险，又滋事端，为等驱锄巨患，本道有望焉。除前已饬浮梁县出示驱逐程英华，不准来镇，并已移知饶州府密拿余四九、程英华等外，特此批示。

——《申报》1896年10月19日，第1—2版。

## 窑案反复[①]

（前略）景德镇闹窑一案，自夏徂秋，顽民屡次反复。某日，德静山中丞又委义宁州[②]黄菊秋刺史前往饶州，大约须重加整顿也。（后略）

——《申报》1896年10月20日，第2版。

## 窑事尾声

江西采访友人来函云：景德镇窑案，自夏徂秋，详细情形，备列前报。兹德中丞札饬酌留振武军勇丁二哨驻守该处，会同保安军亲兵营勇丁巡查弹压。至现在押禁之四犯，应如何拟抵惩治，均归饶州府吴太守督同续委随员黄菊秋刺史斟酌办理。贺观察、王镇军督勇三哨回省，临行之际，窑户坯工衣冠恭送，并制万民牌伞以颂德政。日前观察镇军已抵省垣，禀复中丞销差。现在景德市面安谧如常，坯工每日赶作甚勤，直至宵分未歇，当不至［致］再有波折矣。

——《申报》1896年11月2日，第2版。

## 窑案近闻

江西采访友人云：客有自景德镇来者，言及各瓷窑坯工屡滋事故，实因余四九、于大罗、王子珍、彭姓、邵姓、余和福、金唐喜等创立打大钱名目，串同讼师程英华，议定索得大钱，每人酬以二百文。以七八万坯工计之，实为莫大之利。以致纷纷滋扰，坚不肯休，纠集党羽八十余人，共饮血酒，誓以生死相顾，无相怨尤。自夏徂秋，几致不堪收拾。贺观察早经查悉，以为宁使坯工多减洋银之价，终不堕彼术中，仍照饶州府断词，秉公办理，相持至中秋节。近各坯工渐渐醒悟，俯首遵从，余等八十余人又慑于兵勇之威，相继四散，各坯房因得安心乐业，工作如常。

---

① 本文是《申报》1896年10月20日《秋屏阁题壁》的一部分，现标题为笔者自拟。

② 清代区划单位，范围大致相当于今天的修水县、铜鼓县，隶属于南昌府。

八月十四日歇工时，余等忽又于二更后打入坯房。十五六日，连打两次。十八夜三更时节，更杀毙坯工吴哑子一名。亲兵营闻信兜拿，当场拘获二犯。二十夜，余等又率党滋闹，适振武军勇丁十余人出外巡夜，猝然相遇，被伤七八人，其一身受重伤，性命难保。各哨勇闻信赶至，始将匪徒杀退，拘获三犯，格毙二犯，既而亲兵营出队接应，黑暗中被振武军误伤一名。是日，各坯工迫于余等凶威，亦有阴为助恶者，观察见匪党胆大恶极，即日高悬重赏，四处购拿，余等即日渡河潜逃，匪势遂因之衰败。二三日内，各坯房渐次开工，坯工复自行转圜，邀请街邻、地保、首事、绅耆向观察面陈，情愿照常工作，惟须开释各犯，弗再讯惩。观察聆其要挟之词，知系余等指使，乃执意不准，并出示晓谕，大略谓：尔等如敢停工要挟，必饬官兵加意严拿。众坯工见无可逞刁，又因天气渐寒，窑务过期，今岁恐不能糊口，于是一律工作，且有兼作夜工者。

观察遂遄回禀覆。临行又出示曰：谕窑户人等知悉，本道奉抚宪札委来镇督办此案，一秉至公。除尔等送牌伞外，并未收受丝毫银钱礼物及瓷器各件，带来人役亦未需索丝毫。本道启行后，如有假托本道声名，敛钱派费者，尔等即行禀县严治。特示。

——《申报》1896年11月7日，第1—2版。

## 1897年

### 豫章近事

（前略）景德镇窑案，自经贺观察办妥后，人皆谓从此可以敉平矣。迨十月中，黄刺史、吴太守先后莅镇，将各犯开释，断令每洋银一圆作钱九百二十文，取具保证存案。而倡首闹事者，仍向各工抽钱肥己。计灰器工每名一百八十文，大器工每名二百八十文，二白描器工每名三百八十文，官古混水工每名四百八十文。随勒令窑户洋银作钱八百八九十文。窑户有难色，若辈即相约停工。迨刺史及太守分别回省回郡，倡首者尤跋扈飞扬。传闻近日又将瓷器击毁，以致窑户赴省上控，究不知何时始得安静也？

——《申报》1897年1月3日，第2版。

### 瓷厘更定

安庆采访友人云：国家设立厘卡，几如棋布星罗，虽曰裕国护商，实乃万不得已之举。前经某司农奏请一律裁撤，事尚未行。而前年中日交争，出款又倍于往日。某日，上游到有运瓷船三百余号，屯泊新河，因议厘捐，未经过卡。闻之业此者，谓瓷厘向有粗中细之别，粗者每支抽厘十二文，中者三十文，细者四十文。历年各卡皆照粗瓷计算，诸商民感深痌瘝，莫不踊跃输将。迩者商务日疲，厘捐比较不能足数，因欲照实抽收。所载中细之瓷，理应分别收款。

船户以卡中人飞尺多寡，心滋不服，是以久未完捐。盐河厘金局总办许太守以增会商牙厘局总办潘公出示晓谕，略谓：瓷捐一项，本有细、中粗、最粗之别，细瓷每支抽厘四十文，中瓷三十二文、二十四文、十八文、十二文不等。若照支逐一盘查，易于损坏。若加尺升算，诸商又借口言多。今特明定《章程》，就最粗之瓷，照尺不加，无论粗中细，每支抽厘三十六文，减去六文，每支收厘三十文，以归划一而昭平允，庶免盘查损坏，此乃体恤商民而起云云。想诸瓷商自必遵章完纳矣。

——《申报》1897年4月27日，第2版。

## 窑案未平

江西景德镇窑工肇事之案，上年屡讯屡结，屡结屡翻，迭缀报端，人所共见矣。兹接江西省垣采访友人手椾[①]云：本月某日，德静山中丞批示《窑户呈词》云：该职员等久在景镇开设窑厂，各应保守垣业，因时制宜。今昔情形不同，钱价涨而银价贱，坯工工赀未能拘执，从前陋习，独使坯工受亏。乃坯工因争索洋价，停工滋闹，甚至拒捕杀勇，毁抢不休，固属目无法纪，自应照例严办。该职员等亦应通权达变，体恤手艺为生之坯工，以安其业。人孰无良，何致听人唆闹？去岁滋事，非衅由他起，实衅由自取也。程英华既非坯工，竟敢勾结坯众，主谋滋事，设局给牌，藉以渔利。此等恶棍，若不严拿究惩，将何以靖地方？兹据称，程英华今正进署贺年，三月在镇嫁女，何以该县不即拿解？黄老渭果系闹事头目，何以该县拘而复释？若是，则此案不特尚未平静，且将又起波澜矣。特此批尚未录全，阅者请观其后可也。

——《申报》1897年5月30日，第2版。

## 观察赴景德镇赶办贡瓷[②]

（前略）关道宪诚果泉观察于四月十七日乘长龙船赴景德镇，督饬御窑工匠，赶办贡瓷。（后略）

——《申报》1897年6月2日，第2版。

## 德寿片[③]

德寿片，（中略）兹查前调赴景德镇暂留巡防弹压之振武军后营左后两哨弁勇，事竣后，

---

① 椾（jiān）：同“笺”。

② 本文是《申报》1897年6月2日《浔阳剩语》的一部分，现标题为笔者自拟。

③ 本文是《申报》1897年7月7日《光绪二十三年五月二十六日京报全录》的一部分，现标题为笔者自拟。

于光绪二十二年十二月十六日，由景德镇拔队起程，于十二月二十四日到省回防。

——《申报》1897年7月7日，第15版。

## 购缉逸犯

特授江西南昌府新建县文芝坞明府，各处发贴赏格，谓：景德镇窑户滋事之余四九，都昌县人，年四十岁，身中面赤，奉府宪发县收禁。八月十五夜，乘禁卒睡熟，扭断锁镣脱逃。勒令严缉，合行悬赏，无论军民人等，如能将余四九拿获者，赏洋三百元，加赏二百元，知风报信因而拿获者，赏洋一百元，加赏五十元。本县捐廉以待，决［绝］不食言云。

——《申报》1897年10月28日，第3版。

# 1899年

## 章赣双流

办理景德镇厘卡委员陆大令锡康，年终比较，短少若干，照例撤委。去腊某日已交卸回省矣。

——《申报》1899年2月17日，第9版。

## 洪都客述

（前略）英商顺昌洋行开设九江，去冬曾禀请牙厘总局印发护照十张，贩运景德镇瓷器。装船之后，即将实在数目□□，呈由首卡填入照内，完纳厘金。局宪以核与定章不合，碍难准行。兹□来省重申前请，□九江□□□□得，顺昌洋行业已□□□系华商□□□，宪乃饬该商俟九江顺昌洋行重开后，再行酌核办理。

皖商取运瓷器，向来盛以洋篮，运至湖口卡，照章完纳厘金，初无异议。今春洋器尺寸□向来减小，商人请将厘金分别核减。卡员查明洋篮虽小，瓷器较好，仍应照数完纳。彼此各执一词，具禀总局。局宪批饬，非酌中估本计算，不足以杜其口而服其心。当即札饬湖口卡秉公斟酌办理。相持日久，商人颇有悔心。缮词禀请恩宽，局宪准之，札饬此后毋许贪利取巧，任情妄渎，以致自干咎戾。

——《申报》1899年6月16日，第2—3版。

# 1900年

## 景德教案述闻

九江访事友人云：有客自景德镇来者，言及本月十五日之夜，彼处某教堂忽被匪徒举火焚毁。至教士有无受伤，地方官如何弹压，则尚未悉其详，姑志之以俟续闻。

——《申报》1900年7月22日，第1版。

## 景德教案

南昌访事人来函云：省城两月以来，谣言四起。至六月二十左右，饶州景德镇突有匪人焚毁教堂，并烧去民居百余家，杀伤教民数人。江西巡抚松中丞①闻报，即委余太守镕驰往，会同厘卡委员安太守廷桂及现办乐平械斗案之张大令鹏程从速查办。一面札饬振武军统领李游戎家发带勇弹压，始得瓦解□消。至洋教士有无伤及损失财物若干，容俟探明续录。

——《申报》1900年8月2日，第2版。

## 匪徒狡计

江西景德镇匪徒闹教，前已详志报章。兹又得南昌访事友人手函云：当若辈肇事之初，设谋甚狡，先将面目涂以粉墨，自称义和拳民，擅有神术，纠集羽党数千人，酿此巨祸。实则皆系土著匪类，深恐被人识破，为此以避日后查拿也。刻下虽经地方官毖后惩前，实力惩办，尚未知能浪息波平否？

——《申报》1900年8月5日，第2版。

## 景德教案余闻

客有自江西饶州府属浮梁县所辖景德镇至九江者，语本馆访事友人云：景德为江西四大镇之一，烟火万家，颇形繁盛。作陶器者不下数万人，中多少年喜事之辈。六月初旬某日，忽有匪人遍黏揭帖，声称十六日拆毁教堂。一时民情汹汹，万分惶急。同知艾少棠司马闻信，率同巡检何穆门少尹昼夜梭巡，罔敢或懈。至十五夜黄昏时，果有匪徒数千人将教堂焚毁，司马率众趋救，见众寡不敌，祇得知难而退。迨浮梁县任筱园明府、浮梁都司熊伟廷都戎飞驰前往，

① 松寿（1849—1911），字鹤龄，满洲正白旗人，荫生出身。光绪二十一年闰五月，任山东按察使，二十二年四月，任江西按察使，二十四年九月，任江宁布政史，二十四年五月，任江西巡抚，二十六年八月，任江苏巡抚。

则匪人已如鸟兽散。爰即据情禀报上宪，上宪立委余铁生、安子馨两太守及张、邵两大令来镇，拘获首要各犯十数名，择其尤者六人，就地正法。现在地方已皆安静，各窑亦一律开工。明府因事前失于防维，由上宪撤回，而以张明府继其任。

——《申报》1900年8月24日，第2版。

## 贡使登程

南昌访事友人云：时事多艰，翠华西幸。各省督抚派员赍[①]呈贡品，皆已陆续登程。江西抚宪松鹤龄中丞谨遵办理。因念前年护抚宪翁筱山中丞创立蚕桑总局，织成绸缎若干件，工料精美，不足则增购于市，并景德镇瓷器数十桶，及一切上方应用之物，委联敷青太守随同应解内务府银数万两，一并解赴陕西行在。

——《申报》1900年10月27日，第2版。

## 浔郡官场纪事

（前略）九江关道宪明华亭观察札委本关长龙船管带刘秋岩都戎，前赴景德镇，押运贡瓷三百三十二桶来浔，听候起解。（后略）

——《申报》1900年11月5日，第2版。

## 委运贡瓷

九江访事友人云：日前，关道宪明华亭观察饬管带本关长龙船之刘秋岩都戎赴景德镇窑厂装运瓷器二百余箱至浔，以备委员解赴西安行在。

——《申报》1900年12月14日，第1版。

## 劫犯述闻

有客自景德镇至九江，告本馆采访友人云：前者镇上匪徒滋事，拆毁教堂，经地方官拿获七人，业已讯明正法。旋又拿获羽党五人，收禁候惩。某日，忽被匪人劫去。

——《申报》1900年12月20日，第2版。

---

① 赍（jī）：怀着，把东西送给别人。

# 1901年

## 贡瓷被窃

九江访事人云：前者江西九江府孙景裴太守购备贡瓷，装箱待解，暂存郡城西门外龙池寺中，谕令保甲委员周少尉景汾小心看守。不意少尉漫不经心，被贼撬开，窃去三十余件，恐难免于处分也。

——《申报》1901年4月18日，第2版。

## 整顿瓷业说

古之时祇有陶器而已，无所谓瓷也。……独江西景德镇所产之瓷，相传萌芽于汉代。至宋、明之世，就镇设官监造以供御用，而其名益彰。本朝地方官仍循旧例，岁选精美之瓷贡入内廷，藉备宸赏[①]；而外间市肆所售，尤能风行各省，握我利权。自与各国通商以后，更流入东、西洋各国；其质之佳者，西人咸不惜重赀购之以去。尝观近人纪载云：曩时美国总统宴我使臣，所用杯盘二百余品，半系华瓷；美使臣之在中国京师者，尝出万金购一康熙御窑之大鱼缸以献其总统。至今西国名人之好古者，犹时遣人至中国内地各处搜罗旧瓷，运往外洋，藉得善价。

夫瓷器为日用所不可少之物，既如此，中国之瓷器为外人所爱好尊重又如彼；宜乎业瓷者之独擅利权，日臻兴盛矣。然闻之彼业中人，则谓近今瓷业日渐衰耗，得利反不如从前者，则以外洋瓷器日渐流入中国，而中国仍因陋就简、不思振作，以故利日微而业日衰也。盖制瓷之法，首以选择土性为要义。泰西各国虽皆有细净莹洁之土质，然较之中国终稍逊一筹。惟其舂、筛、淘皆用机器，已工省而事精；其调黝［釉］和色、琢磨绘画之工，又皆参以化学，故能匀图周至，细润鲜明。而所制之式，更别出心裁，求新异，以是我华人多喜购之。所美中不足者，则以洋瓷色虽白而无光，热过度而易裂，偶尔堕地，则虚花粉碎，无一瓦全。此则限于土质而无可奈何者也。倘中国于此时创设公司，多集资本，参以新法、运以精心，工匠失传则求之于外洋，物料未细，则碾之以机轮，务协今古之宜，而极中西之美，则利源虽竭，尚可重开。若再不求整顿之方，依旧因陋就简，则数十年后，中国旧有之佳瓷，既为西人搜括净尽，而新出者粗劣草率，一无足观，必致洋瓷日益畅行，而华瓷将无人过问。岂非自窒生机，而为外人所窃笑者哉？夫丝、茶二者，向为中国独擅之大利，然自意大利诸处种桑之法盛行，而中国之丝业日耗。印度诸处种茶之法既得，而中国之茶务日衰。今西人于瓷器又别运匠心，处处有求胜中国之意。苟不及时思一挽救之策，则不特将来华瓷

① 宸（chén）赏：帝王的赏识、赞赏。

不能销行于外国，恐中国日用所需，必将非尽易洋瓷不止。有整饬商务之责者，其亦于此加之意哉！

——《申报》1901年4月19日，第1版。

## 洪都客述

（前略）江西景德镇土产瓷器，著名寰宇，为中国商务之大宗。近有粤商连樯而来，购货甚为踊跃。嗣因厘卡勒索多金，粤商不允，厘卡中人变羞为怒，将船扣留，粤商遂赴省据情上控。

——《申报》1901年6月20日，第9版。

## 景德镇无米可购①

（前略）景德镇，素产瓷器。业此者，约计数十万人。所需米粮，全赖外来接济。近因各处榖［谷］贵，来者甚稀。又值邻境发蛟，本镇亦大雨如注，水深二丈有余。人民虽有钱财，无米可购。艾少堂司马，一面雇舟设法援救。一面饬各米店，照本平粜，不得居奇。张仪云大令，亦来镇商办善后事宜。

浔城米价，每石售钱四千八百文左右。居民已仰屋兴嗟。若再有渐增，势必不堪设想。江西藩司张筱船方伯、臬司柯逊庵廉访，禀明抚宪李勉林中丞，动拨积榖［谷］若干，交米铺碾米。按照官价发卖，每升三十文。

——《申报》1901年7月19日，第9版。

## 礼拜三拍卖

准于十六日下午两点钟，在本行不限价拍卖古瓷大小花瓶、花插、乾隆御窑瓷碗、古铜香炉……西洋鼻烟壶，一切贵重物件，不及细载。倘绅商欲购者，届时请来面拍可也。此布。五马路南顺泰洋行启。

——《申报》1901年7月30日，第6版。

① 本文是《申报》1901年7月19日《浔江画意》的一部分，现标题为笔者自拟。

## 浔灾汇述

九江访事友人云：景德镇地方，自上月十五六日起，又大雨连绵，水势陡涨。邑侯张仪云大令、同知艾少堂司马星夜来镇，会商振［赈］抚事宜。是处人民以十数万计，全赖外来粮食，米船不到，无处告粜，行将滋事。司马与大令倡捐廉俸，雇小轮船赴芜湖购米若干，来镇平粜。甫至饶州，又被彼处灾民纠众拦截，而镇民之嗷嗷待哺者，竟如六才子所云：眼将穿，涎空咽也。（后略）

——《申报》1901年8月16日，第2版。

## 不平则鸣

按：景德镇者，江西一大市集也。业陶万户，工众食繁，日需米石千余，皆仰资于邻境。夏四月，粮食来源渐短，市已不支。洎五月，洪水为灾，饥溺交乘，遂成岌岌可危之势。幸贤县尹张公仪云轸念灾荒，捐廉振［赈］恤，一切派委近采、设局平粜，诸善政次第施行。而尤恐接济不敷，更复谕三帮措公款，赶赴芜湖购运。于时徽帮绅士遵筹六千金，计钱布业暨粮食行三分助二，米业特凑数焉。时也助银虽藉众力，办米必须专行，而米业则以冒险担惊，坚辞不往。所赖助银各业见义勇为，派去三人，亦称得力，□于六月旬余，竟已运送抵镇。时正掘罗已尽，张公焦急万分，喜其米之来而地方可保，爰令撤局，仍归各铺售销。由此而徽帮米业又生心矣。初助银者公议，皆谓此举为济灾而起，祗求敷本，不期射利。及米到局中，米仍升售银四十六文。核芜米则计价并费，石合成本英四员［元］六、七角。乃米业反高抬至升取钱五十四、五十二文。论钱九四扣洋，每石已合五员［元］六、七角。加以斛进秤出，又有赢余三角零。实计米一石，合洋六员［元］有奇。即□浔用客□子母不计，芜米二千五百石，计得分外利洋亦不下三千余。且此利系米业独占，而钱布各业不与焉。呜呼！以张公捍患御灾之美意，而适以便该商之垄断，致灾黎未得沾恩，吾知张公闻之，必有以处此矣。若谓予言不实，即请质之□镇士商及各业之助银者。昌江局外不平氏白。

——《申报》1901年9月9日，第4版。

# 1902年

## 遵缴瓷捐

江宁访事人云：江西大帮瓷船六百余艘，齐抵宁垣。两江督宪刘岘庄、宫太保以其频年恃众，霸抗关捐，今年又在姑塘、芜湖等处滋闹酿命，先后委派委员差弁，调拨水陆营伍及兵舰二艘，驻扎大胜关，以资弹压。各瓷船初犹倚众，不服扦查，及厘局司员人等晓以利害，营伍兵舰又复述以兵威，始一味乞恩，谓所带盘川已尽，未便私卖客货报捐。呈经厘捐总局禀奉督宪，饬援年关之例，在大胜关报捐三成。

——《申报》1902年5月24日，第2版。

## 抵制洋瓷

南昌访事友人云：江西瓷器销售中外，颇着名称。惜尚拘守旧法，不能尽餍购者之心。近由刑部郎中张正郎正笏、候补道李观察翊煌合筹资本银数万两，禀请护理江西巡抚柯逊庵中丞批准，亲往景德镇开设瓷窑，务求推陈出新，藉以抵制洋瓷入口，是亦振兴商务之一端也。

——《申报》1902年12月4日，第2版。

# 1903年

## 江西茶瓷赛会公司呈外务部禀稿

为创办出洋茶瓷赛会公司，恳恩批准给发文凭，并请咨行南洋商务大臣照章优予保护事。窃维中国物产富饶，甲于五洲。自互市以来，商战日绌，年甚一年。即茶瓷两宗，为中国独擅之利，亦听洋商任意抑勒，莫可如何。其故由于彼之所有，能运之以来，我之所有，独不能运之以往，遂使太阿倒持，利权外溢，洋商得以操纵自如。所以出口入口，远不相敌也。伏读十月初五日中堂王爷大人《议覆振贝子条陈》一折，于赛会一举，加意讲求，种种维持，凡以振兴商务，收回利权，当经奉旨依议。中外有识之士，无不同声庆幸，以此举为中国商战之一大转机。凡有血气者，宜如何黾勉从事[①]，踊跃争先，庶无负此良法美意。夫欲制胜于商战，举中国所有者，应以茶瓷为大宗，而茶瓷之销路，应以欧、美两洲为最畅。从前茶瓷出口，皆洋商在华购买，其由华人自行运往者甚少，既无由悉其奥妙，亦莫能争自濯磨[②]。

故华茶日见减色，而英商搀入印度茶内，即称上品。华瓷不合西式，而东洋劣等之瓷，反觉畅销。此可知今日茶瓷两宗不能广行于西国者，非工艺远逊于彼之故，亦由经理未得其人也。职等不才，平日颇知究心商务，而于茶瓷两事，尤所深悉。现在邀合两行殷实之家，业经商定专办赛会公司章程，集有巨款。拟在徽州监制茶叶，在景镇烧造瓷器，务在翻新涤旧，择精选良。届期运赴美国会场，当场比赛，以期夺帜遐方，增光君国，于通商大局不无裨益万一也。惟是华商赛会，从前本属寥寥，今当创办，集款至数万金之多，且欲另行招股扩充，苟非

---

① 何黾勉从事：努力工作。

② 亦作‘濯摩’，洗涤、磨炼。比喻加强修养，以期有为。

奉有明文及一切保护之权宜，则亦未敢冒昧从事。是以不揣冒渎，恳恩批准立案，给发文凭，俾便办理。并请咨行南洋商务大臣，照章优予保护，尽力维持。则所以抵制外来之货物虽属有限，而其所以恢复已有之权利实觉无穷。职等无任迫切待命之至。尚有章程，容俟续录。

——《申报》1903年3月3日，第3版。

## 茶瓷赛会公司章程及宪批之制瓷说略

日用饮食之器具，需瓷甚多，不独我华为然，环球各国莫不皆是。第各处所出之瓷料不同，制造亦异，遂有精粗之别。西人初入关时，见康熙雍正间所出之瓷，不辞重金购致，此可知华瓷固大有胜于各国者。倘使制造日精，营销日广，未尝不可抵制外来之货物。不谓通商数十年来，中国之瓷不闻贩运出口，彼东西洋之瓷反得畅销于中国。噫，此岂今日之瓷料不如畴昔，实有逊于东西洋耶？盖由坯工旧规自守，不于此讲求新异，以致数见不鲜，加之瓷商故步自封，不知振作，为可叹也。顷因甲辰三月，美国特开博览赛会，同人拟集巨款，专办赛会之物，举中国所有可与入赛者，茶以外，瓷其一端。惟是远出重洋，比赛万国，固非寻常坯工之所制作，与夫寻常窑户之所烧炼者所能取胜也。爰拟设立窑厂于江西之景德镇，选择良工，自行制造，务在精益求精，翻新标异，以便运往外洋，互相比赛，当亦振兴商务者所许也。创办之法，有不得不酌改者五大端，谨陈其事宜如左：一、选料。瓷之美劣，全视料之粗细；料之粗细，全视配合之成分。考西国之精瓷，系每百分高岭泥六十二分，白石粉四分，净砂十七分，非勒特斯伯耳十七分。其五质为铝二、养［氧］三、钕养［氧］二、钠养［氧］、炭［碳］养［氧］二、养［氧］二、钾养［氧］、鈔［矽］养［氧］二，或有用养养、原养［氧］、炭［碳］养［氧］二者，皆视地之多数出产以为用，总以其坯就范而不燥裂变形为准的。我国旧瓷有传留至今久，遇热而未破裂者，其料系用祁□浮东之高山泥为多。近日彼处土人惑于风水之见，不肯开挖，又不知配合之法，以致近来景德镇之细瓷亦渐坏。今当请官绅善为劝导，开挖彼处之泥以为坯，再详加考求土质，按剂配合，其轻重自不虞不突过旧瓷矣。此说未毕，明日续录。

——《申报》1903年3月8日，第3版。

## 续录制瓷说略

一、制式。方今各国讲求工艺，无一而不尚新奇。观于东西洋所出之瓷，花样逐年更改，形式亦多方变易，是以通行各国，人争购取。中国瓷工，则惟守旧规，不知变通。如古式圆者，则不敢易之以方；古式小者，亦不能更之以大。甚或趋而愈下，失其真相。求合于古，且不可得，而况欲其独出心裁，别创新式乎？西人于中国旧瓷，不惜重价以购之，至新瓷则厌弃之，职是故耳。今当取各国瓷器之新式，以为规模，悉心考究，化一为二，色色翻新。始则求其惟肖西瓷，终当不落西人之窠臼。

二、盖釉。瓷器之盖釉，为第一要工。以其万人共见，美则光彩耀目，恶则望而生厌。即胚［坯］胎坚实，而彩不佳，亦复遭人厌弃。查西瓷之釉料，系用鈘［钕］养［氧］二与钾养［氧］养［氧］二，研细合匀。或用钠养［氧］养［氧］三、钠养［氧］炭［碳］养［氧］二，或用锡养［氧］二，皆极美观之料。而最要在之涨缩力，与坯料之涨缩力一致。不然，则烧成后，必有全体冰裂痕，最为西人所笑。我国工人，向不知化学，所以用釉多厚，而不能光彩夺目，今皆宜按法改之。

三、设彩。设色之工，亦为瓷器之要事。我国瓷工，因不加察，人人多以色泽为去取，而不详辨色料之美劣。西国瓷面设色，有特造之色料，种类甚繁，著有专书，可知此事甚为着意。今欲彩绘，当于色料一一考求，仿照西法，配合成分。至于花卉，犹宜用我国画法，以存我国之真相，亦须有规矩，画以相辅，以迎其意，庶可动外人之欢心。

四、陶炼。我国瓷工，向于胚［坯］胎，加以彩绘之后，则一炉而成之，殊为失法。考西瓷之精者，须三次遇热，第一次为烧坯，第二次为烧釉，第三次为烧花，至简亦须二次。每次火力之大小不同，然其热度，必预为酌定，皆有准的。我国瓷工，不知热需酌度，故有变形、变色、炸裂等弊，甚至有一窑均坏者。且退火亦须有法，合乎法则，成器后能受任极大之热而不毁；不合乎法则，沸水、冰水皆足以毁之。故西国之瓷，有能任火枯烧而不破者，我瓷则冬时遇热即裂，此亦必须改之。

以上五条①，粗陈改法大要，其有言之未及者，开厂之日，自当随时随事，认真考求，务在弊去利兴而已。

——《申报》1903年3月10日，第3版。

## 茶瓷赛会公司重订章程及外务部批

一、本公司为开风气、兴商务起见，于壬寅冬，由寓京各官绅联衔具禀，创立公司。已于是年十二月二十六日，蒙外务部王大臣批准立案，并咨行南洋大臣、商务大臣，优予保护。凡赴会之品，出入口岸，概行免税。

二、本公司所办之事，专以茶、瓷两项为主，各选精于此道，熟习情形者，为之董理，以专责成。

三、凡茶、瓷董理人，先由入股较多者，选充其任。如股东中不得其人，亦须由股东出切寔保单，方能与选。将来所办之货，倘有流弊及办理不善之处，应将原保人之股分，先行尽数扣抵，与其余各股东无涉。庶使附股诸君，无意外亏折之虞。

---

① 此文原来的序号都是“一”，笔者按原文顺序重新将其排列为“一”“二”“三”“四”。此“五条”是指加上前文“茶瓷赛会公司章程及宪批之制瓷说略”中的“选料”部分的内容。

四、本公司除创办同人，已于三月内筹垫六万金，先行试办外，尚须另集巨股，以便推广。现议定每股收鹰银一百圆，以二千股计，共二十万元为度。〔注：原议以银一百两为一股，今因各省平色不同，入股者往返考问，不胜其扰。今以鹰银合算，较为省事，且通用银圆，亦开风气之一端也。〕

五、本公司创议同人，京官居多，不能南下。现议定公举黄秀伯观察为总理，常住上海总公司，以便经理一切。惟黄君只肯认办事之权，至股本存项及往来大宗汇款，黄君慨［概］不经手。现由同人另举垫款最多之上海公慎祥茶栈许介甫先生，专司其事。将来股分招齐时，是否仍请许君经理，届时再由股东公举，登报宣白，以重公款。

六、本公司现虽集股办理，本公司同人及总办司事等，只有招徕股分之权，并无擅收银钱之责。凡在上海入股者，由本公司出具收条，并由工艺沪局加盖图书，方能作准。其在京津一带，则由黄慎之学士代具收条，北京工艺局加盖华洋图记。至内地附股诸君托人转交之款，总以收到以上二项收据，方足为凭。否则倘有差失，本公司概不承认。

七、本公司现暂设上海内虹口七浦路三三径。此外并不特设分局，其原议天津、芜湖、扬州等处，拟设分公司一节，已作罢论。现只托人代理，不设专局，以节糜费。

八、本公司创设本意，原在推广出口土货，挽回固有利权，庶使我国商务，不致江河日下。所有茶瓷两事宜，如何精益求精之处，尚望海内同志，随时赐教，俾克遵循，不胜企祷。

九、本公司专为赛会而设，所有股分本利，俟会毕后三个月内，总帐［账］结清，即可凭股票照付。

十、入股交款时有先后，今议长年八厘官利。自收款日起，每半年付息一次，庶使附股最早者，即获利最多，以昭公允。

十一、本公司原拟章程，除茶瓷之外，尚可附带他项货物，出洋比赛。惟须俟股齐之日，再择其极有把握，准可获利者，酌办数事，以免亏累。

十二、按初次所拟章程，分利之法，以六成归股东均分，以四成归创办招股及办事诸人酬劳之用，未免过优。今改为官利之外，所有余利，以七成归股东均摊，以一成为招股人酬劳，一成归创办人，一成归办事人及出洋人公分，以示格外克己之意。

十三、此次所订章程，一经刊布，即为定议。凡我同人，皆当遵守。至有未尽未详之处，可随时由股东公议施行。创办诸人及总办司事，皆不得擅自纷更，以严权限。

附录《外务部允准设立公司原批》，光绪二十八年十二月二十六日。奉外务部批：据禀已悉。该守等拟创办茶瓷公司，装载货物，前赴美国赛会，系为振兴商务，挽回利权起见，自可准行。其所运出口货物，确系赛会之品，应准该公司届时报明件数若干，禀请南洋商务大臣，照章发给凭照，准予免税。本部已照录原呈等件，咨行南洋商务大臣，并知照赛会正监督矣。此批。

——《申报》1903年5月4日，第3版。

## 礼拜五拍卖

准于闰月初二日二点半钟，本行拍卖江西真正官窑贡瓷，大小各式花瓶、花盆、鱼缸、山水、人物、瓷板、面盆、帽筒、盖瓶、大小盆碗、暖碗、各样茶壶、茶杯、朝珠，另件玩物不计。此布。倍发行启。

——《申报》1903年6月24日，第7版。

## 赣抚柯大中丞奏请振工艺以保利权折

护理江西巡抚布政使臣柯逢时[①]跪奏，为开办景德镇瓷器公司，派员经理，以振工艺而保利权，恭折仰祈圣鉴事。窃西浮梁县之景德镇制造瓷器，已历数朝。曩年售价约值五百万金，近乃愈趋愈下，岁不及半，论者以为制法不精，税厘太重之故。臣初亦信以为然，自来豫章，悉心考察，乃知此项制作，实胜列邦。其选料也，则合数处之土以成坯，故其质坚而其声清越；其上彩也，则取各省之物而配色，故其光泽而其彩鲜明。又复讲求火候，考验天时，备极精微，遂成绝艺。其创始者，实深通化学之理，至今分门授受，各不相师，非若他技之浅而易明也。始由朝鲜学制，渐达于东西各洋，视为瑰宝。经营仿造，乃克有成。较之华瓷，终有未逮。往者该镇工匠曾赴东瀛，见其诣力未深，爽然若失，外洋各国亦自以为弗如也。至于征榷，则税重而厘轻，江西磁厘不及原价十分之一，而洋关纳税，则权其轻重，别其精粗，辨其花色，几逾十倍。故商人办运，皆取道内地，绕越海关，独与他货异辙。然中国之销数日绌，而外洋之浸灌日多。揆厥所由，实缘窑厂资本未充，不能与之相竞。盖该镇自军兴以后，元气未复，又一□于火。瓷商或挟外人之势，冀免税厘，历经臣随时拒绝。倘再不图变计，将并此区区利权，不能自保。矧[②]该镇聚工匠数十万人，性情犷悍，或致别滋事端，隐忧尤大。今既设立公司，精求新制，以后当可大开风气，广浚利源。与其振兴他项工艺，收效难期，不若因其固有者而扩充之，为事半而功倍也。该镇银根紧迫，百物腾贵，此次并分设官银钱号，以利转输。此外通商惠工之政，自应随时察看，（视）情以资补助。是否有当？除咨外务部、督办政务处、户部外，合将江西创设瓷器公司缘由，会同南洋通商大臣两江总督臣魏光焘，恭折具陈，伏乞皇太后、皇上圣鉴训示。谨奏。奉朱批：外务部、户部知道。钦此。

——《申报》1903年7月7日，第2版。

---

① 柯逢时，字懋修，号巽庵、钦臣，晚年号息园。湖北武昌（今鄂城）人。生于道光二十五年（1844），卒于民国二年（1912）。光绪九年进士。光绪二十六年九月，简放江西按察使。光绪二十八年七月，护理江西巡抚。光绪二十九年闰五月，奉上谕，补授广西巡抚。七月十九日，交卸江西抚篆，即启程。

② 矧（shěn）：况且。

## 书赣抚柯大中丞奏请振工艺以保利权折后

今日朝野上下，皇皇焉日不暇给者，固莫不以筹款为急务矣。顾国之生财，祗有此数，损下以益上，移彼以就此，虽暂救一时之急，而源不能辟，终难持以久长。辟源之法，或开矿，或种植，取天地自然之利，济人生日用所需，核其所盈，售之他国。利源既浚，国用自饶，理财之方，此焉为最。若夫以我国自有之土货，加以人工精心制造，揣摩外人之所嗜，藉挽中土之利权，如历年出口之羊毡、草帽缏之类，亦为入款大宗，而江西之瓷，尤其显著者也。考中国古时祗有陶器，而无瓷器，五代以降，其制始精。然如周世宗之柴窑，北宋之汝窑，及汴京官窑，皆在今河南境。定窑出定州，在今直隶境。南宋时，临安有官窑，在今浙江境。自宋以后，各窑渐皆衰歇，惟江西浮梁县之景德镇窑，其名日著。前明时，国家曾设官监造，以供御用，嗣因中官任情苛索，以致闾里骚然。迨至我朝，尽革其弊，不惜帑项，轸恤工商，其精者皆上供宫廷之需，次则售之民间。闻从前每岁所入，不下五百万金，现虽渐不如前，而贸易犹称极大。所慨者，外人自来中国，初则见有佳瓷，不惜重金购去，精美者一瓶一盘［碗］，贵至数千金。既而自募良工，刻意仿造，虽其式样之古雅，终不逮中华，而彩画鲜明，泥质洁白，转觉过之。近来日本又仿西制，物多价廉，浸淫入我内地，置身五都之市，花罇［樽］茗碗，几于触目皆然。夫中国瓷器之精良，久已驰名海外，为他国所艳称，徒以业此者皆微贱之流，旧法相安，不思振作。而东西洋诸国，不惜糜厥巨款，刻意揣摩，迄乎今日，非特中土所造，不能售入外洋，抑且他国所成，行将遍乎内地。噫嘻！工艺日衰，利源自窒，言念及此，可为寒心。虽然，桑榆之补，及今犹未为晚也。试观北方仿造之景泰窑，数年前所见者，皆零星玩好之物，价值甚贱，并不见重于时。自黄慎之学士招集良工，设局制造，所出之物，陡见精良。去岁安南河内赛会，经西人品评，推为上品。会竣之日，得有金牌。以从前并不经意之景泰窑，一经有力者提倡之，声名为之鹊起。矧以江西之瓷器，久已名重全球，今得江省大吏创设公司，并虑银根紧迫，百物腾贵，为之分设官银钱号，以利转输。似此竭力扩充，尽心辅助，将见大开风气，瓷业必日上蒸蒸。曩时之每岁售得五百万金者，此后或不难突过之，谓非大宪倡导之功哉？抑尝思之，中国商业之最大者，向推丝茶，每年售诸外人，得赀不下数千万。年来因印度等处遍栽茶树，采撷烘焙，推究入微，而意大利及法兰西、日本之丝，亦精益求精，渐能与华产相敌。以是中国之业丝茶者，日见亏折，势益不支。今倘得在上者，合通国之力，创一公司，于制造一切，罔不求工，而价值则不能减。彼外洋之产，虽日益推广，而欲得佳品，仍不能不求之中华。果使于此数者，得握利权，虽各项洋货，源源而来，漏巵［卮］亦可稍塞。取中国固有之物，以易各国不尽之赀，较之损下以益上、移彼以就此者，其呈效当不可以霄壤计。彼有理财之责者，盍亦于此加之意哉！

——《申报》1903年7月8日，第1版。

## 柯中丞奏请孙词臣总理窑厂[1]

九江访事人云：江西巡抚柯逊庵中丞以景德镇瓷器向系名驰中外，允宜由官办理，以收利权；并以侨寓浔城之湖北候补孙词臣[2]观察熟悉窑厂事务，特奏请总理一切，藉收成效。

——《申报》1903年7月22日，第3版。

## 柯逢时片[3]

（前略）柯逢时片，再江西景德镇瓷器为著名出产大宗，销行几遍五洲，而历年所收厘金为数无几，其问［间］隐漏中饱，积弊甚深。臣前在藩司任内，札饬该卡委员试用知府曹树藩，属以认真厘剔，以免侵渔。该守参互钩稽，尽其症结所在，据实通禀，改办统捐。于各帮之轻重悬殊者整齐之，包装之名目混淆者剖析之，于商人多所便益，于旧章实未增丝毫。当创办之初，凡向来窟穴其中，藉以牟利之流，与夫巨商势商积惯取巧者，谣诼繁兴，甚至勾串外人，冀败收垂成之局。该守坚持定见，因应咸宜，始而哗然，终乃大服。计自光绪二十八年七月二十四日开办起，至本年闰五月底止，未满一年，剔除正比外，长收几至十万两之多。实属洁己奉公，廓清弊蠹，非寻常稽征得力可比。据总理牙厘茶盐总局事务、署布政使陈庆滋详请奏恳破格优奖前来，臣查该守曹树藩守洁才长，心精力果，前委办理营务，课吏提调，备着勤劳。此次创办瓷厘统捐力任其难，成效大著，洵为不可多得之员。该守系由编修改捐江西知府，于光绪二十六年剿平玉山土匪出力案内，经前督臣刘坤一、前护抚臣张绍年奏保，俟补缺后以道员用，并加三品衔。合无仰恳天恩，俯准将花翎三品衔补缺后以道员用之江西试用知府曹树藩送部引见，量才录用，以奖劳勋而昭激劝，出自逾格鸿施。除咨吏部查照外，谨会同两江总督臣魏光焘附片具陈，伏乞圣鉴训示。谨奉奏。朱批：树藩着送部引见。钦此。（后略）

——《申报》1903年10月9日，第14版。

# 1904年

## 景德镇瓷外洋销路稍滞[4]

（前略）景德镇窑厂向有三十余家，近以俄日开战，外洋销路稍滞，仅两窑稍可支持，余

① 本文是《申报》1903年7月22日《溢浦涛声》的一部分，现标题为笔者自拟。

② 孙廷林，字词臣。湖州府归安县人，监生出身，时任湖北候补道员。

③ 本文是《申报》1903年10月9日《京报全录》的一部分，现标题为笔者自拟。

④ 本文是《申报》1904年6月20日《浔江夏涨》的一部分，现标题为笔者自拟。

已暂行歇业，亦可见时势之不佳矣。（后略）

——《申报》1904年6月20日，第9版。

## 瓷业涨价

窃我瓷器采自江西，成本既贵，银价益短，兼之路途遥远，盘费加重，频年以来，虚耗颇多，非需整顿，势甚难支。是以同业约集公议，于甲辰七月望日起，各货照前涨价一分，以敷成本，而免亏耗。恐未周知，特此布闻。上海瓷业同业公会启。

——《申报》1904年8月16日，第6版。

## 瑞莘儒①往景德镇监制御瓷②

（前略）江西广饶九南兵备道兼管窑厂事瑞莘儒观察。于本月初九日。乘长龙船往景德镇。查阅御窑监制上用瓷器。（后略）

——《申报》1904年8月28日，第3版。

## 景德不靖

九江访事人云：距景德镇十余里之东南乡一带匪徒，自闻乐平事起，揭竿斩木，颇有蠢蠢欲动之形。保安军某哨弁闻之，立率勇丁数十名驰往弹压，匪党开枪相拒，势甚猖狂，不知即能平靖否也？

——《申报》1904年10月23日，第2版。

## 坯工滋事

南昌访事人云：江西景德镇各窑户，屡有与坯工滋闹事。盖缘发给工赀时，龙银每圆须作

① 博尔济吉特·瑞澂（1864—1912），满洲正黄旗人，字莘儒，号心如。大学士琦善之孙，黑龙江将军恭镗之子。贡生出生，光绪二十七年至光绪三十一年，任江西九江关监督（兼广饶九南道）、江西按察使（署）、总办江西巡警事务；光绪三十二年至光绪三十三年，任江苏苏松太道；光绪三十三年，任江西按察使、江苏按察使；光绪三十三年至宣统一年，任江苏布政使；宣统一年至宣统三年，任江苏巡抚、湖广总督。瑞澂一方面是一个多面的人，少年时与劳子乔、岑春煊并称“京城三恶少”，后荫为贡生，一路加官进爵，成为当时清廷政权实际获利者，但另一方面，他也积极推动清末军政改革，主张变法维新与实业救国。瑞澂是清末江西瓷业公司的实际创办者和最大股东。

② 本文是《申报》1904年8月28日《溢浦鹃啼》的一部分，现标题为笔者自拟。

一千余文，坯工因而不服。本年端午节，曾因此大起争端，费尽调停，始幸无事。至中秋前后，洋银价值愈跌，坯工以受亏不堪，向窑户议减，不允。各坯工遂于某日聚众执械，与窑户为难。文武员弁闻信驰往，致被戕毙哨弁一名，伤勇丁数名，坯工亦伤毙十余名。地方已飞禀来省，请兵弹压。省宪飞札饶州府，就近酌拨数营前往，相机办理。

——《申报》1904年11月7日，第1版。

## 创兴瓷业

安庆访事人云：江西景德镇瓷窑，素用徽州祁门县之土为坯。色白而坚，最为名贵。迄今祁门老坑逐年被水淹没，此土不可多得，除御窑外，皆搀和他土为质，致瓷器日渐减色。今春皖中大吏会议，创设瓷土公司，特委娄刺史赴祁门主持其事。刺史抵祁后，即开辟老坑数处，挖取白泥，烧成瓷器，可媲美乾嘉以前。惟因采取之法不灵，制土又不能细，遂建议改用机器制造，禀请官本二万两，另招商本二万两，仿有限公司章程，上宪准之。刻闻机厂已经落成，所购汇利洋行机器亦次第运到。现在娄刺史已赴闽省，与华宝公司联络一气，以广销路，并拟开春在申售卖股票。此事如办理得法，亦中国兴利源之一也。

——《申报》1904年11月13日，第3版。

## 三续出使俄国大臣胡考求中国出口土货公文

七曰瓷器。瓷质为中国所独擅，久蒙环球评定。然居今日而论，瓷工则惟中国为独□，亦无可讳饰者也。外国之工，虽陶如瓷。中国之工，虽瓷如陶。又中国碗碟之等类，无一可适外国之用。大件如极大瓷瓶等物，能销几何？英、法、德、美、日本之各精瓷，固无论矣。即俄国瓷工，亦复卓然自立〔俄有皇室瓷厂，在圣彼得堡〕。瓷器之种类，盈百盈千。每一种类中，式样又累百盈千。每一式样中，□绘又累百盈千。总之，客堂所用瓷器，宜新式，宜绮丽。食卓［桌］所用瓷器，宜适用，宜朴而丽。妇人妆台所用瓷器及食桌供花瓷器，尤宜精细美丽新奇。其工专在绘书，专在设色，而于瓷质之义恶则次之。中国瓷工，于瓷质颇知讲求，而于绘画设色造式次之。正与西法相左，无怪其不能畅销也。瓷器为日用所必需，易破损，即易更新，销路必多。近来洋商华商，亦颇在江西定制洋式瓷器，但种类式样，不过数十。又闻江西窑主，惑于风水窑变等说，不肯轻以新式瓷器入窑，当先有以开其智矣。瓷器式样过多，难致欲得多数之模范，为仿造计，尤非从描绘入手不可。（后略）

——《申报》1904年11月18日，第2—3版。

## 查办景德窑工滋事禀稿[①]

南昌访事人云：饶州景德镇各窑户滋事，上宪檄委广饶九南道瑞莘儒观察前往办□。随将所查起事情由及应办善后事宜禀详各大宪。略谓：查景镇瓷帮白砶画红工匠，与黄家洲瓷店争论派头行色。派头即首事之称，行色即□条之谓。历来每因此事，聚众械斗。职道前在该镇时，事已争执月余。诚恐人众性蛮，最易滋事，再三谆谕浮梁县郑令，从速责成全镇瓷总首事，秉公会议，不难了结。迨职道奉委查办乐平教案，由镇而饶而乐，瞬又月余之久。该令始终未办，相持不下，遂启衅端。据禀，二十二、二十四两日，画红工匠，先后□□，在镇文武员弁，均往弹压。始则拒伤马匹，继则竟伤官弁。有营勇一名，伤重殒命。后经开枪攻击，格杀三人，始各退散。而匿名揭帖，复有二十六日焚署杀官，并烧教堂之谣。此事若在六七月间，或涌山一营尚未驻扎，则乐邑乱民，乘机上窜，景镇危矣。所幸乐平西北两乡乱民，均已解散。□□□夏病意虽未就擒，前军第二营扼扎由乐抵镇之涌山，防堵甚固，勾结为患，可保无虞。职道逆睹情形，但责成合帮首事，开议行规，不难化解。盖景镇情形，与乐不同，乐之聚众，大半因仇起衅；而景镇惟利是图，利苟不失，众心遂散。惟谣风甚大，日期甚迫，不得不从权应变，阳以兵威治其标，阴以保商端其本。而亟行之。所以筹办之法，计有三端：其一，派营弹压该画红工匠人等，如果持械聚众，再行入市，即行开枪，格杀弗论，以杀其焰；其二，责成全帮首事从速开议，订立行规，以安其心；其三，为首及匿名揭帖之人，于众散开工后，勒令该帮首事，按名交出，尽法惩治。至于善后之法，惟有责成该县，确查各行值年首事，善者用之，恶者去之，自无后患。而地方有司，敷衍因循，仍属无济，此治法所以尤赖治人也。职道接禀后，因右军蒋统领必望先期来乐，即刻移请督带驻乐之左营前左右三哨弁勇，连夜驰抵该镇，会同所在文武员弁，认真弹压，并保护教堂、窑厂。倘该画红工匠人等，果再聚众入市，即行开枪，已于本日未刻由陆开队起程。除将筹办之事札饬该县遵办外，合行禀陈。

——《申报》1904年11月18日，第9版。

# 1905年

## 商部甲辰年纪事简明表

（前略）赣抚奏请就景德镇开办，拟集官商股本三十万两，订有公司章程大纲十六条，子目二十二款，呈报。三十年二月十二日核准，饬遵公司律办理。（后略）

——《申报》1905年3月2日，第4版。

---

①《申报》此文不少地方字迹模糊，辨识困难。故笔者与天津《大公报》1904年10月26日《景德镇闹事志要》一文相互钩稽，予以辨识。

## 江西蒋观察①考察景德镇造瓷工作整顿章程六条

一、瓷质宜求洁净也。查景德镇瓷器，向以祁门东乡所产之土〔俗呼祁东釉子，每块重二斤，时价二分〕及浮梁东港东土〔俗呼高岭明砂，每块重四两，时价二厘〕两种，合陶为泥，配作瓷骨。又以浮梁北乡之土为釉〔俗呼釉果〕，每块重四斤，时价五分。该处坯户，往往因惜工本，不肯细淘，仅出渣滓一二成。迨坯成后，又不复加研究，以致所出各瓷，即名为细料者，亦每多斑点，实为憾事。今欲改良，似宜先将所用之土，重加淘汰，务使渣滓除去四五成。及坯成后，复用显微镜透细照视，遇有毛孔，应即剔补，以免烧成斑点。似此瓷质洁净，础［釉］色光亮，售价即可提高。至淘泥之所，须凿有水池，以防泥泄。然此等水池，当用塞门得土粉之〔此土极坚，且性宜湿〕。目下该处坯房，亦间有用水池者，但多以条砖砌成，虽不致漏泄瓷泥，而地上尘土丛集，难免搀入。既欲求精，亦不能不逐处讲求，以顾瓷质，而清本源。

二、形式宜求翻新也。查景德镇各坯工，明敏者实亦不乏其选。见有外帮定购新瓷及仿古各器，无论何项形式，但具有陈样或绘有图形者，皆可制造，信手捏成，无不酷肖。特以风气未开，拘泥旧制，除外帮定烧外，多不肯频翻花样，恐碍营销，以致所出各瓷，略无独出心裁之器。今欲改良，似宜亲赴东洋，细加考究，并购西式瓷器，如面汤台、火炉架、花砖以及洋餐所用盘、盂、杯、碟等类，凡为西人日用所需，中国向来所无者，先行各购多样，带回景镇，遴选明敏工人，试行仿造，以冀生面别开，独擅特色。

三、绘画宜求精细也。查景镇瓷器，如画青色者施于未烧之坯，画彩色者施于已烧之件。近因瓷器生意迥不如前，虽工笔画意各项均有画工，而艺皆不精，且多敷衍。揆厥所由，固因工价微薄，难延高手，且所有山水、花卉、鸟兽各稿，多系照旧摹写，以致所出花样陈陈相因。今欲改良，必须不惜工价，采访心手灵敏之画工，重赀雇用，将中国古瓷暨西瓷所绘花色，无论圆器、涿［琢］器、大件、小件，可仿者仿，可变者变，触类旁通，更易尽善，自然新奇醒目，笔墨精良。或试购东洋橡皮所制之模，蘸用颜料，印成花样，更可省人力而足美观。

四、颜料宜求鲜明也。查景镇瓷器需用颜料，青色者皆仰给于云南。若金、朱、蓝、碧各种彩料，大半出诸远省，或购自外洋，其价固贵贱不等。该处工匠每因各惜工本，不细擂磨〔如擂云南料者，每铢八两，限十二日擂毕应用〕，且和以别物，以致渣滓未尽，而浓淡不匀。况画过之后，必须将各器配定，汇齐入炉，其时随处搁放，沾垢蒙灰，实所不免。因今欲改良，必将所购之颜料应擂者，加工研磨，淘滤尽净，并不得稍和伪料。且预为建设架厨等件，以便将所画之器，无论已成未成，每日于放工时，概行收检，俾免沾尘，则将来入炉再烧，而颜色光耀，自然鲜洁。

---

① 江西候补道蒋辉。

五、坯房不宜狭隘也。查景镇地方，人烟稠密，基址无多，各处坯房，大都因陋，就间废屋，既窄且低，各工混杂，污秽不堪。非但已造瓷坯难求鲜洁，且遇天气炎暑，染病者多。今欲改良，必须将房屋增高，使之轩厂[①]，人既可受空气，而坯亦易晾干。且地位加宽，则所成之坯，铺陈排列，亦不致［至］于受损。至淘泥之处，最多淤浊，尤须筑墙间隔，庶几工作之地，较易洁净，不致酿成时疫。

六、窑位不宜过大也。查景镇各窑，虽名有一百余座，而平时亦多停歇。推原其故，实因造窑者往往加大尺寸，为贪出货之多。讵知窑愈大而风愈猛，火力愈不聚，火力既散，则瓷色愈多暗淡，风力大猛，则匣钵亦易倾斜。所烧之货虽多，然残缺不成者有之，金（全）匣倾卸者有之，以故频年亏折，关闭不时，殊为可惜。今欲改良，似宜将窑位缩小，但求烧造一器之利。况窑之获利，只在勤烧，出瓷果良，则销场自广，销场既广，则窑必勤烧。且窑以愈烧而愈炼，亦愈炼而愈坚，顾本保基，莫兹为甚。亟应更改，以兴窑务而拓利源。

以上各条，不过粗举大概情形，其详细办法，应俟临时随事量为变通，未敢悬拟。至于销场之畅涩，全视出货之佳否，果能工作改良，出瓷精美，自亦无难于扩充。将来分店应设于上海，子店应设于省城、九江、汉口、香港、天津等处，具招商集股及开设章程，请俟赴局会商，再行拟呈。[②]

——《申报》1905年3月9日，第9版。

## 景德镇瓷器涨价

今年春夏间，赣省雨水太多，景德镇瓷坏难成，各项料件皆缺。贩客虽先交定银，订期交货，然十无一二如约者。省城各瓷铺，因之议涨价一二成。

——《申报》1905年6月19日，第9版。

## 景德镇匪徒明火夜劫

浮梁县景德镇，一大市集也。店户窑工居民，不下数十万。六月十二之夜，河背三间庙棉花行，被匪徒数十人，手执洋枪，身穿号衣，明火抢劫银钱衣物约数百金。是处所驻文武衙门，营汛兵勇，并未兜拿。事后报经浮梁县，李大令饬差捕严缉，迄无踪迹。未几有匪徒谋□一案。先是有匪首颜友盛，在景德镇密售富有票，自称九千岁，寓十八渡朱某家，愚民多被煽惑。既而颜匪病剧，朱素与多荫寺僧相善，托称有瓷器客患病，借寺调理，而匪徒不时往来，形迹颇露。颜匪于六月二十三日病毙，匪党拟办蟒袍玉带，为厚殓计。因购大棺，道逢捕役，

① 意思是开阔、宽敞。

② 原文序号都是“一”，为阅读方便笔者将序号改为“一”“二”“三”“四”“五”“六”。

疑之，回报各署。当夜缉拿无护［获］，次晨再往，见数人环尸罗拜，悉拘至浮梁县。李大令饬差搜得包裹，内有黄旗名□，饬将寺僧拘案研讯。据供为朱某所诳，实非知情隐匿说。谓明火夜劫一案，即系若辈所为，想一经澈究，不难水落石出也。（信）

——《申报》1905年8月23日，第10版。

## 匪徒放火烧浮梁县署未成

前有匪首浑［诨］号九千岁，着由河口窜至景德镇，潜居某寺，因事自尽。当道拘其党浑［诨］号三千岁等数人，余匪起意劫狱。当夜即纵火数次，至翌晚，复以火油松香各种引火之物，密□浮梁县署。幸经官兵觉察，幸免无事。（成）

——《申报》1905年8月26日，第3版。

## 洋员考查瓷业

景德镇瓷器冠绝五洲，上年日本派人来赣考查，至一年之久始去。今复有欧美各国派员来镇考查，并携照相器具，欲将窑内情形逐一拍照，奈黑暗无光，不克如愿，惟闻须久驻细究。

——《申报》1905年9月5日，第3版。

## 瓷器改售洋码

窃我业瓷器向售钱码，迩因各省广铸铜元，钱价日低，洋价日高，暗中亏耗，受累不堪，非筹整顿，势实难支。爰集同业公议，于十月初一日起，各货一律改售洋码，嗣后凡批发门市，统归洋码计算，以敷成本，而免亏耗。恐未周知，特此布闻。上海瓷器同业公会启。

——《申报》1905年11月10日，第14版。

# 1906年

## 拟拨巨款仿制瓷器

景德镇瓷器，素称上品制造。近因守旧式不能进步，以致洋瓷流入中国，争瓷器之利。曾经官绅条陈，拟加整顿，并委员查勘经理，迄无成效。昨李少薇观察由镇回省，禀请督宪设立公司，开办新窑，仿制新式洋瓷，力求精美，贩运出洋。除招股外，请拨公款八万金以助赀本。常道允拨各州县灯捐五万金，此次当不致如从前之空论矣。

——《申报》1906年1月15日，第3版。

## 批示浔道禀呈景德镇闹教谣言

去腊九江道因景德镇谣言蜂起，欲与教堂为难，因禀请抚宪核示。兹闻抚宪批示：据禀饶州法国教堂陶总铎函称，谣言蜂起，张帖揭贴，约期□堂滋事。事之虚实，虽无确据，惟该镇人烟稠密，品类不齐，现在既有谣传，自应预先严加防范，以冀消□未萌。除札饬饶州府移请就近拨兵前往驻扎弹压，以示镇静外。仰即飞饬浮梁县会同文武官弁，督率兵勇，昼夜严密查巡防范。一面缉拿造谣匪犯务获，确切讯明，从严惩办，以靖地方而安民教（精）。

——《申报》1906年2月20日，第2版。

## 德商游历景德镇

去腊有德国商人毕士克乘小船由浔赴景德镇，沿途□历，并酌买瓷器若干，然后返棹回浔。

——《申报》1906年2月20日，第9版。

## 景德镇窑户因争执洋价停工禀批

日前饶州府弼良上赣抚禀，略云：据粮帮瓷商晋豫丰等禀称，伊帮结给茭草工资，以洋作钱，向有定价。讵工头熊礼一等不凭向章，恃众要挟，控经该县集讯，遽将伊帮商人发押，以致工人愈形得志，现在一律停工云云。卑府查核所禀，均系一面之词。究竟如何情节，固未据该县禀陈，而起衅时尚在王照磨洪达代理任内，该照磨回郡已久，亦未据面述梗概。惟该工头不候县断，动輙［辄］停工，实属胆玩。除批该商人等务须照常贸易，并就近札饬王照磨将起衅情由具覆察核外，因思景德镇五方杂处，一经停工，游手日多，若不速为了结，必致滋生事端。现经卑府委员星夜驰往，会县查办，勒令先行开工，一面传集两造，秉公讯断。旋奉批云：该照磨身任地方，似此挟众把持，败坏市面，案情并不速为了结，又不据实禀闻，殊属荒谬。除行藩、臬两司讯将该照磨撤任外，仰即转饬委员会同现任浮梁县徐令赶紧传讯实情，秉公核断，速令开工。仍将讯办情形随时禀核。（本）

——《申报》1906年3月22日，第3版。

## 纪鄱阳浮梁匪警解严详情

饶州府鄱阳县匪警解严，已志前报。兹悉该系外省头目，勾结都昌、余干等县痞徒约四百余人，在时山地方希图倡乱。经鄱阳县陈令调兵防剿，即在山中查获制旗裁缝，始悉该匪已有三百余人，早经惊散，其余一百余人，乃窜入浮梁县西乡，杀毙教民一名，猪两头，剖取心肝祭旗，旗上大书“扶清灭洋”四字。该匪等素与教民有隙，因杀之以泄忿。当日尸亲不愿报案，经浮梁县戴把总查明，亦不欲地方官相验，该匪时已乘间逃散。此四月十四五日事也。浮梁景德镇，四月初旬因雨，瓷匠停工，兼之米价陡涨，贫民无从觅食，将八卦图一带米店连抢数家。当经查拿抢犯四十余名，收押讯究，一时人心惶恐，咸欲请兵镇摄［慑］，于是官兵乃下县驻扎。时赣抚吴仲帅道出九江，玉瑸卿观察面陈景德镇滋闹情形，仲师即饬常备前军陈统领得龙加派兵丁，即日由小轮装运赴镇，以厚兵力。一面电咨皖抚，转饬建德、祁门等县堵截边界。因此外间谣传愈盛，并有该匪将窜彭泽之谣。县令当即禀报至浔，立即派兵驰往，其实鄱阳、浮梁等处，早已一律安静矣。（用）

——《申报》1906年5月29日，第3版。

## 景德镇又有械斗警报

景德镇瓷业相聚十余万人，良莠不齐，动辄闹事。日前省宪接到浮梁县警报，景德镇又有械斗巨案，一切详情，容俟续录。

——《申报》1906年8月1日，第3版。

## 补录上海道瑞①致南昌督练公所汪观察电

汪道台鉴：少翁函读悉。瓷器公司澂②敢担任招商者，原因有友治瓷多年，素所研究，于商情必能联络，且可振兴。祈诸公转恳仲帅允澂招商办理，自当拟章禀请，奏咨立案。大致照公司营业章程，冀专利而不求免税为宗旨。否则，澂无承办之责，未便先行拟章，徒费心思。总望诸公竭力赞成，迅赐电示。澂支。（石）

——《申报》1906年8月3日，第4版。

## 余干县因白土抽捐闹事

景德镇瓷器需用白土为坏［坯］，祁门白土质佳价贵，用作细料，向来有税。余干白土质劣价贱，用作粗料，向来无税。近日余干黄泥洲设局，试办白土统税，不另委员，由县令兼办，乡人大为不服，和与□闹，亲兵人等均受重伤，并捉去司事一名。日前由县禀报到省，兵备处特委袁太守带同刘大令调拨内河方龙、长龙杉板四号，于初七日晚开驶前往，并电饬饶州巡防右军派兵分往，相机办理。（用）

——《申报》1906年8月7日，第3版。

---

①② 即博尔济吉特·瑞澂。从此电文可以看出，当时的上海道瑞澂是主动向江西巡抚提出为江西瓷业公司招商的，并述说了行为理由。

## 委运御窑厂白土赴京

九江道玉观察接商部来电，速解景德镇制瓷白土来京，以备各国赛会需用之品。观察当即委员至御窑厂装运祁不[①]白土十桶来浔，拟即日委员解送进京。（本）

——《申报》1906年9月14日，第4版。

## 景镇实业改良之影响

赣属景德镇，工商杂遝，人物繁盛，瓷务尤其大宗，所惜规模朴陋，未进文明。近有方李诸人组织阅报社一所，多数社会大为感动。说者谓景镇瓷业久播中外，今则行之不远，其比较渐差之中，则以不知改良，不谋抵制故。兹既以报纸为开导风气之基础，此后瓷业中人革除旧规，研究新理，将见改良之机关由此辟，抵制之实力由此充，何患无竞胜东西洋之一日。故此举之成立，不特可为景镇前途祝，兼可为中国工商界前途祝也。（助）

——《申报》1906年10月24日，第9版。

## 九江解贡瓷委员电音

九江所解贡瓷，由津运京，因火车烟筒炸裂，将贡瓷焚毁。探闻前日解瓷之委员，有电致九江道署，略谓贡瓷由津运京，计装二车，行至黄村迤北，适逢狂风大作，逆风前进，火车头烟筒内冒出浓烟火星，风落瓷桶，致兆焚如。当时呼救，人力难施，幸保住一半，仅烧毁二十墩一车。现正在该处查点细数，俟检清之后，再行详禀云。

——《申报》1906年12月17日，第3版。

# 1907年

## 饬查白土瓷料能否开挖

星子县绅士邓思禹等，日前上控大排岭封禁白土，被人偷挖，请为查禁。当奉九江道汪观察批示云：查该县大排岭地方出产白土，即可制造瓷料，方今振兴新政，贵在利□厚生，原准听人开挖，不得拘于风水。惟披阅黏案，从前封禁，原属伤碍庐墓，冲塞水道，固与农由水利攸关。既经该府饬县亲诣查封，则该处究竟能否开采，于民生利害损益何如，自必审勘明白，

---

① 不，读音“dǔn”。不子，陶瓷专用术语，是景德镇民间对以瓷石制成的一种白色砖块状制瓷原料的称呼。

卓有见地。如果实系妨碍，应准循旧封禁，以恤舆情。仰南康府督饬星子县妥实查明，酌议办理，绘具图说，刻日禀覆察夺。

——《申报》1907年3月25日，第10版。

## 商轮包运瓷器九江

景德镇瓷器，乃出口货之大宗。向由民船载出湖口，至芜湖，附轮船运往各埠。顷有东方公司九江买办陈义山约合道生小轮公司某观察，集股本以新义泰为瓷器之过货栈，内河则由道生小轮装载，长江则由东方大轮转运，将来瓷业或有起色也。（近）

——《申报》1907年3月30日，第11版。

## 商战利器（续）

……前登之商战利器，祇言制衣品，而别种不与焉。兹详言吾国素有之什用器具。计最著之品有二：

（甲）江西之瓷器。是品为中国独一之品，向为各国所推崇。国内出瓷之处，尚有一二，然均不及江西之精妙。

（一）从前瓷器之佳妙。从前瓷器，其瓷细、其油润、其声洪，近来年不如年矣。推原其故，由于造法工料难及从前耳。

（二）现在之销路。夫瓷器既为吾国之唯一品，自可推行全球。然现时之销路已稍杀于前。请观沪上之研究器具者，所陈列之瓷器，无非东西洋货也。

（三）改良之计划。（1）形式。中国之饭碗，形式尚称妥善，其余均不及西式之合用。亟宜别出心裁以改良之。（2）彩画。中国瓷器，必绘人物及五彩之山水等，最为无理取闹。其粗者乱涂颜色，更为可厌。嗣后无论各种，均宜用纯色绘画。雅观之花草，总以不俗为主。其他若金边等项，亦须注意。（3）釉水。瓷器之美否，全视釉水。若釉水不足，时有起点起斑之弊。外洋瓷器能免此弊，吾国亟宜注意。能杂别色更妙，如水红湖色等是。（4）碎器及雕刻。是二品为各国所无。惟碎器一项，近日已渐行绝灭，雕刻则尚能推广。盖是二种均系上品也。……

——《申报》1907年5月25日，第26版。

## 江西瓷业公司奏准立案·北京

两江总督端方会同江西巡抚瑞良片奏，略称：据候选道曾铸等呈称，窃查江西景德镇瓷器公司，原拟官商合办，承办之人屡易，至今未有切实办法。去年江西候补道李嘉德来沪集股，与上海道瑞澂晤商，该公司不如改归商办，较有把握。该员等商同担任发起，定名为“商办江西瓷业有限公司”，议集股本银二十万元，每股五元，计四万股，内发起人分认一万五千股，俟批准后，再行承集二万五千股。该员等设立公司，仿造外瓷，多用机器，与原有瓷器事难一律。请遵部定湖北机器制麻，照向章机器制造各货办法，酌定厂税。凡有公司出口之货，完纳正税一道，沿途概免重征。若在江西、内地零销纳税，定值百抽五之率，一经完纳，即可照验放行，请咨明税务处察核办理，并仰恳奏明立案等情。正在核办间，接准税务处咨称：准农工商部咨同前因。查机器仿造洋货，准照值百抽五完一出口正税，沿途免予重征，历经外务部及本处办理在案。今该公司既系用机器仿造外瓷，自与原有瓷品不同，应准其制成货物，无论运销何处，祇按值百抽五完一出口征税，沿途关卡验明，确系该公司用机器仿造西式之货，即予放行。

——《申报》1907年6月6日，第12版。

## 赣省税务总局为瓷业公司事详赣抚文

奉札行，据候选道曾铸等，以江西瓷业公司改归商办，抄录《章程》，呈请立案保护等情前来。查江西议设瓷业公司，历有年所，今该道等拟改官办为商办，集股订章，购机制造，实于江西瓷业前途大有裨益。查阅《章程》内所开各节，均尚妥洽。惟附说内所载，对于官府特别之请求两条，如：“地方官加意保护，倘公司有意外之损失，当由保护者担认其责任，以及销行内地品物，照值百抽五之章完税，其出口之货，完纳正税一道后，沿途概免重征各语”。是否可行？应由该司道会议详复，以凭具奏立案。又第五章制造处暂拟设在景德镇一节，将来是否迁移，尚在未定。惟附税丙字一条，既虑该镇聚工数十万，向不受约束，动辙［辄］滋事，其为不易控御可知。查瓷质各原料，多非景镇所出，与其聚处一方，时虞滋事，何如另择妥地，两不相妨。但不知能否设于他处，应即一并筹议。除分行布政司、农工商矿局李道嘉德外，合行抄词并章札发，札局即便查照，会同核议详覆，毋延。计黏抄原词并《章程》各一件等因奉此。本司职道等伏查景镇瓷器一项，非惟江西物产之大宗，抑亦五洲仅见之特质。祇以新法未尽讲求，旧制渐致遗失，遂使销路不畅，商情日窘。今该道等议设瓷业公司，改官办为商办，系为振兴工艺，保全利权起见。察阅《章程》内所开各节，诚如宪批：“均尚妥洽，自可分别照准”。惟将来办有成效，似应仿照各公司，酌提成数，报效公家，此该公司原章之宜酌也。至《附说》内所载，对于官府特别之请求，如公司讲求新法制造所用工人，不能拘守旧制，恐工人无知，妄生疑阻，呈请札知地方官加意保护一层，自是正办。惟意外之损失，当由保护者担认其责任等语。查景德镇并非取土之地，工人麇集，枝节横生，与其集巨资冒险于蛮野之地，何如选良工居肆于取土之区。虽保护为官吏之所应尔，而该公司既未出保险之费，地方官万无认赔损失之理，所请担认责任，未便遽予准行。祇有先事严禁阻挠，事后查拿滋闹，从严惩办，惟力是视，此地方官保护之宜酌也。又附《税销行内地品物照值百抽五之章完税》一节。查光绪二十二年，据绅商邹兆元等禀，仿照西式瓷器贩运出口，请免厘税等情。奉前署督宪张批示，此系江西向来各关卡未有之货，自于正厘无伤，奏准援照烟台试酿洋酒成案，免厘三年，咨行遵照。当经本税务局札据景德镇卡调查，该镇窑厂账本，广帮贩运西式瓷器至香港销售之公和兴等行，计值本银十万余两，宁、绍、天津诸帮运至上海等处销售者，亦值本银十万两以外，均遵照华瓷章程，完缴厘金。景镇一卡，每年约收银二万数千两，古县渡、鄱阳、正高、北门、都昌、左蠡、姑塘、湖口各卡，亦收银七八万两左右。虽江西各厘卡，历年查照华瓷，按瓷件大小酌收厘数，并未另立西瓷名目，而实为向来厘局一大进项。该绅商禀请免厘创办，专收利益，断难启此漏巵［卮］。即经详奉前抚宪德奏明，该绅商兴办西瓷，无论如何制造，仍照华瓷章程抽收厘税，以重饷需。又二十九年七月，准派办政事处移，奉前升护宪柯札，准户部咨，江西奏开办景德镇瓷器公司，饬将该公司所出货物，应将厘金如何办理之处，酌议移处详咨等因。又经本税务局援案移覆，仍照华瓷章程，统在景德镇卡完纳统捐，经过以下各卡，不再抽收各在案。该道等所议出口之货，仿照湖北机置麻货完纳正税一道后，沿途概免重征，核与江西统捐章程不同。惟所请值百抽五，系仿关章机器制造变通办法，与内地值百抽十之章不符，应否照准？伏候宪示祇遵，此税则多少之宜酌也。至所请创办警察一层，应除饬地方官就原有之警察随时改良，期于商民交受其益外，欲更求完密，则视乎地方筹款之盈绌何如耳。（后略）

——《申报》1907年6月7日，第10版。

## 奏定商办江西瓷业有限公司广告

江西瓷业为我国物产之大宗，旧制渐湮，利权日失。本公司以改良制造为宗旨，以期工艺之扩张，商业之发达，用特纠合同志，筹集投本，业经呈请督抚宪奏明立案，并蒙农工商部批准。本公司计集股本银二十万圆，每股五圆，计四万股，除由发起人先行分认一万五千股外，尚余二万五千股。海内同志，幸速赞成，凡愿入股者，股银一次交足，即于交银之次日，按周年七厘起息，作为正息摊分余利，各节及详细章程，如须取阅，请致各埠经收股款处可也。本公司开办以后，如尚须推扩股本，当再登布，合并声明。本公司发起人曾少卿、许久香、樊时勋、袁秋舫、张季直、朱葆三、陈润夫、瑞心如，赞成人袁百川、汪勉齐、袁梅、胡捷三、袁展云同启。上海经收股款处：后马路济阳里合盛元票号、小东门城河滨大生纱厂账房、三马路口黄浦滩德发洋行、四马路东裕号、后马路天顺祥票号，虹口义昌成号。江西经收股款处：九江西门外万和钱庄内合盛元票号、南昌洗马池荣昌衣庄、景德镇福盛酱园。

——《申报》1907年6月9日，第1版。

## 窑帮条陈瓷业办法

景德镇瓷业公司改归商办，已志前报。兹有都昌窑户帮，将数十年阅历经理利弊，如何兴革，逐一条陈赣抚，当经批饬农工商矿总局转移江西瓷业公司采择办理，议复核夺。

——《申报》1907年8月8日，第12版。

## 禀覆考察景德镇瓷业情形

江西盐法道庆观察奉赣抚瑞中丞札委，赴景德镇考察瓷业情形，已于前日回省。当即具覆。略谓：职道抵镇后，即借寓御器厂，该厂内各工作所制大运传单各件，逐一察看，要皆陈陈相因，无多佳品。厂作分十三行，凡制一器，如练泥、做胎、画稿、染色、吹釉等类，各有专责，□器、圆器、平器、琢器，各有专门。既毕工，送各民窑分烧，占其中位，仍按规付价。所有该厂工匠，用则招之来，不用令之去，各就范围，无居奇抗□之风。其规制之长如此。然而优者勿赏，劣者勿罚，无所激劝，故无有进步，此其一短也。民窑八十六座，外烧匣钵之窑三十六座。民窑作分三十六行，各执其一，不容兼擅，缺一不可以成器。镇有瓷业商会，章程严密，界限分明，各行团体固结，毋□有缅［偭］规越俎情事。工人、窑户及运料运柴各项苦力人等，约十四五万人，邻省府县者居其大半。野蛮性质，小则争殴，大则械斗，齐行罢市，恒有所闻。每年三四月开工，冬腊月歇工，每窑岁烧七八个月为率，月烧四五六次不等。□次用松柴，平均牵算，约九百担，每担去年钱不过二百文，今则三百余文，总计全窑岁烧柴三百万担，约钱百万串。由饶州至景镇，沿河两岸，山势绵延不断，土质肥厚，百草苍翠可爱，特一木难寻。窑人购柴，须在三五百里外，以后愈求愈远，愈购愈难，价值愈昂贵，势所必至。窃维景镇瓷器，为中国出产大宗，百年来窳败不堪，实由于提倡无人无术，欲求振作，须设瓷业学堂，招聚生徒，选聘精于此道者教导之。其余官厂则严明赏罚，民窑则整肃规模，挈领提纲，不外此旨。至窑柴竭乏，莫如多植松秧，广为栽种，如日本森林办法，获利必厚。兹事体大，民力不能逮，宜官为提倡，或开设公司，暂筹款二十万两，以每里用银千两计，可得松山二百里。十年之后，即以产出之利，轮转栽蓄，于窑业大有裨益，而民间材木尤不可胜用云。（孟）

——《申报》1907年8月12日，第12版。

## 批准抽收瓷商路股・江西

江西铁路总局拟抽收瓷商路股，详请赣抚察核等情，已志前报。兹悉瑞中丞批示云：瓷商股款，现已就近于景德镇设立瓷业商股公局，无论何项瓷器，按照该运商完纳统税数目，每钱一千抽钱五十文，择期开办。既与众瓷商公同议妥，应准如申立案。仰农工商矿局照会商务总会，谕饬该瓷商等，嗣后务各照章缴款，以维公益而兴路政（规）。

——《申报》1907年8月22日，第12版。

## 江督批准扩充江西瓷业·南京

商办江西瓷业公司发起人曾少卿、张季直等，前举内阁中书康达为该公司总经理，现已面订商允。该中书业已□沪赴江，先行承收购买原办公司旧建之厂窑，一面厘定规则，选雇上师。惟前拟章程原定集股二十万元，现经详加豫［预］算，存厂治瓷之资本为一份，采办物料之资本为一份，运销货品之资本为一份，恐二十万元之额金难资周转，今拟再集二十万元，合为四十万元。日前呈请江督鉴核，奉批云：该公司总理康中书达，现已赴厂承收接办，嗣后一切公牍，应准由该中书出名代表，期昭画一。至公司董事及查账员，应俟开会公举后，即行报查。所拟公司与官民各厂联络一气，讲求仿造，洵属扼要办法。原集股本二十万元，不敷周转，现拟再集二十万元，自系为实力扩充起见。仰即转致康中书，慎选工师，研求制造，务期物美价廉，以收权利。

——《申报》1907年8月30日，第12版。

## 禀准设学研究瓷业

江西景德镇窑帮绅士，拟设学堂研究磁业，并派中学已有根柢之子弟，出入外国瓷业学堂肄业，禀奉提学司批示云：查瓷业为江西特色出产，该绅等志切改良，以维实业，可谓知所当务。唯瓷业既设公司，该绅等又均托业窑帮，果有所见，应向公司商办。所请另委襄董一节，于前途情形不能悬揣，碍难照准。至仿办半日学堂，设瓷业研究所及取中学已成子弟赀遣出洋，入外国瓷业学堂肄业，为将来建立瓷业学堂地步，为振兴实业起见，事属可行，仰候照会公司酌覆，以凭核夺。

——《申报》1907年9月13日，第12版。

## 批饬防范窑工滋事

浮梁县倪令因景镇瓷业坯工时常凶暴，禀请严给格杀勿论告示。奉赣抚批示云：据禀该县景德镇朱平和尚等，自立新夜工名色，煽惑下窑坯工，向窑户勒加油盐菜钱不遂，于六月初八日尽行停工，并纠众打毁坯房多家，实属横蛮已极。该令到任后，随时亲往弹压。查得河西港地方为新夜□麕聚之所，会同同知吴丞漏夜往拿，纷纷逃逸，搜出长矛多枝，党羽暂散，多方劝谕，现已陆续开工等情。办理尚属得法。应再严拿朱平和尚等，务获讯办，并永远禁止，不准创立新夜工名目，以杜后患。至该镇坏［坯］工，人多势悍，动辙［辄］滋事，人所共知，所陈自系实在情□。惟人犯持械拒捕格杀勿论者，着有定例，是在地方官临期察看，酌量办理，未便预给告示。其驻扎景镇巡防各哨，虽以保护教堂，亦无于地方他事袖手坐视之理。如遇事机紧迫，准由该县权宜移调，俾壮声威。但平时巡查街道，系警察专责，巡防队不便兼管，仰按察司会同布政司兵备处转饬遵照。(因)

——《申报》1907年9月30日，第12版。

## 江西铁路勒抽瓷税广告

江西铁路总局拟抽收瓷商路股，详请赣抚察核等情，已两志前报。兹悉瑞中丞批示云：瓷商股款，现已就近于景德镇设立瓷商股公局，无论何项瓷器，按照该运商完纳统捐数目，每钱一千抽钱五十文，择期开办。既与众瓷商公同议妥，应准备申立案。仰农工商矿局照会商务总局，谕饬该瓷商等，嗣后务各照章缴款，以维公益而兴路政等因。现今世界亦铁路大造之世界，均皆就地筹款，绝无巧立名目，税外加税，以剥削于商人，而背乎路政之条约也。所可怪者，江西兴筑铁路，于景德镇大设捐局，勒迫瓷商税外加税，各绅员假公益之名，图私囊之饱，且先行关税总局朦□西省乎，抚宪瑞谓："业已会议，各瓷商均皆诚心输纳"，究竟会议者系何帮何人？天下岂有诚心输纳，而反于景镇税局及分防府、浮梁县各处禀上哀怜，不允缴此铁路之税者？此皆不明商律，不悉商情，不恤商命，逞强硬之手段而为此也。值此商家困惫之际，税务短少之时，亦何必立此重征之苛政，贻误国家之税款？主江西之路政者，其亦可以废然返矣。

——《申报》1907年10月14日，第1版。

## 奏办江西瓷业公司续招股本广告

本公司原定集股二十万，现在豫［预］计自修造厂屋，采办机器，购集材料，募聘工匠，以及行用资本，非四十万不可。业将增加股本情形，续行呈请农工商部核准立案。且前定股数，现已存股无多，亦不足□餍入股诸君之意，用特登报广告，银到起息，所有每年官利均照旧股一律，愿入股者，即至代收本公司股款处取阅《章程》可也。股本一齐，即当登报截止。发起人：曾少卿、许久香、朱葆三、陈润夫、张季直、樊时勋、袁秋舫、瑞心如、总经理庚特璋同启。代收股款处：上海洋行街德发洋行后马路济阳里合盛元、小东门城河浜大生纱厂账房、虹口义昌成洋行、观音阁码头天顺祥、四马路慎裕洋行、十六铺徐海实业公司、三马路源通官银号，江西南昌洗马池福隆钱庄、景德镇本公司制造场、九江西门外合盛元。

——《申报》1907年10月15日，第2版。

# 1908年

## 赣省瓷质呈部试验

赣抚准邮传部咨开：据电政司案呈中国电报，所需线碗，购自各国，利权外溢。江西瓷质极良，亟须先行调查试验，如果合用，饬局购取，以塞漏卮［卮］等因。护抚沈中丞已饬各工厂将所制磁件先送样本数种，估实价值，呈部试验，以备采用。（工）

——《申报》1908年3月19日，第11版。

## 安徽瓷业公所函

长江瓷器一项，经过安徽完厘，积弊太深。自三十年督办盐河厘卡恽毓龄设立会查瓷船公所，瓷商稍苏。不意去年有景镇开行黄锡恩者，与康文汉等运动官场，冒称瓷董，禀办徽省瓷器统捐。局宪批准后，大权独揽，浮收勒索，种种苛虐，逾于厘卡，非统捐之不便于商，实承办之未得其人耳。即如徽帮瓷船在省城起儎，祇完华阳、盐河两卡之捐，起儎后再完坐贾。前既具禀上宪，刻届春运，凡我同帮，务结团体，沥情具禀，要求上宪饬提黄锡恩等，另改妥章办理。幸蒙照准，我帮之福。万一不准，请各帮抵华阳时，将黄等浮收勒索万贯之巨款追出，以充瓷业公费，万难再任其削剥。

——《申报》1908年3月19日，第20版。

## 江西瓷业公司开幕纪盛

景德镇奏办江西瓷业公司，于五月初八日开工。是日在本厂举行开幕典礼，政学、绅、商、军工各界到者约千余人。由来宾周鹤俦、项瑞卿、吴瑶笙、陈仲西、胡维周、董墨仙、胡华荪、汪蔚卿暨本公司职员洪仲莲、陈麓生、汪勉斋、徐挥五、董香浦、余洲三、黄运轩、胡郁文等，分任礼场职务。

于上午十时，同诣工厂摇铃开幕。首由赞礼员引总理康中书特璋，向北阙及发明陶业之先哲堂两处行礼，次行开工礼，次安徽旅昌公学全体奏琴歌，次总理宣布宗旨。次来宾致祝词：一、浮梁县张植庵大令；二、民政部外城警厅黎堃甫主政；三、饶州分府吴太守珍聘；四、神州日报社；五、统税局席太守蒙倩；六、皖省咨议局许太史承尧；七、南洋两江师范实业学堂、上江公学三校；八、广东粤商自治会；九、安徽旅昌公学；十、上海安徽路矿公会；十一、江西铁路公司；十二、饶州学界程梅暄君；十三、安徽旅汉同乡陈、朱、汪、吴诸君；十四、江西商船总会；十五、徽州中学堂监督洪泽臣内翰；十六、景镇商界；十七、国秀女校；十八、浮梁学界；十九、九江商界；二十、江西商务总会。以上均由代表人宣读。次由胡君郁文代总理读答词，致谢来宾。次总理对工人演说，谓世界各国，把工人看得极重，本公司所定工章，优待工人，无非欲尔等尊崇人格，使人人皆知重工。次对学生演说，谓今日救国要务，全恃物质上的文明，诸生务宜实践研究，以为赴东留学之豫备。张植庵大令演说，洋瓷输入中国，岁达百余万之多，景镇瓷业，大承其敝，若不亟行设法改良，将来数十万工人，必有失业之患。语极痛切，并训饬工人各宜自爱，勿蹈挟众滋事之旧习惯。次由吴瑶笙君演说工人与公司有密切关系，总理既以平等视工人，工人愈当振作，以求技艺上之进步。演毕，由濬哲、迪智两学堂献歌，并合奏风琴，次军乐队奏乐，会场全体同祝公司万岁。至三点钟，摇铃闭会，请来宾公讌，并有萨哈尔都统特派来南考察商务委员许焕曾太守亦同莅会。来宾观礼者，无不啧啧称叹，以为自有景镇以来，未尝有此洋洋大观云。

——《申报》1908年6月17日，第11版。

## 请兵弹压坯工滋事

江西景德镇地方，为产瓷之所，窑工众多，良莠不齐。现因坯工一律罢工，争给夜酒钱及吸白熟米，窑主未允，竟群起蜂拥，打碎坯房数家。经该镇同知艾司马督队弹压，劝令听候核办。惟势焰汹涌，尚恐有变，当即飞禀大吏，请迅派兵飞驰弹压，藉资镇静。

——《申报》1908年7月12日，第12版。

## 营弁弹压坯工得力

景德镇坯工闹事停止，工作已久，现悉此事由张管带驰往弹压，业已平靖。二十四日，饶州府劳太守上沈护院电云：南昌抚宪兵备处宪钧鉴，景镇停工日久，经张管带驰往会县，多方开导，于廿二日开工，足纾宪廑[①]。并据该县张令禀，张管带熟悉情形，办事得力，拟请暂仍留镇弹压，闻已禀请辞差，求转禀宪台，俯准从缓等情，附乞垂察。卑府鼎勋禀。

——《申报》1908年7月28日，第11版。

## 出洋学习瓷业

景德镇机器瓷业公司五月间开办。刻闻该公司已选定聪颖子弟四名，派赴东洋，入有田陶业学堂肄习新式瓷器制法，以资改良。

——《申报》，1908年8月8日，第11版。

① 宪廑（xiàn jǐn）：旧时指上司的关怀。

## 饬查景德镇应否设立总商会

景德镇纸庄韩启、大和等具禀赣抚，请设商务分会。奉冯中丞批示云：查景德镇地方，居天下四大镇之一，近年因瓷业衰败，日形退步，颇有绅商发起应设商务总会以期挽救者。据禀徐令孝泰任内，曾经设立分会一节。卷查只据浮梁县于申复民政部咨查文内声叙景镇设有商会局一所等语。既有总分会名目，亦未核议章程，举定总理，详请转咨商部立案，加札派委，其组织未能完备可知。所□即以现办巡警绅士带理，办法尤为苟简。究竟该镇或应设总会，或仅设分会，何者为宜？革举徐凤钧有无冀揽事权、假公济私情事，仰农工商矿局即饬浮梁县会同景德镇同知确切查明，邀集阖镇商人，按照定章，妥为筹议，克期禀办。总以能振兴商业，调和工党，使地方日臻繁盛为第一要义，不可稍存私见于其间也。

——《申报》1908年9月28日，第12版。

## 恃势专利

景德镇向有商务局一所，办理商务。今年有初到该镇办理瓷业公司中人邀集本镇学界多人，谋立商务总会，于七月初□开会，十二日推进。总理系先期运动，故总理、坐办文案、书记、会计等缺，皆系公司中康达、徐凤钧、汪龙光、胡耀华、陈继韶等一门中人居其多数。所定薪水递年皆数百元，都由恃势自定，独断独行，以至［致］众心不服，业已联名上控。现奉抚藩批示，仰地方官合同阖镇绅商妥议筹办。查立会本有定章，渠等既非该镇绅商，本不应越俎而谋，今竟重权尽揽，重利独专，所为如此，宜乎众心不服也。虽曰公司声势浩大，商愚可欺，而蜂虿有毒，未免自贻伊戚耳。

——《申报》1908年10月2日，第1版。

## 商务总会开特别会详志·江西

景德镇商务总会被韩启、太和等号十二家，在抚辕控告徐凤钧揽权济私。兹查得该号东韩甘霖系本会会员，并未预闻其事，均由劣董何廷之反对商会，欲藉此以图破坏。商会同人业已于上月二十六日在会所开特别会议，邀集各证人宣告一切：〔一〕主席报告本日开特别会之事由，并请韩甘霖及与此事有关系诸人，将其始末对众陈述。〔二〕韩甘霖云，我本无上省控告徐凤钧情事，系被何廷之捏名。至呈中如何措词，我亦不知。余在西乡港口，于八月十一日，店中同事吴星垣专人赶信告我，始知其事。〔三〕吴星垣云，八月初十，何廷之至启太和店云，前在抚辕控徐凤钧，现已奉批，恐不日即有委员来查，禀中系用韩启太和头名，请速专函赶韩来面商后韩回信云，此事先未预闻，不能承认。何廷之闻之，异常着急。〔四〕赖虚谷君云，本日余在韩甘霖处，何廷之亦来，向韩再三道歉，并自称做事昧冒，求韩善为调停，免捏名之事败露。业经韩责以公理，何惶悚无言，又向余致意，求为转圜。余答以事关全体，深恐照应不周。〔五〕汪君蔚卿云，风闻何廷之捏名控告徐凤钧，列有小店汪开太牌号。鄙人当日见诸君发志商会，极表同情，业经签名入会，断不敢同室操戈，为此无意识之举动。况鄙人在饶州学堂与徐君有师友之谊，是以公谊私情二者言之，均可证明鄙人之决［绝］无此事。以上诸人陈说既毕，主席乃宣告云：闻诸友所说，是捏名控告徐凤钧之人，实为本会之公敌，请议员公决。众议员起言：何廷之捏名诬控，已有铁据。韩君既不附和何廷之，自应赶急具禀声明，以免代人受过。至于商会中现尚未奉到公事，暂置勿论，俟见明文，再行开会研究。遂散会。

——《申报》1908年10月5日，第11—12版。

## 颠倒是非

读九月初八九等日电报，登有不平人函告《恃势专利》一节，不胜骇异。查景德镇向无商会，惟有支应局一所，系劣董蔡邦隽即绣贤、何崇森等十余人盘踞其中，自称商会局董事，每年经收巡警局经费二万洋，从无决算，侵占公款，实不可以数计。况平日百方苛索，视商人为鱼肉，合镇侧目，积忿填膺。今年商□因谋组织商务总会，以保商业，幸有瓷业公司康中书达、徐孝廉凤钧、汪孝廉龙光、胡别驾□华、陈明府继韶，极力赞成，得奉札抚电，许立总会。七月初间，开正式选举大会，浮梁县张植庵大令及本镇分防同知艾少棠司马，均经到场监视，以康君得票最多，举为总理，众商悦服。其余徐、汪、陈诸君，分别任会计、书记、庶务等事，概系全体公举，非常纯尽义务，不受薪水，且皆夥助捐款，何尝有恃势专利之权？总之，本会成立，事事依法律上所定，于商界全体裨益实多。独彼蔡、何少数人，不复能任意妄为，前次捏名上控，既经抚藩宪批斥，今复登报诬蔑，颠倒是非，全体商人大动公愤，业已公禀各宪，请将该董驱逐出局，以除蠹害。谨奉本末，与我同胞公布之耳。江西景德镇商务总会钱业元、兴昌庄余左泉、恒大庄张启东、保康庄邵靖和、大有恒庄黄菊人、永贞庄方耀樨、泰生庄胡文耀；典业泰和典、朱用济、庆怡典、王□；布业叶德润号、江蔼如、叶道生号、吴佩芬、志成号、吴心畬、大源长号、汪光远；南货业恒顺号、胡午峯、宏发号、胡瑞征；粮食业李泰来号、李长久、公和豫号、黄明显、恒泰油号、胡正修；药业九如甡、叶达泉、种德堂、邵运仁、利济堂、汪殿辉；瓷商周鹤俦、王济川、张子来；陶业秦庶九、冯斯义、江能学；纸业启泰和号、韩甘霖、德美号、叶笃初；白土行业王竹坪、冯道凤、冯光昆、胡宝之等，共有一千一百余家公布。

——《申报》1908年10月30日，第1版。

## 电复筹办商会事宜·南昌

赣藩复景镇总理瓷业公司内阁中书康电云：庚电已悉。前据韩启、太和等具控，即经批饬，以景德镇商务繁盛，无论设立总会、分会，均应由地方官督同绅商妥筹办理。揆其词意，有革举徐凤钧为坐办不协商情。景镇人多口杂，动起风潮，未可稍涉勉强。乞与地方商绅董妥议禀办，以昭允协，敝处毫无成见也。

——《申报》1908年11月10日，第11版。

## 劣董侵吞警费·江西

景德镇巡警开办三四年，虚縻巨款，毫无成效。警勇定额三百名，其实数仅一百四十名，专供婚嫁、送葬、迎神、驱鬼而已。保安卫生诸事，从不过问。每年共苛敛商家经费二万七千金，立一支应局名目，均由劣董蔡绣贤、何廷之等少数人经管。收支账目，自开办至今，未曾报告过一次。现经该镇商会同人详禀各宪，兹由府委李直刺来镇查办，蔡情急，雇写手十余人，日夜赶造伪账，于十一月二十五日假座新安会馆，邀集各商核看，并请分府艾绍棠司马、浮梁县张植庵大令为之缓颊[1]。当经公众察出弊端甚多，不肯承认。时君雨农爰代表众意，谓此项警费，均由徽、饶等三帮商家捐集，此账应交商会，俾三帮商人公同核算，以昭公允。若然，则积年之弊窦，或可廓清矣。

——《申报》1908年12月28日，第12版。

# 1909年

## 代白捏诬

景德镇巡警向系浮梁县总办、分防府督办，出入款项皆由各宪□定。量入为出，酌立章程，照章办理，年终报销有案。今年瓷业公司中之康达、徐凤钧、汪龙光及隆元出官人胡承郧并妄人时霖等，私立商务总会，违章揽□，经三帮绅商控告，蒙各大宪批饬，浮梁县及分防府邀集本镇绅商，照章公举另立。彼等见其所为不成，权不得专，因捏商家名目，以怙权济恶等情诬控局绅，侵□公项。不知该巡警一项有亏无盈，现在经手者无不负累。因前月廿五日公请分防府、浮梁县宪，并邀诬控有名人等，将出入款项澈［彻］底清算，毫丝无讹。郧、霖见帐［账］确实，自知诬控，遂赧颜[2]逃窜。各商家多谓此次诬控，伊等并不知情，皆郧、霖等□□妄为也。大凡人力心公，出言实，方为正人，有益地方。今郧等违章揽权，既已妄为于前，捏名妄控，今又虚诬于后。如此行为，已成衣冠败类，乃为地方大害。某等见此，不胜忧惧，特将此事宣明，俾众周知，免再为其所惑焉。景镇不平人，代白。

——《申报》1909年1月5日，第1版。

---

① 缓颊（huǎn jiá）：婉言劝解或替人求情。

② 赧颜（nǎn yán）：因害羞而脸红。

## 鄂省瓷捐病商

湖北厘卡自三十一年改并统捐，剔除积弊，上宪为恤商便民起见。如江西瓷器运往四川，绕经湖北武穴为入口，统捐章程以丈量货船为度，因算登方以三六，因为支草每壹尺见方作支草三支六毫，报至宜昌出口，连耗费每支完钱八十余文。其量法有草照算，无草照除，以宽扯狭，以深补浅，以长短为经，以宽狭深浅为纬，六面令拢，折成方尺。然一尺登方地位祇容瓷草两支，运川路远易破，里包甚厚，抽厘较运汉瓷捐已重。上今两年，该卡司巡愈换愈恶，回回加申，客船到卡，任意乱量，运头带尾，长短几多，不分宽狭，不辨深浅，甚至一餓瓷草所装两千余件，要算二万几千支之多，完捐钱二千几佰串文。呜呼！一船货本不过值四五千串，一卡厘捐去了一半，若与争论，扣留不放。武穴江边风浪最险，司事巡丁藉此苛索，孤客至此，含泪吞声，祇[①]得求伊早给捐票，开行上游，免遭风浪。不料新河口、沌口、宝塔洲三卡，无处不留，难加补统，共算来实有值百抽六七十之谱。资本亏耗，所以上今两年，运川瓷客十无四五，若不整顿，渐渐断绝，惟愿保商者鉴察焉。川帮公具。

——《申报》1909年1月11日，第6版。

## 奏办江西瓷业公司广告

本公司自戊申五月开办，所制瓷品均经同人研究，参采欧化，注意美术，式样图绘，穷力追新，不但非外窑所及，且能驾官窑制品之右。去冬装成货出张沪上陈列所，中外人士无不欢迎。又美国希君游历景镇，参观本厂，称本公司为中国未有之特色，欣然定购新式霁红瓶三千具。本公司出货伊始，同人深惧椎轮草昧，不足以餍购求者之盛心，不意风声所播，远及于欧美，此实同人始愿所不及此者也。今年拟即添建坯房，兼制普通日用品，又于饶州开办分厂，专用机器制造。并蒙南洋端制军、皖藩沈方伯筹拨款项，设陶业专门学堂，招集聪颖子弟，练习职工。总期货求优美，必制精良，以造成高□之工艺，为我国瓷业界放一异彩。赐顾诸君有定购货品，用何式样，画何花物，均请先开明定单，酌付定资，邮寄本公司，议定价目，代为照办。或至上海英大马路，本公司出张所接洽亦可。至批发成货，价更从廉。特此通告。

——《申报》1909年2月10日，第1版。

## 上海瓷业公所广告

沪上大市，往来交易，无论洋货五金各项，均从发货日起，以十天庄票为期。比年吾业瓷器客帮贸易，每多疲延，身本太巨，殊属吃亏。况在景镇办货，须付现银，运申销售货款□

① 读zhǐ，意为只，仅。

欠，以致周转为难。今经同业公议允洽，自本年起出口批发，均限一月庄票划清，然已较大市银期从宽，庶卖买两无所损。嗣后如有同业徇情私放滥盘，察出议罚。盖于整顿之中，仍寓通融之意，恐未周知，特此登报声明。

——《申报》1909年2月17日，第5版。

## 江西瓷业公司第一出张所广告

本出张所设于英大马路望平街口，专备本公司景厂所制各种瓷器，以便赐顾诸君随时选用，批发价更从廉。现已工竣，十四日先行交易，容再择吉开张。特此布告。

——《申报》1909年3月6日，第1版。

## 江西瓷业公司小启

中国瓷业肇兴，由来尚矣。而发皇于炎汉，然书史所见，仅有瓦缶瓯罍之类。晋唐以降，陶缥、琉璃瓷出中国，瓷制始擅美誉。延及于宋，则有柴定、玛瑙釉等窑，品器所贻，玮如球璧。更历前明成化以至国朝康熙间，品类益精，斯为极盛。至今中西人士，咸不惜其重资，广事收罗，有得一二真品者，莫不珍为异宝。道光以后，斯道寖衰，流行于世者，仅有庸恶粗劣之品，间有可观，系出御窑，非民间所可得。西人有鉴于此，因而极力研求斯学，翻陈出新，遂造各种奇巧之品，转运中国，以擅美利。近年以来，充塞于市者，莫非洋瓷，每年钱力溢出者，不下数百万。今日我国瓷业，若不急事改良，不但素日环球称美之唐［搪］瓷，声价从兹堕落，而偌大漏巵［卮］，将何以抵塞？同人旷观世变，怒焉心忧，因招集巨赀，奏准于江西之景德镇设立瓷业公司，聘请专门陶业家，以中国固有之美质，参用欧美之新法，以造各种美术品及日用品。自戊申五月开厂以来，所制瓷品，均经加意讨究。仿古者如钧窑厂官窑，雍正之东青釉，康熙之苹果绿等，皆与真品无异，且式样图绘，窃力追新，较之古物，又过之无不及。去腊美商希君游历景镇，参观本厂称本公司为中国未有之特色，欣然定购新式均红瓶三千具，即此一端，固可证也。至于普通用品，除将固有之形式花样翻新，且制造各种西洋用品，今年正月罗致于沪上商品陈列所众多，以欧西瓷目之，内有万花献岁一品，竟与日本之七宝烧无异，观者莫不啧啧称羡，谓为吾国美术学之进步。溯自本公司开工出货，以迄今日，未及一年，而西至日没，东及扶桑，莫不有口皆碑，争相定购。同人等犹恐椎轮□昧，不足餍求者之盛心，固当力图改良，为我瓷界放一异彩。迩者因景镇僻在偏隅，交通不便，用特设立出张所于上海英大马路望平街口，专以本厂成货便赐顾诸君，随时选用，且备有彩红工人，如有定画花样及书写款识，皆可随时应求，不误期约。若其定制贩卖选购大宗者，均可随求而供，冀以欢怿中外惠顾者之望。世界日益文明，人类之嗜好亦日与之俱进。成器致用，在得之者可以慰心悦目，怡养性情，而在本公司则以发挥国粹，恢张吾国固有之令闻，塞绝漏巵［卮］，且为工商之前导。然则交利之道，宁有畛焉。特布区区，惟希均察。

——《申报》1909年3月6日，第10版。

## 论中国今日亟宜仿造应用洋货

……洋瓷之销路，迩来大有锐增之势，凡酒馆茶楼所用之碗碟杯罇，大半均已改用洋瓷，甚至家常个人亦竞用洋瓷，大有厌弃本瓷，不屑一顾之势。设不亟谋仿造，恐江西一省之大利源，又将为外人夺矣。数年前饶州府之景德镇已有瓷业公司之设，专以改良本瓷为主，现已出货，质量花色均优于昔，苟能精益求精，不难达完美之境也。但区区一公司，恐仍无裨大局，所望各旧窑亦及时振作，勉图改进，庶可保我固有之利源。……

——《申报》1909年3月10日，第2版。

## 景镇商会成立

景德镇商务总会，去年由吴简廷等发起，禀请抚院暨农工商部奏明立案，并举定总理康达、协理陈庚昌。日前行开印礼。各商号会员到会者一千余人。首由陈君庚昌代表总理行叩阙礼，次书记员胡君郁文宣读上谕及农工商部奏折札文，次庶务员吴君瑶笙启用关防，并宣布报部暨各省公文三十余件，次全体会员公贺，次提议俟康总理出都，本会再择吉行开幕礼，次提议会场规则，请书记员再行详订。是日上午开会，至午后三句钟，而来宾庆贺者犹络绎不绝云。

——《申报》1909年3月18日，第12版。

## 杂记·景德卖淫之风

景德镇地方近年以来，匣钵厂一带卖淫妇甚多。业此者以河口、乐平两处人居多数。该妓等每岁须送各衙署暨保甲局等三千余金，又送匣钵厂龟董倪元昌等一千余金。自县署门稿梅兆明与广东人争风一案，县官一味偏袒，不加整顿，以此妓界更无忌惮。近日竟有借游春之名，盛妆饰，乘骏马，与狎客龟妓联骑而行，招摇过市，亦社会风俗败坏之一端也。

——《申报》1909年4月3日，第12版。

## 京师近事

（前略）闻农工商部以江西景德镇瓷业公司大加改良，已着成效，拟专折奏给该公司勋章，并给奖创办人，以示鼓励。（后略）

——《申报》1909年4月28日，第5版。

## 江西瓷业公司第一届发息广告

本公司定于六月初一日起至月底止，发给丁未至戊申年终股息。所有各股东务请于六月一月内持单向上海英大马路本公司出张所收取息银是祷。

——《申报》1909年7月3日，第1版。

## 景德镇商务总会广告

景镇僻在一隅，界连三省，户口之盛，甲于江右。陶业出产，营销环球，其以熟货输出者约四百万，其制瓷各材料以生货输入者约三百万，此外米布各业约在三百万，茶市亦二百余万，诚天下一大商战之场。特瓷器虽为本镇出产大宗，而行色繁多，名称不一，虽久居镇者，不克悉其底里，其中尤以钱洋银价、窑位、柴价参差复杂，屡起争端，以致工人停工，外商裹足，瓷产出口，年逊一年。本会有鉴于斯，特于前月连开特别大会，将钱价一项议定一律。查去年钱价，每两作钱一千五百文，各行均受亏折，本年按照浮平色纹市价，作为一千八百文，彼此不得复有争执，业已分别通报立案。兼得本镇分防府同知艾司马勤于政事，去年拿获会匪，惩办痞恶，禁烟禁赌，禁三脚班淫戏，遇事整顿，不遗余力。向来掳人勒□，拦路强抢以及奸拐等案，层见迭出，迭经密获严惩，申以诰诫，强者敛迹，弱者改涂，景镇旧习为之一变。盖此间向是工商荟萃，漫无纪叙之区，自开设商会，分行别业，提挈纲领，向时潜伏不出之端人正士，皆肯出力协助，谋抵于成。又得司马认真秉法，汰除害马，诚地方合群进化一大转。用特布告各省贩运商人，其勿狃于夙昔见闻，谓此间仍是荆棘丛生，遂因之而裹足也。

——《申报》1909年7月14日，第1版。

## 札饬仿制瓷瓶·南昌

赣抚冯中丞准邮传部电开：本部前因中国电线需用瓷瓶，皆侮购自外洋，所用甚巨，利权外溢，殊非经久之道。查山东、江西所产瓷器，日见发达，应令仿照制造，解部试验。于光绪三十四年十二月间，咨行两省巡抚，转饬各窑厂仿办，不可视为缓图，咨明在案。近据山东博山瓷器公司赍来瓷瓶，长短未尽合用，应即切实改良，当将外洋电瓶式样移送尊处，速行径札各窑厂赶制，送部试验。此系挽回中国利益起见，毋再推迟，是为至要。当即行文司道，并经饬景德、萍乡两窑厂赶紧仿制，一俟制成，即行解部试验。

——《申报》1909年7月14日，第1版。

## 杨金云鉴

杨金云鉴：鄙人与你素昧生平，得与你相识者，因有家叔之介绍函云阁下系瓷商前来办货，故鄙人为你竭力吹嘘，介绍至瓷业公司，你揭瓶一对，托鄙人代售，鄙人代为转恳汪君寿丞，寄售于江西瓷公司，而你乃不怀好意，希图诈骗，始而欲借洋三十元，继而欲批二千元之货。夫瓷公司允代售此瓶者，系商业上之友谊也，能售出与否，皆系你之物，公司何能先借银洋与货物与你？况你之物所值不过百元，因系寄售之物，他人不与你较，而你竟以为他人可欺，而藉此物以骗银洋与货物耶？抑知瓷业公司之同人，皆于商业经验，岂能受你之骗？孰知你设骗不遂，又改计索诈，刊发传单，诬人骗害。夫你之瓶倘存于公司，骗于何有？你向汪君骗货骗洋，汪君窥破，当即属［嘱］你将瓶搬回，你置之不理，害于何有？现汪君因你私发传单，毁坏名誉，控你于公堂，你又潜逃，你岂欲将此祸架于介绍人耶？如你三日内再不到堂听讯，鄙人亦惟有呈请公堂关□，毋谓鄙人言之不预也。潘锦生白。

杨金云阅：你设骗不遂，反私发传单，毁坏名誉，希图索诈。现已控你于公堂，所寄存之瓶即呈公堂，你可投案听讯，领瓶可也。江西瓷业公司汪寿臣白。

——《申报》1909年8月25日，第6版。

## 陶瓷学堂经费之困难

江西瓷业公司总理康特璋。舍人现在饶州经营新厂，已经落成。所创办之陶业学堂刻正添招生徒，分为两等，其有中学预科及小学毕业者则为陶业学堂之选，未入学堂者则并入公司专学职工。因办法趋重实用，经费又须增加。该堂经济毫无凭藉，全由康君独力筹划，困苦情形当可想见。惟瓷业为赣省最大出品，尚望江西大吏竭力提倡，俾其永久成立，则陶业前途之发达可预期也！

——《申报》1909年10月31日，第12版。

## 商办江西瓷业公司定十月二十二日开股东会

本公司成立现已两年，所有公司开办以后成绩，久荷股东诸君鉴察。今遵照公司律，应开股东会，组设董事会，借用苏州农工商局为会场。准期已定，幸即惠临，并请诸君先期携带所购股票到沪大马路本公司出张所注册，以便填发议决劵［券］、入场劵［券］。再，前经发起诸君代请施伯安、徐少芹二君前赴公司调查情形，亦即于会场报告，合并申明。

——《申报》1909年11月24日，第1版。

# 1910年

## 赣抚接济瓷业公司之原因·南昌

江西景德镇瓷业公司，开办有年，规模宏大，现因股本重大，转运不灵，以致经济困难。由管理股东面商鄂督瑞制军，电请冯星岩中丞及劝业道傅观察，设法拨款接济，以维实业而□久远。冯抚当即谕饬官银钱总号总办张观察，筹拨银二万两，以一万两为入官股之项，以一万两为放息之款，现已经藩司会同劝业道官银号详奉院准，汇交该公司收用。

——《申报》1910年4月17日，第12版。

## 江西瓷业公司出品之一斑

我国瓷业出品，天生美质，为全球各国所不能及。惟旧日制造，殊多未善。近年得瑞莘儒制军及沪上诸大实业家，如张、许、严、朱、樊、陈、周诸君，组织江西瓷业公司，力求进步，其出品遂日益精良。此次运来赛品，共有五千种之多，计大小件数在五万以外。其陈列之处，除工艺、美术两馆外，则有江西馆及该公司专设之发卖所，品类纷呈，既美且富，洵为出品之特色。兹就观览所及，略纪如下：千圾[①]龙游海水大瓶、千圾大观园图大瓶、仿韩文公画记全图千圾大瓶、丈六雕镶七层大塔（此为中外未有之品，据云制造年余乃成）、丈四雕镶七层大塔、千圾釉里红龙游海水大缸、八百圾霁青釉五彩大缸、八百圾仿康熙白釉五彩大缸、千圾青花斗彩大圆盘、千圾五彩大桌面、洁白平板嵌五彩花鸟挂屏、各色平板堆五彩花鸟挂屏、浇黄瓷虎、仿康熙五彩瓷孔雀凤凰、四百圾万花献瑞瓶、五百圾五彩琵琶瓶、六洲地图尺八桌面、仿康熙三彩各种人物、四百圾玛瑙天球瓶、嵌花瓷镜、各处名胜风景画瓷镜、仿古厂官釉千圾大缸，仿古月白无纹釉千圾大缸，仿乾隆五彩饮中八仙八百圾大缸、翡翠釉如意、仿宣窑鱼藻洗、仿成窑青花三百圾瓶、西式全套青花彩花餐具及茶具〔日前劝业会事务所大宴中外宾客，借用新式餐具，满座欣赏异常〕。西法吹画、油画器皿，满汉全席碗件，以上仅举大端。其他玩品，如均泑[②]、龙泉泑、铁骨哥泑、宣窑霁红渡红泑、东青泑、绿油泑、米色泑、宝烧泑、法青法翠泑、紫金浇青泑之各色花瓶用品，如改良便餐器具、盥沐器具、茶酒壶、杯、帽筒、花盆及文人需用之笔筒、印盒、水池，妇女需用之脂粉盒、油碟等件，无一不备，无一不佳。且康君为振兴工艺起见，各物订价从廉，日来观览者争相购订，除现货售价外，另收有千余金之预定款云。

——《申报》1910年7月6日，第11版。

---

① “圾”是传统景德镇计量琢器的单位，相当于今天的“件”。景德镇瓷凡圆器言以大小作，已约知产品尺寸，琢器则通常计以圾数。

② 泑，古同“釉”。

## 劝业会场之见闻录

（前略）萍乡景德镇瓷器之比较。萍乡与景德镇所出各种瓷器，除陈列该省专馆外，另有一发卖所，在湖南馆左。景德镇瓷器著名甚早，萍乡瓷业有限公司则创于光绪三十二年，其始专改良土瓷，其后且改良各种瓷器花色，现在出品虽不及景德镇之备，而景镇花瓷制法，先加础［釉］后盖花，萍乡异□，故其有花瓷器，花皆平整，而景德镇则见微突也。（后略）

——《申报》1910年7月8日，第11版。

## 江西馆续到特色瓷器

江西馆自瓷业公司归并后，凡参观者靡不交口称赞，计已陈列者有五千余种，凡一万余件。近日因此项瓷器中外定购者日见其多，又续运来瓷器大小二百余桶，并有新法制品数十件，系饶州分厂所出，利于普通社会日用者，将来研究瓷业，又可得多数之资料矣。

——《申报》1910年7月16日，第10版。

## 上海瓷业公所广告

迩来米珠薪桂，百物奇昂。我瓷器一业在景镇办货，逐年增加几申，须先付现银而后取货。成本既重，亏耗殊深，若不整顿，实难支持。公所有维持整顿之责，故特邀集同业公议，于八月朔日起，各货出售，一律涨价一分，以顾成本而免亏耗。再无论本地客帮，各批发统限一月清账，不得任意拖延。倘有紊乱不遵，一经查出，议罚不贷。恐未周知，特此广告。

——《申报》1910年8月29日，第1版。

# 1911年

## 委员催解星子白土捐

南康星子县出产，向以白土为大宗，槩［概］系运往景镇做瓷之用。从前此项税捐向归各卡抽收，自改办统税后，此项白土捐即就近改归星子县征收，每年由商人认定捐缴洋银五千元，由县汇解来省。现□藩宪刘方伯清查此项白土捐款，历年结欠为数甚巨，自应派员前往催解。查有前任星子县刘大令仁寿在任有年，征收情形较为熟悉，特札委前往，会同该县迅将积欠白土捐款催收汇解，毋稍违延。

——《申报》1911年5月30日，第12版。

## 江西取销［消］自治苛捐

赣抚札赣藩司略云：案据景德镇商民公和盛等公呈，该镇自治会议抽收茶酒馆桌捐，每桌抽洋五分二分不等。现由县出示通衢，该商以此项抽捐，不甚乐从，来辕具呈，乞恳饬县取销［消］，以苏商困等情，业经批示在案。查该镇自治方始萌芽，即如此苛捐，若不亟行取销［消］，于自治前途大有障碍。该县听从绅董之议，率行出示，不明事理，一何至此！为此仰司即饬饶州府，将该镇自治会现在抽收情形，有无别项抽收之事，该县如何擅行出示，确切查明禀覆。

——《申报》1911年8月30日，第11版。

# 三

# 北洋政府时期《申报》中的景德镇瓷业

# 1912年

## 赣军政府裁撤饶州子口税卡

一、王龙庙分口，即鄱阳分口，南距角山正卡三里，乐安分卡五里，西距高门七里。前清光绪三十年，将高门正卡并入此处，然不过统于一委员分做报销，宜将此处裁撤，归并高门，以为鄱阳分口。盖乐平、余干各船经过府治，不能飞越角山浮祁。从饶州出口之船，上有景德镇，中有古县渡，西有高门，南有角山，是裁去此卡，并不至短收税项。……二、景字口，即观音阁以下有德字口，而上游又无大宗货物，不如并入德字口为善。……

——《申报》1912年1月21日，第6版。

## 景镇瓷业公司之恐慌

景德镇商会□昨电致赣垣云：瓷业公司系按照商律，以股份组织，定额招二十万元，瑞股三万，此外并无私置财产。沪上早经设有董事局，股款似非经理人所能吞没。该公司并于饶州附设陶业学堂，近年营业虽发达，而于中国瓷业前途至有关系。近蒙委韩易委员来镇调查，将公司发封，并饬提款及货物解省，货物固与饷需无关，款项只有外欠可追。现时甫经阴历正月初旬，纷纷追欠，实滋惶扰，匪独公司名誉信用扫地无存，且因瑞瀓一人而波及全体股东血本，后日必滋异议。敝会用敢沥呈实情，仰恳察照电饬委员，只须调查瑞股实数，交由省议会议决，充作本省公股，并饬饶镇公司同时启封，仍知照全体股东协议以后维持办法，庶于罚罪之中，仍寓恤商之意，实为公便。景德镇商务总会公叩。

——《申报》1912年3月9日，第6版。

## 南昌李都督电

南京孙大总统、武昌黎副总统、各省都督均鉴：敝省景德镇瓷业公司瑞瀓股款，早经没收，严切划提在案，本难通融办理。兹据该镇商务总会呈明种种困难情形，瓷器又为今日当急谋发达之业，自应体恤商情，维持实业，准将瑞瀓股款全数作为全省公股，仍令依旧营业。其瑞瀓所执有之股票，一律作废，不得转售。希即转饬所属一体知悉为祷。赣都督李烈钧叩。

——《申报》1912年4月9日，第2版。

## 改良景德镇瓷业公司之办法

赣省景德镇瓷业公司，办理非人，以致逐次衰败。前军务部朱总长有鉴于此，即拟具条陈数则，呈请都督鉴核施行。其条陈照录如下：（一）该公司股本，据该委员调查，不下三四十万元，不为少矣，而为经理者舞弊败坏若此。今宜召集各股东，并另召殷实绅商，公同商酌，重新组织。另举总理查清账目款项，责成康总理如数交出，不得借故迟延短少。所有瑞澂款以及该公司所借前清库款，概存公司，作为公家股本，以为振兴瓷业之用。（二）景德镇向有前清御窑厂，积弊尤多，向不归该公司经理，现已闭歇。惟所有窑厂以及模形并各项应用器具俱在，仅未开工制造，今宜与各民厂合并为一，统归该公司经理，以便整顿改良。（三）公司组织完善，经理得法，瓷业固可振兴，然犹赖银钱周转灵便以维持之。今宜于景德镇分设支银行，则金融机关既可活动，而各瓷商有时周转不及，亦可借息于彼，公私均可大沾利益。去岁各省起义后，商家观望不前，故所订之货，大半至今尚未提取，而各处所用瓷器，亦复不能一日缺少。故数月以来，瓷业生意，均为外洋瓷商垄断，急宜通电各商，速来提货，并告知大为改良，以后订货，尽可源源不竭。一面设一分公司于上海，庶可抵制输入外货，挽回已去之利益。（四）瓷业工匠以及杂项人工本属不少，前因瓷货停滞，各厂停工，无可资生，几酿成绝大风潮。今若多方提倡，方求改良，则销货日多，所用人工亦因之加增，不惟一般游民可以利益均沾，尤可隐消祸患于无形也。

——《申报》1912年4月26日，第6版。

## 景德镇兵变详志

赣省景德镇地方，人烟稠密，商务繁盛，所裁官兵（多属会匪）均混迹。该镇窑工勾结军队，于七月一号晚间三时密议起事，放炮为号，派党占据电局，抢劫民国分银行。驻扎该镇建昌会馆之宪兵第二支部长梁持坚，闻警派兵飞往弹压，匪兵胆敢开枪抵拒，幸宪兵炮火泼辣，将匪击退。嗣宪兵回营休息，又闻炮声隆，正在预□出队往剿，讵料兵匪复聚多人，轰开后门，蜂拥而入，与宪兵交战至三时之久，互有死伤。宪兵以人数过少，伤多难支，以致溃散。所有存营枪械子弹，悉被匪兵夺去，乃将民国分银行抢劫一空。现闻支部长梁持坚，司务长何玉春均无下落，排长彭启瑞、漆立德逃至饶州府郡，急电告警。李督阅后，召集军事会议，论令省城军警一体戒严，并发子弹万颗交警队，自五号晚间起，与军队负责严巡街巷，以防匪党□发，布置颇为严密。并派何团长钖圭督率所部，定于六号乘轮起程，往剿景镇巨匪，并调军队防范邻境，以免窜扰而保治安。惟该镇分银行总理谢某因为电报不通，于五号早间逃抵省行，报告被抢现款八万余元，官票五万余串，并谓官长多被戕害，匪党已举首领接管军队，以致乱势颇炽。非请大兵万难扑灭也。附警电两则录下：

电一。南昌都督钧鉴：景镇久雨水漫，一号晚间突有外来会匪，煽惑驻镇独立队中之同党，劫制溃变，戕毙范督带兄弟，拆毁电机，劫释监犯，连夜围攻宪兵驻在之宁绍会馆，射击多时，前后门均系深巷，匪以大炮堵塞，四围满注洋油火药，拟以全数焚杀。旁近商民泣诉投会。正惶骇间，匪首唐桂卿复拥兵劫持总协理自治会绅同赴伊处，肆意恫喝，野工游匪更扬言乘火劫掠。绅等处万难之际，踉跄往返，见宪兵子弹将竭，徒死无益，只得权宜哀恳，匪徒百端营救，宪兵出险，幸无死伤。该匪辰后即劫掠民国分银行，比晚二次向银行税局搜洗一空，商店王肇兴、宏发等损失尚无确数。天明饱载远扬，不知去向，余匪更到处抢抄，合镇闭市。敝会等联合筹商，公举携眷住镇之前二营队官郭炳焜，另募旧部百二十名，编成保商卫民队，为暂设机关，并激励三区兵竭力弹压，当场格杀数人，余匪纷匿，民始得更生。一切调查损失及善后事宜，除由县知事王明德会同详悉呈报外，谨将此次兵匪肇乱及权宜布置各大概情形，先电驰陈以慰□系，并恳迅派大兵，星夜前来驻扎，以安人心，至为盼祷。景镇商会吴简廷、陈庚昌，自治公所刘芑、胡钧、谢思言同叩。

电二。南昌都督暨财政司钧鉴：一号四鼓，独立队兵变。二号，敝局存局税款扫数被抢，委员与友眷孑身逃命，衣物等件，无一存在，专函随到，特此禀报。景镇统税委员汪龙光专人由乐平叩。

——《申报》1912年7月12日，第6版。

## 景德镇兵变始末记

景德镇兵变一节，已迭纪本报，惟嫌尚未详尽，兹又将此事始末详记于左，以见其前因后果焉。赣省饶州府属景德镇地方，向驻巡防队右路第十一营，管带程佩玉。自光复后，升为步队十标统带，月前奉令遣散，仅留一队，更名独立队，藉资弹压。经程统带保荐该标教练官范海滨为督队官。自接事以来，遇事认真，纪律严明，地方赖以安静，初不料其猝起变端也。查该队于乱前数日，□有两兵士，在花烟室打茶园，纠缠不已，被宪兵查拿押资，因此遂成仇隙。队兵常思报复，实有浔阳遣散游勇唐桂卿并张某三人，皆系洪江会匪，潜来镇地，结党谋乱，以冀恢复洪家势焰。而唐桂卿又曾充该标号令，与队兵甚为热识，肆意煽惑，暴动之谋益急。适七月一号淫雨连县，洪水为灾，居民正在惶恐之际，唐等遂于是夜一句钟时，混入范督队寝室，伺其睡熟，连砍数十刀，复至内房，将范弟一并杀毙。声言伊来光复景镇，随即手提血刀，带领多人，拥至驻镇赣省民国分银行，逼谢总理交出锁□，恣意搬取银洋。复至浮梁公署，欲戕王知事。王已闻风逃匿，劈开班房，放出囚犯。因内有司金标等，亦系洪江会首领，与唐结合，招聚遣散之兵，及洪会土匪千余人，名曰临时兵。唐自僭称标统，司、张等称为营长，商悬红布黄字大旗，大书“大汉重兴”四字，声势汹汹，遍街张贴四言告示，纵令所招匪兵三五成群，背负洋枪手□马刀，沿闻勒索，或三元、五元、十元、八元至数十元、百元不等。稍扫其欲，即拍刀比枪恐吓，合街闭市。该匪复敢派数百人包围宁绍会馆，拖出大炮两尊，排列门首，又拖水龙泼煤油，放火烧毙宪兵数人。商务自治议会观此情况，深恐地方糜烂，只得出为调和，力保宪兵出围。议令宪兵缴出军械，不能伤害。延至黄昏，□兵寡难敌众，遂将枪械扳坏，交付商会，各背包袱逃生。自宪兵离镇，匪胆益大，是夜到处掳掠，求子街抢恒发土店、宏发南货店，小港嘴抢襄兴油榨，再抢统税局□□踏板，搜掠一空。又在洋货店强要洋伞，又向五洲药房诈去定时表四只。此七月二号事也。唐等抢得多，贼心满意足。□畏省兵到镇，扑灭卷赃，挈妓逃往饶郡，被获枪毙。而新招匪兵见唐奔窜，均思趁此发财，复拥至银行，翻箱倒□，百般搜括［刮］。自清晨掠至下午，所有衣箱铺盖器皿什物，劫去殆尽。后抬大炮至警署，勒缴枪械，经杨警长喝令警士放枪格杀，两匪遂各鸟散。

——《申报》1912年7月21日，第6版。

## 赣省近事纪

景镇乱后情形。景德镇电云：南昌都督钧鉴：三十一号电敬悉。王参谋早已回省，商会总理吴简廷并未管押，其平日品端学粹，好义急公，素所钦佩。兹蒙免于深究，各界欣感。知事自前月三号出署，驻镇地方渐次安宁，时已匝月，以致征收减色，即日回署督催丁漕，以济军需。知事鳃鳃过虑，旦夕难安。又在该镇银根奇紧，市面恐慌，分银行钱票，由知事劝核通行。保商票有商会担任，惟临时钱票二万有奇，三次文电请示，未蒙解决，现已停用。当铺久闭，诚恐枝节横生。知事有地方之责，不能不据情详达，仰恳设法维持，以安民心。昨奉司法司电，敬悉。同知署腾出，惟巡检署已为校地，学生百余人，修理千元。司法固属急务，教育尤为前提。况景镇素无学校，今教育萌芽，经费支绌，一有迁移，现建甚难。而且地据中央，预为小学总汇，知事垫费提倡，煞费苦衷，固不足惜，该镇教育前途，不堪设想。现巡警中区合并支应局，亦系公业，均合法厅之用。若蒙允可，两全其美。伏乞电复祗遵。浮梁知事王明德叩。

——《申报》1912年8月12日，第6版。

## 公电

南昌实业司宣告收没瑞澂瓷业公司股本电。各报馆鉴：江西瓷业有限公司查有瑞澂名下之恕斋记及瑞记股款，业经没收，换给敝省公股股票，所有恕斋记及瑞记股票作为废纸，请贵报代登广告，俾众周知为荷。赣实业司曾贞叩。艳。印。

——《申报》1912年8月31日，第2版。

# 1913年

## 景镇瓷业请押借十万元

江西景镇瓷业有限公司总经理康达呈财政司文云：公司开办七年，所出物品，颇得中外之欢迎，而近来举国商场不振，因之货物滞消［销］，运转不灵，陷于危境，破产之忧，转瞬即是。伏念景镇瓷业，为我江西之名产，而公司实瓷界之模范，若不设法维持，听其消灭，不独前此之成绩，可惜公商十余万之股本将归无着，即我江西瓷业前途因之阻步。惟现际商界恐慌之时，欲筹巨款，实非易事，再四思维，不得不乞维持于公家。然当此财政困难之时，何敢援政府补助之条，干求非分。惟乞体念商艰，特别息借，拟以景、饶两厂之房屋及一切窑场不动产作抵，向民国银行息借英洋十万元，分五年支取，十年归清，而原借一万五千两之款，即于数内扣除。至于息率若干及分期交款之数目及一切条件，统俟与银行面订。务乞俯念公司之存亡，与江西瓷业前途关系密切，俯允所请，实为公便。

——《申报》1913年5月28日，第7版。

## 再续索取存款之纠葛

国润章（即已故前清督瑞澂之子国华）因本埠江西瓷业公司分销处不付伊故父存款，控经公廨传讯，因据被告律师到堂声称，前款系原故父存江西瓷业公司，与被告公司无涉，判候：函请瓷业公所查明前□存款应否被告负责，复到再核在案。□晚由廨复讯，先由原告代表律师上堂□称：前项存款共有三万七千两，仅收过一万五千两，尚有银二万二千两，催不付，是以控追至江西瓷业公司，与沪上分销处系属一家，今被告公司经理钱葆桢迄未到案，应请提究。被告仍由代表律师上堂辩护多时。聂襄判候传钱葆桢到案，再行讯核。

——《申报》1913年11月5日，第11版。

## 赣省查拿党人与匪首

景德镇之洪江千岁。景德镇洪江会首查老五、余金狗等，势焰日彰，爪牙遍野。前清时即开堂卖票，讹诈抢劫，今犹胆敢谋杀本邑罗知事，经派宪等缉拿，该匪纠数千人与官对杀，并派有探事匪首冯奴狗侦探外面情形，彼等家资皆由削民膏脂而来，已成巨富。闻已有人将以上情形，秘密上控都督府，乞为拿办。兹将所控姓名录下：冯宗旺，号九千岁，助饷万元。查老五，号八千岁。冯奴狗，号七千岁。余金狗，号六千岁。冯道凤，号五千岁。助饷三千元。冯祖凤，号四千岁，助饷三千元。冯斯义，号三千岁，助饷三千元。冯承龙，号二千岁，助饷四千元。冯梁生号一千岁，助饷二千元。冯宗生自治会总办。又冯作瑞、躬元、承祥、惟朝、作享、拾贺、躬逮、隆泰、来生，余昆梁、江浩、黄对善、陈有光〔商会副办〕、冯庆云〔景镇地保〕、冯执卿〔前清秀才〕。

——《申报》1913年12月10日，第6版。

## 抵店声明

启者：江西瓷业公司前由先父介绍，向合盛元票号陆续挪用规银二万二千两。去年合盛元歇业，遂将此项欠款由鄙人存款内扣除，并将公司欠据交付鄙人收执，由鄙人自向公司索讨，而屡向该公司索偿无着，于十月间禀控上海会审公堂，经公司董事出为调处息讼，议定将上海出张所所有存货及生财一切估定价值，作规银九千四百八十两正，并将公司欠兴业银行规银一千二百八十两先行划扣，其余八千二百八十两抵与鄙人。所有公司尚欠鄙人规银一万三千八百两，应由鄙人自向江西总公司索偿，用特登报声明。上海江西瓷业公司出张所自阳历十二月廿一日抵与鄙人之后，改换润源昌字号，由鄙人开张营业，所有公司从前往来账目及一切经手未完事件，仍由江西瓷业公司自理，概与润源昌无涉，恐未周知，特此广告。国润璋启。

——《申报》1913年12月21日，第1版。

# 1914年

## 禁止贩卖淫瓷案

九江瓷业以去岁兵乱，生意减色，群谋一维持之方法，特向景镇定烧大宗男女裸体瓷人，贩运来浔，陈列架间供人玩弄，以广招徕，且故为高价，每只须八九元。事为警厅查见，因关风化，特于前数日公函商会，请其转告各商，将是项裸体瓷人销毁，否则除没收外，仍虑以相当之惩罚。该商店置之不理，仍将各瓷人于旧历正月新开张之时，尽数排列架间。复为警厅李厅长亲见，特传饬一分署赵署员查实，带□罚办，并由赵署员在谱芳居、同昌、长德兴等瓷器店内，查获男女裸体瓷人三件。是项瓷人较之绘事春宫尤为妙肖，故将该店伙一并带往警□请示，由司法科吴淮君预审，贩卖淫瓷不讳，处罚洋五元，准其具不再贩卖切结省释。该项瓷人，亦经李厅长当众捽毁云。

——《申报》1914年2月10日，第7版。

## 江西瓷业公司之经过谭①

景镇瓷业，驰誉全球，由来久矣。惟以商计近利，工无学术，致□进步，外瓷输入，年盛一年，景镇瓷业遂陷于日趋日下之势。江西瓷业公司之建设，即以改良瓷业挽回权利为宗旨。开办以来，于今八载，由困难而臻稳健，实为景镇瓷业之模范。暇时辄与其经理人谈论困难之历史及补救之方法，窃以为有足供实业家之参考者，特分述如次：

① 本文作者是《申报》记者曳泥。“谭”同“谈”。

（一）忆中屡失之失败。外人喜古式，内地好新奇，此系瓷业家之通论。公司开办之始，即专力于此，一时颇得社会之称许。后至货物积滞，乃知此等物品，以罕见贵本非日用所必需，仅供富者之玩赏，少则可得最高之价格，多则必致韫藏而待沽。按件计利，虽属倍蓰有余，而销行不广，通盘合计，赢余实仅活资，坐滞，运转不灵，遂陷危境。今则制品注重普通样式，暂从习惯改良，则逐渐从事，不复持急进主义。而改办以来，销行极速，零星计算，所获虽微，统筹全局，赢余实厚。故于仿古求奇之品，以一局部为之，虽出品无多，转获厚利。

（二）直接监工之失败。工人满千，管理不易。其旷废也，不必游戏，只言笑茶烟，人旷分杪，合即旬日。其走耗也，不必怀挟，只原料用具，人损零件，合即巨款。纵有神智，稽查难周。现改为分厂包工计价分利之法，使人自为谋，工自为督，旧时旷废走耗诸弊，不禁自绝。

（三）改良过急之失败。见外瓷输入，额数日增，急起仿造，以图挽救。于是表里兼营，百务齐举，种种试验耗费，合计不资，迨至效有可期，则又力难为继。在西人营业，计远利不计近功，一切阶梯试验之资虽多不惜。我国人求利心切，一至旷日无功，则资难续集。现在顺势循序，俟一事成功获利，再以余利谋及其他，如此递推递进，庶无中辍之虞。

总之，欲求一业之发达，必先立定基础，然后进行。好大喜功，操切过急，皆取败之由。用人必须利害与共，始能得人之死力。仅计一己之利，不为人谋，则暗中损失实大。制品须从习惯稍加美观，若新异物品，明知可获厚利，非损失数年不能成。商路资本稍薄者，绝不可务此。如公司为抵制外瓷，仿造硬质瓷器及硬质陶器〔即通用之大餐器具〕，试验已有成绩，以资本不充，不敢实行制造云云。

按该公司计分两厂，一在景镇，一在饶州。以上所述，皆景厂〔在镇名景厂〕之状况。至饶厂以机代力，以煤代薪〔窑为德国式，以余干县石炭为燃〕，输彼西学，施诸实验。四千年来，开山伊始，工捷价廉，将操左券［券］。且于厂中附设江西省立陶业学校〔原名中国陶业学校，款由各省拨助，于民国元年改归省办〕，五易星霜。主事者为日本高等窑业科毕业张浩君。其他理化、图画、管理、簿计及铸瓷、压瓷、模型雕刻等实习各项教师，皆一时海内外毕业专家。学级分中初两等，收生不拘省界，又有艺徒一班，以养成职工。盖该公司之计划，皆从根本着想者也。记者识。

——《申报》1914年5月16日，第6版。

## 景德之瓷①

自鄱阳湖，溯昌江而上，闾阎扑地，万突刺天，以三十方里之地而聚人口至三十万，以工业而直接间接仰衣食于斯者数十百万。所奇者，手不假半部机械，口不谈半句学理，甚至目不

---

① 本文作者是《申报》旅行记者抱一。

识一丁字，惟恃天赋之聪明与材力，俾其业名闻万国，利赖众生。观于景德镇，谁谓中国人民生活能力薄弱哉！

景德瓷器之出品总额，当清光绪初年，仅数十万元，厥后渐增，最多时年四百万元。光复之际，商工停滞，辛壬两年独少，今则渐复旧额，年约三百余万元。

全镇烧窑户约百二十家，其燃料用木柴者八十余，用茅柴者三十余，窑主人专为人烧瓷以取值，他不问也。其出资雇工制坯、发烧、出卖者，曰做窑户。瓷业有三十六行之称，某户做某种器，某工制某种坯，若者碗碟、若者瓶罍、若者圆器、若者琢器、若者雕镶，若者精、若者粗，以至［致］某工用何法上釉，用何法施彩，各专其艺，不相通，亦不许相通也。下至为人烧窑看火者，为人运坯入窑出窑者，各名一业。

窑户不须大资本，有数百元千元即可开办，而获利厚且速，一二年间，千金可立。致所苦一事无把握，则烧窑成败也。旧式窑皆半环偃盖形，顶高二丈余，方开烧时，置瓷坯于匣钵，匣钵作扁圆形，钵钵相迭且相倚，其高抵顶。及烧毕开视，则若干迭已倒毁，且彼此牵掣，东倾西应，毁坯无算，相与顿足浩叹。苟此一事克有把握者，虽家素封而户金穴不难，而谈者皆归其祸于天，谓某户某户之发财，皆天佑之也。

景德瓷业之精，以分功故，而其同盟要挟，把持垄断，亦复并世无两。凡窑户雇工，皆包做其工资，论件数不论时日，所以奖勤勉也。乃相约作工不准过多。凡烧瓷家，多经三十六时乃成，俟其热度渐低运出，故隔五六日可烧一窑，乃约必隔十日方准烧一窑。匣钵中储瓷坯，大圆小圆，彼此容切，若稍稍加以配当，其容受当较多，乃相约不准满置，此已无理取闹矣。可恶者，窑户送坯于他户，以薄板条长丈余，阔仅四寸者，满承瓷坯，人各左右肩两条，颤巍巍行于狭巷稠人中，一触则板欹而坯堕，立召同业，一呼百应，蜂拥入肆论赔。此数十瓷坯之赔款尚有限，而合座茶酒，耗费无算，积威所致，使人人遥见瓷坯，立避三舍。记者始至，未及问禁，不之知也。但见夕阳西下，一白往来，私念此瓷坯也，非卖饼家以颀承筐可比，何彼工人不自珍其手泽乃尔？初不意其招人触损以取偿也。犹幸余举趾稍慎，不且闹大笑话。及今思之，犹心悸。

凡此尚与瓷业之进步无关，吾今更述一事，见风习之顽陋与骄横焉。瓷器施彩之普通法用绘画，而其特别法则用印画。印画者，渗颜料于蜡纸，作花鸟形，由纸以印于瓷器，此法功省而美观，实工业之一进步。向例只用之于略见烧坏之瓷器，以稍掩其窳楛。七八年前，忽有人施之于良瓷器，群工大哗，谓将夺绘画者生计也，罢工相要，甚至斗殴杀人，酿成大祸，而此功省美观之印画法，卒不得露头角于瓷工界。

其罢工也，至捷且普法，用竹片削之使锐，缚鸡毛于其端，逐户掷送，户各一片，名曰鸡毛报，见者立停工作，违之则犯众怒，其罚不用他法，但毁其全厂工作物，使不复能工作，故魁桀攘臂一呼，无敢抗者。

以是之故，浮梁一县，在前清号称难治，官斯土者，日惴惴焉，惟瓷业罢工是惧，而长官愈畏祸，工人乃愈骄纵。瓷业分三帮：曰都帮，旧南康府属都昌县人也，势力最雄厚；次曰徽帮，徽州各县人也；其余土客合为一帮，曰杂帮。此三帮之名词，已为社会公认，遇事则三帮取均势主义，而都昌以一县人占其全势力三之一，故人尤畏之。镇去浮梁城三十里，浮梁人恶此大工业之尽为客民占也，戏呼镇为租界，疾视之而无如何。

镇教育不发达。男女小学校仅三所，宗教亦不发达。天主、耶稣两教会皆殊萧索。工人工余，娱乐机关为茶肆酒肆、为娼寮，昔时则雅（鸦）片尤盛。此作工之客民，年终归春，三月乃集。客民多故，私娼独盛。工资高下，相差甚巨。最高者以一身兼受数家之佣雇，月可得数十圆；最下每日除三飡外，得数十文耳。

夫以数十万无教育、无宗教之人民，□于一地一业，焉得而不顽陋骄横，把持垄断哉？夫其生活能力之高度，与其顽陋骄横、把持垄断之高度，为正比例者也。此大工业果尚有改良之希望否乎？当于下回通信述之。

——《申报》1914年5月19日，第6版。

## 景德瓷之前途①

前书所述顽陋骄横把持垄断之恶习，近顷亦稍稍戢矣。前清末叶，利地方官之畏葸迁就也，愈迁就愈骄纵。今则惧一扰祸，兵队立开枪轰击，戒不敢动。故民国成立三年，未有罢工之举。十年以来，有志之士，受外界之激刺，竞言改良瓷业。皖南康君特璋，锐意实行奔走鼓吹之结果，邀一时官绅之赞助，得筹集资本，设瓷业公司于景德，设陶业学校于饶州，聘专门家，一方传习，一方研究。尝至饶州参观其学校，与公司分厂联络，备有倒焰或石炭窑与制坯上釉各种器械，足供实地之修习，并足唤起青年对于瓷工业之兴味，与其他实业学校设备不全者大异。公司设分厂于饶州，备试验改良，而其景德本厂，暂用旧法制造，以维营业，俟新法试验有效，逐渐改革。方初组织时，颇受制于一般工界，今则瓷工同业，种种苛条厉禁，惟对于公司特别通融，不加干涉，故如印画、刷画等施彩新法，公司采用有年，并无障碍。夫恶习渐戢，则改良之时代至矣；学校成立，则改良之机关备矣；公司成立，则改良之萌芽生矣。

论根本上之改良，第一在陶土原质之提净，与其配合成分之研究。景德现用之原料，产于江西之星子、乐平、浮梁、余干与安徽之祁门等地，其中含铁约百分之三四，故瓷色稍失之青。西洋瓷质含铁仅百分之一，故色白。若此之类，凡关于原料之改良，应研究者一也。前书不云乎，最苦烧窑无把握，往往盒钵欹倒，毁坯无算。盒钵以乐平耐火土为之，乐平耐火土，不惟粘［黏］力强，其溶［熔］度之高，在摄氏表一千六百度以上，而犹患溶［熔］解欹倒，设能研究改良，使之溶［熔］度更高，便无此患。闻外国溶［熔］度最高之耐火砖，有达二千度以上者。他若窑式之倒焰直焰，燃料之用煤用柴，于经济孰为便宜，于成货孰为精美，此关于烧窑之改良，应研究者二也。此外，坯之式样，釉之色泽，画之美观，何者为投合文明社会

① 本文作者是《申报》旅行记者抱一。

之嗜好，何者为投合一般社会之嗜好，凡此种种，陶业学校与公司分厂，正在一一实地研究中。

景德学校虽不多，有模范小学者，颇能用心研究教育，若于初步之小学教育中，加入改良瓷业之力法，使粗浅之知识与其技术普及于一般儿童，采用生活主义，多授乡土教材，固当为谈教育者所许，抑岂非改良景德瓷业根本之根本也乎？

——《申报》1914年5月21日，第6版。

## 景德瓷之里面观①

景德瓷在前清咸、同之间，售额常达五六百万，是为极盛时期。然瓷者，吾国唯一之实业，以与他国区区丹药，年亦售至数百万，较之已不可同日语。今则欲售至前额之半，已觉难得矣。光绪初年，尚有三百余万，前清末造，益觉凋敝，至今年而复盛，已有达到三百万数之希望，故今年瓷业大发达之声不绝于耳，一般瓷业家莫不喜形于色。余以冷眼观之，不觉有两种之疑问：

（一）瓷业复盛果有兴于吾人扩张国货之希望否？中国虽以瓷器名于世，而外人购中国瓷，实仅盖以习尚不□，用具自□，既不能适以所需，故普通用品，出口绝少。其为外人所嗜者，仅少数之仿古细彩之美术瓷瓶及模型人物两已，按件计利，所获虽厚，通年合计，为数实微。外人对于吾国日用常品，则加意仿造。余前年在南京，见日本瓷器，小至茶盅酒杯，亦莫不仿造吾图样式，虽现在消数不大，然不可不注意也。其他外瓷搀入夺去之利益，已不可胜数。

自洋瓷脸盆输入，景德镇之瓷脸盆淘汰矣。自彼硬质陶器之各种餐盘，输入各地之茶楼酒肆，不见有景德镇之瓷盘矣。近又得一警告，如输入之瓷，又增一种安南所制之桶壶〔置□□内所用之茶壶〕，沿边各省就近购取者甚多，预料景镇此项瓷壶，又将陡减矣。观此可知今年瓷业复盛，并非扩张国货之现象也。

今日瓷业复盛之原因无他，瓷器虽非消耗品，用者平均数年必购置一次。自前清末造，迨光复之后，伏莽满地，各处商店，均不愿贮有充分之货物，勉支门市，即不添贩，贩亦少数。今则经此数年之久，用者损失已多，商店存货益少，遂积成此大加运贩之一时期也！

（二）今年业瓷者逢此旺年，果能赚利否？今年贩客虽多，而坯房亦陡增四百余家，家数既多，则货难居奇，纵有厚利，亦觉分散。况工人只有此数，一时□能□加，已觉所供不给所求。而余干，星子〔该两县所出之白土，名为瓷业之主成分〕之价，较去年已高数成，成本则较重，售价则如故。而此数百家，其资本多半借贷而得，暗中已耗去几分之利息，欲赚厚利，不亦难乎？所最可虑者，尤为坯工。盖坯工思想卑鄙，欲望单简，所需苟足自赡，遂萌分外之念，家有隔宿之粮者，几不啻秦皇汉武之富贵已极，而求神仙如是，非理之要挟起矣。自光复

① 本文作者是《申报》记者曳泥。

之后，绝不闻有罢工之事，亦因瓷业衰败，坯房少而工人多，遂不得不安分以保其饭碗。近日考察各坯房之工人，皆已露骄纵之态，甚至有已罢工者。虽主人一变其平日严厉之态度，而工人恒性待之愈好而愈骄，稍有不慎，则鸡毛报一传，不浃辰[①]而全体之罢工成矣，可不惧哉！

虽然，小人怀刑，古今公例，地方官苟能维持得法，杜渐防微，不使其骑虎势成，遇有罢工之厂，即以严重之方法对付之，则此劫或可邀免。否则全体罢工之恶剧，再演于今日，元气未复之景镇，尚能收此巨创乎？余不暇为业瓷者计盈亏，而亟为吾国之瓷业前途危也。

——《申报》1914年6月22日，第6版。

## 景镇统税洋价争执之影响[②]

江西景德镇，自三十日发表部令，完纳厘税，一律改用银元，商人吃亏过巨，十大班连日开会议决，一律停止运贩。迄今四日，街上担夫已绝迹，而税局亦阒寂无人。商会以事关部令，未便抵抗，再三劝导。商人以受累太大，血本攸关，情愿罢业。此事若再迟迟不能解决，则景镇瓷业将不堪问矣。

（一）小窑户之倒闭。窑户固多资本雄厚之家，而认息借资以营业者，亦颇不少，借得四五百元，即能开设一家。盖客商货先有定单，照单仿造，瓷成即可兑现价，周转极灵。若此次停至一二星期，已成之货，不能易钱，周转即不灵，势必闭倒。即如今年新增数百家之窑，大都借资成立者，恐难免此巨厄矣。

（二）小客商之叫苦。小贩客商挟资数十百元，或货已买好，仅待包装，适遭此厄，则货价已交，所余仅敷川资，迟迟不行，将不免穷途之哭。或行装甫卸，尚未定瓷，欲买货则不知何日可运，货价交则旅费又罄，欲待不买，一经解决，则恐货价复贵，进退维谷，洵可叹也。

（三）大风潮之可虑。担夫卖力，日食仅足，扁担离肩，生计即绝。若再迟迟，无货下河，担夫非检扁担不可。检扁担者，担夫罢工之代名词。如是则此千百名之担夫，生计已绝，势不能不挺［铤］而走险。一经滋事，势必波及坯房，则坯房十余万无智无识之工人，素非安分之辈，不酿成最大风潮不止，则景镇尚可问耶？深愿当道速设法解决之。须知年来民生大艰，商业凋敝，万不能再受巨创也。

——《申报》1914年7月12日，第6版。

---

① 古代以干支纪日，称自子至亥一周十二日为“浃辰”。

② 本文作者是《申报》记者曳泥。

## 景镇瓷商之大打击

今年景德镇瓷业之发达，为十余年所未有。正在兴高采烈之际，陡来猛剧之打击，即统税完纳，一律改收银元是也。前此完税十成内可搭官票三成，此项官票银元，一元可换一千六百文，余七成如系银元，则照市价折钱，铜元则照数计算。前日忽奉省饬，于七月一日起，一律改收银元，一元仅作价一千二百八十文。现在市价每元换钱一千三百五十余文，按照市价抑短近百文。上月二十九日，该镇商会曾往税局交涉，局长以事关通□，只可遵照办理，于七月一日实行。各班瓷商以如此办法，明亏耗折，损失过巨，当此商业凋敝之秋，万难受此巨累，而商会再三交涉，亦竟无效。不得已通告全镇瓷商，自七月一日起，无论大小客商，一律不许运瓷出镇。此事一日不解，决即停运一天，刻商会正在设法排解，未知其结果如何也。

——《申报》1914年7月13日，第6版。

## 景镇人民与商会

江西景镇今年瓷业之发达，为数十年来所未有。开工之始，工人以坯厂陡增，稍露骄纵之态。幸有宪兵一连驻扎本镇，于开工时，每日派遣兵弋在□坯房日夜□巡，罢工风潮乃不敢逞。方谓本镇厄运已过，而不料又遭加税之打击。自一号起，商客停止购货，已三星期之久，全镇已大呈恐慌矣。商人以七月一号所行统税新章，未免过苛，正在哀号呼吁之□，忽闻商会之欢欣鼓舞声。盖袁、黎二总统以景镇商会于辛亥光复及去年赣乱，有维持市面拥护中央之功，特以“拱卫国家”四字匾额颁送来镇。商会得此喜信，连日赶即扎彩悬旗，于六日匾到，各会董皆伫立恭迓，各商店□送鞭炮至百余万之多，真可谓兴高彩［采］烈矣。

——《申报》1914年7月25日，第6版。

## 战事影响中之赣省瓷茶①

景镇今年瓷业之发达，为数十年未有之盛。自欧洲战事发生，汇兑不通，银根奇紧，倒闭钱庄三家，市面极为恐慌。幸商会向赣省银行借得票洋八万元，藉以补救金融，稍形活动。汇兑近虽通行，汇费则每千陡涨四十余两，加以日前某商运瓷出口至青岛，忽被扣留，故各处纷纷来电，停止购货。现在除已付过定价，尽数取货，已不再添购一文。北京字号九家，昨已一律来电，停止收货，资本不足之厂，已大半倒歇。全镇工人至阴历七月十五日罢业者，约在二分之一以上，即资本充足之厂，亦仅可支持两月。似此情形，若延至两月以后，景镇将不堪问矣。（后略）

——《申报》1914年9月9日，第6版。

① 本文作者是《申报》记者曳泥。

## 景镇琐谭[①]

一、铁血团。江道士，为本镇次于波之巨匪。江波已拿获解省，江道士于去年春间因□案拿获，秋间越狱逃逸，屡缉未获。日前忽被警探瞥见，跟踪至一小巷，该探因知其近来党势甚大，未敢下手。即报告知事会同兵警于当晚三更时在宅拿获，并搜得新式炸弹二枚。知事讯至天明，始供得去年越狱后，复至上海与铁血团联络，担任招纳鄱湖一带匪徒，预起事。江即景镇铁血团主任，在沪时会曾领得手枪十二支炸弹二枚，因关津搜查甚严，过南京时，已将手枪抛之江中，仅带来炸弹二枚。此次来镇，因前在鄱阳石门街劫抢被乡团杀毙兄弟十余人，□来招集党徒前往报复，并供出在镇同党十余人，故连日侦骑四出，以期悉数缉获也。

二、统税局。景镇税局本以瓷为正宗，自欧战发生，瓷业凋敝，税局收数因之大减，月来不足比较之数，几达二分之一。局长胡挺生到差后，大为焦急。向例瓷器过卡，不逾三百文之税率一概免抽。自景镇他往之客，无不带有零星小件，以应备用，自非贩卖可比。若瓷器过多，面未完税，则或收红钱，或照章三倍处罚。胡局长则一律改章。不论瓷件多小，遇有新瓷未经使用者，一概作为私货，不问皂白强迫搬上坐船，一船被收之瓷一二仝不等。不谓集腋竟可成裘，自此法实行以来，未及一月，收得瓷器已达三百余担。近则坐船瓷器，每十日必搬运一次到。闻此项瓷器不久即须设法出售云。

三、县衙门。浮梁县署向在县城，镇中则另设行署，以收发员驻之，其他刑钱各席均在县中，知事亦时时往来两间。惟县城僻处山阪，人民朴素，政事单简，知事在县几可长卧高阁，镇上则市面极盛，事亦繁剧，诉讼案件十倍于县城，即烟土罚款一项，每月有数达二千以上者。若前□知事□城□，诉讼小案多由警局处理，罚款尤为警局之专利。现任陈安知事有鉴于此，特于上月禀请上峰移署驻镇。县城设一征收局而已，□城□人民诣署较远，实则仅二十里之遥，其他各乡到镇到城，亦无甚远近之差别。况镇上工厂林立，人类□□，警察关系尤重，故本月一号已实行将警察归并知事管辖。并闻刻已奉准省令，从此浮梁县署永远改驻景镇矣。

——《申报》1914年11月19日，第6版。

## 景镇之公债谭[②]

江西景德镇公债，原定三万元，复核减至二万一千元。本镇虽受欧战之影响，然以商务之大，富贾之多，区区二万之内债，当不至甚难，而不料已怨声载道，则官长之未能切实劝导，富绅之未能先行提倡致之也。

本镇商家之组织，向分三大帮：〔一〕窑帮，烧窑户与坯厂属之；〔二〕徽帮，安徽各属商人属之；〔三〕杂帮。安徽以外各地商人属之。向来对于各项捐款，由三帮均等承包，如庚子

---

①② 本文作者是《申报》记者曳泥。

教堂之赔款，即先例也。此次募债之始。地方官亦颇以内债与派捐不同，亦曾开会一次，拟从事劝导，自由应募，并拟先请各首富绅商先为提倡。讵镇绅中之卓卓者，□半富贾，乃以如此办法，则彼不能免多数之担负，未免有□绅士之权利，而违背其担任绅士之初心，遂将前议极力打消。故结果仍以旧法三帮均派，每帮各承包七千元。

窑帮派法，烧窑户以柴为比例，坯厂以工人为比例。窑帮承包之七千债票，已将近缴足。惟徽帮、杂帮，除钱业、布业、洋货各商家外，尤多小本经纪，资本之多寡，又不能如窑邦有一定比例。故凡有一店，虽资本极少，均有派购三数元之义务，而某机关之最大富绅亦仅派购五元而已。

小民无知，至误认内债为捐款之一种，为首之人，又吓以官威，遂使吞声忍痛勉强承认。一时无钱可缴，则临门催逼，如催榷然。小民无辜，罹此痛苦，内债之性质，岂竟如此其苛耶？呜呼！国家之信用，将损失殆尽矣。

——《申报》1914年12月2日，第6版。

## 景镇瓷税之萧条[①]

江西景德镇统税因欧战影响，瓷业凋敝，收数为之大减，日前局长胡挺生具详财政司：略谓局长到差以来，力除积弊，整顿税务，原冀收数畅旺，藉资挹注。无如时局变迁，有非人力所能挽回。查景镇统税每年新定比较二十九万七千四百八十五元，而瓷税一项，则居十之八九。诚以景镇本为产瓷之区，而各省商贾云集于兹。自改为统税以后，各商即分立十大帮：曰宁绍帮、曰关东帮、曰广帮、曰粮帮、曰川帮，曰苏湖帮、曰皖帮、曰芦合帮、曰丰西帮、曰鄂帮。而鄂帮又分为同信、同庆、孝感、麻黄、三邑、良子、马口等帮。而十大帮之外，则有古南帮、湖南帮、广帮，销路尤在外洋，以暹罗、星加坡、南洋各处商务最大，□使各处金融流动，本无短绌之虞。乃自此次欧战发生，各省商贾纷纷裹足，纷纷停办，即有办者，亦因金融恐慌，汇兑阻滞，相率停运。向之瓷商来镇办货者盈千累万，今则什不及百矣。现在全镇瓷业萧条，窑厂已多停闭，因此局税收数较之上年几有一落千丈之势。长此以往，则税项为收入大宗，不能足额，其如三月比较何？此文去后尚未知财政司及巡按使如何办法也。

——《申报》1914年12月25日，第6版。

① 本文作者是《申报》记者曳泥。

# 1915年

## 江西瓷业之荣誉[①]

景德镇江西瓷业公司开办以来，在股东虽未尝获有私利，而对于国货改良，抵制漏卮颇具明效。盖以全镇瓷厂，皆个人营业，财力不厚，制造品物，仅能墨守常轨，不敢稍改旧观，故景镇瓷器之败，遂为社会所诟病。自改革后，御用瓷厂取消，不仅新瓷无出，即各种康熙、雍正、乾隆诸古式美术物品，亦几失传。该公司有鉴于此，故一方面仿造洋瓷，抵制外货，一方面仿制古瓷，销行各国。至于普通用品，绘书改良，样式翻新，均足为一时模范。政府昨特颁奖"艺精埏埴"[②]四字匾额，方于今日午刻，由浮梁县陈知事率领保□队全队，用军乐前导，送匾至瓷业公司。全镇各行政机关，地方公团及各会馆瓷行客班前往致贺者五百余人。匾额至公司，首由经理张浩率领公司职员恭立门首，迎入悬挂后，行政长官及各来宾依次向匾额行礼，向经理行礼，举经理复一一答谢。各瓷商见此情况，皆欢欣鼓舞，成以改良瓷业，畅销国货，互相观勉云。

——《申报》1915年2月18日，第7版。

## 景镇恩关谭[③]

景镇瓷商，每届腊正两月，运瓷过卡，向不完税，是为每年一次之恩关。名为邀恩免税，实则恃众要挟，此项偷漏，每年不下五万余元，此习由来已久。每届年关，则沿卡而上，泊聚瓷船四五千号。至除夕，各船同时开行，一面鸣锣呼啸，声称皇恩免税，闯关而过，税员视此，徒唤奈何而已。

前清季年，每年腊月中旬，则以木排横锁河心，而驻兵于两岸。瓷商知不可以强迫从事，各帮乃各举代表，向税员苦告，遂有大船八百文，中船四百文，小船二百文之规定，然除夕之鸣锣闯关仍如故也。

此项恩关瓷商，皆系杂帮，并无正式号货，奸商反复无定。光复之初，又闹□关。二年度，经税员传集各帮代表，通盘筹□，视货色之优劣，定为八成、七成、六成等级，分别完纳，共约缴钱一万千文，遂由各帮代表环具切结。至年底又闹恩关，结果由省行政公署特派专员办理此案，此案计缴税亦仅万二千余文。在税员表面虽迭经整顿，实则每次恩关，其贿金无不超过缴税归公之款。

---

① 本文作者是《申报》记者曳泥。

② 埏埴（shān zhí）：陶器。用作动词，则是和泥制作陶器。

③ 本文作者是《申报》记者曳泥。

现届四年二月，即旧历腊月正月之间，沿卡瓷船已泊聚三千余号，幸景镇驻有军队，各瓷商犹未敢公然闯关而停泊不行，每日派人向税员要求免税，几有非达目的不可之势。该税员则切实开导，并谓即闯关亦不阻止，如欲完税，必须遵照《二年度成案》，切实查数目货色，以七八成分别完纳，否则惟具结之各帮代表是问。现省中专员已于日昨到镇，惟细察此案之现状，非至三月初不能有结果也。

——《申报》1915年2月27日，第6版。

## 景镇恩关续纪[①]

江西景德镇瓷商，因取消恩关，致有瓷船数千余号停阻。该处多数船商，因税员不肯通融，迭次派人赴省诉愿，亦无效，只得照章完税，陆续开行。惟鄂帮船数占各班之半，约二千余号，尚停泊景镇无行意。

查每年恩关之原因：（一）以历年习惯相沿成例；（二）以恩关瓷商皆自运自售，与转运号货之船商不同，故有自卖船之名。而运售瓷器，每年仅有一次，其货色亦为最劣之品。如全镇瓷厂每年提剩之脚货，为正式字号所唾弃，若至年终，积下之数，亦颇不少。此项脚货，全恃恩关客商为消［销］路，其价最低，故完税亦不能以平常之货色论也。

恩关不通，于钱庄、瓷厂尤有关系。盖此项瓷商无甚资本，全恃信用以为周转，或直接向瓷（厂）赊货，或由钱庄代出期票，约至货售之时兑价，此项总数亦不下十余万元。恩关货兑价约在仲春之际，即各厂开工时，正好以此为每年开工之费。今则时已初春，恩关未通，故钱庄瓷厂无不大为恐慌也。

三号赣巡按使抵镇，恩关瓷商及瓷厂钱庄均以联带关系，前往诉愿。巡按使以国税所在，应一律照章完纳，而瓷商则以货色既劣，利息有限，万难照纳。此事尚不知如何结果也。

——《申报》1915年3月13日，第6版。

## 景德镇三年度之瓷业[②]

景德镇瓷业，去年春间开工之初，坯厂加至数百，各帮客商定单，亦无不超过往年之数，瓷业复盛，哄传一时，方谓数十年来冷淡之商情，将于此而一振。讵料天地不仁，欧云起，战端既开，波来、东鲁，或以银行闭歇，或以交通阻滞，金融紧闭，客路不通，而景德镇之商情，乃一落千丈。迨青岛战罢，始稍稍规复。至今日调查销数之总额，乃在三百万以下，尚不及二年度之销数，尚何复盛之足云乎？兹将三年度该业之各种情形录下：

坯厂。坯厂之数虽有四百余家，而殷实之户不及半数，多以客□之盛，遂不惜借资经营。

---

①② 本文作者是《申报》记者曳泥。

而客商定货，其价每多预兑，纵有尾找，亦皆于□□缴齐。故业瓷者虽资本不足，尽可借资客本，出货稍多，即可周转。自欧战发生，银根□紧，客本已不可恃，勉强支撑，只有认息添借，其结果销货不多，虽殷实之户亏蚀有限，而借资之厂无不大为赔累矣。

烧窑户。烧窑户者，专受坯厂做成之瓷坯而烧成之，其法照进窑之数，按件计价，窑内虽有倒匣破烂者，烧者不负责任，故烧窑只须柴价低廉，即不难获利。惟成本较大，不如坯厂之四五元即可开设一家。盖以窑及窑屋之租金、押金及囤柴各项，须六七千元乃可烧窑一座。去年因欧战发生，柴客恐烧窑不多，不易销售，遂不得不贱价以售，故去年柴价之低廉，亦近来所未有，烧窑户乃因此大获利益，其获利最高数之窑户，有达至八千元以上者，亦从来所少见者也。

客帮。近十年来时势不靖，各帮客商故未尝购有充分之货额。迨至去年，各地颇觉安谧，故客商以为非大加采购，不足以供当地之需求。迄欧战发生，各帮乃大受影响，而受创尤巨者，以关东、天津等帮为最，盖因该帮之销路在山东烟台东省一带故也。关东帮之"天有庆"者，为该帮最老最大之字号，已因银根之牵制而倒闭矣。其他如四川、湖北等帮，虽未受直接之影响，而各处金融不灵，川汉间每千两涨至三百两之汇水，亏折亦实不少。至广东帮以外洋为销路者，受亏尤巨，尚以宁波帮薄有所获也。

杂帮。杂帮在十大帮之外，即湖北之孝感、马口、良子等帮，平时无甚交易，全恃每年一次之恩关稍可获利。去年财政机关，以国度已改，决定革除恩关陋习，商人以利之所在，始终希冀。每年恩关货出口之期，总在阴历元旦前后，今则迟至本月中旬，始陆续照章完税开行。而去年恩关瓷数，仅前年之半数，乃税局之收入，较去年多至三分之二，开行之期，较往年迟逾一月之久。以税局溢出往年之数及此一月在镇之销［消］耗，通盘筹算，平均每担之货，已增加成本一角有余，而售出之价目不能骤然增加，则获利恐更不易矣。

——《申报》1915年4月4日，第6版。

## 赣巡按巡视景德镇后之布告

江西戚巡按使至景德镇考察后，发贴布告云：浮梁剧邑也，景德为浮梁重镇，现在该县官军警与绅商工各界和衷共济，学风端谨，民风朴厚，本使考察之余，殊为嘉慰！所望互相劝勉，人人有公德心，以浚利源而复元气，本使有厚望焉。兹将应整顿，应奖惩各项开列于后，俾众周知。特示。

一、该县以瓷茶为大宗，瓷尤擅长古今，著名中外。乃近来洋瓷充斥，固由于国民不知保存国粹，抑亦洋瓷价廉而色美，引人悦目之所致。然吾国瓷质，全球无可比伦，而乾嘉以前，制造绘画之精妙，欧美艳称，不惜购以重金，优胜之理自在。业此者宜分普通用品、特别用品，投时所好，而不失耆旧之典型，斯为得之。本使于鄱阳陶业学校岁给公款，冀多得学生，以振兴陶业。有人谓陶业学校设在本镇较为方便，本使亦所赞许。世谓陶业绝技，不肯传人，其实非也。延之为师，则声誉日隆，必以授徒为乐。况近在本镇，教员钟点无碍谋生，而业瓷者，其子弟于瓷本耳濡目染，且大都入高等、初等小校者，毕业后加以专门之造就，即将制造绘画为实地之练习，必事半而功倍。该镇如其议办，公款不足，本使当挹注于省垣，以资提倡。或谓办学校不如以御窑厂变通而恢复之，立陶业模范，否则二者合而为一，以御窑之模范，参学校之练习，本使择善而从，无成见焉。至瓷业之不能廉价，柴贵途远，亦一原因。顷据商会抄送前清种植公司办法，若照此说帖简章，略加修正，仍官商集股合办，商如乐从，官必赞助。本使所以为瓷业谋者，当加意于以上两端，该知事其与商会暨各帮□事筹之，他若吾国茶业不振，由于焙茶制茶之未善，该商能与各路茶商联络，以厚其力，互相研究，方有办法。昨有方挹芬等禀称：鄱邑枧田街等处山场，产柴甚富，足供烧窑十年之用，而为八甲吴姓阻截河道，致碍船运，此必有故。应饬该知事约鄱阳知事，访悉实情，妥议办法，俾吴姓乐从，柴船亦得以通行，庶为两全之道。废弃之碎瓷，堆积岸畔，日积月累，水涨则漂流数十里，致河道淤浅。现在已觉可虑，年复一年，将来必为大梗。闻前清曾有浚河经费，如何规复，以维公益。冬季窑工停止，其无家可归者，实繁有徒，得藉河工糊口，亦一举两得。该知事与商会注意。

该镇为各省数十万人所萃聚，奸宄易伏，稽查良莠，最为先着。人心本善，良者千百，其中莠者一二，然一二人之莠，即足以扰千万人之治安。闻窑坯红店各工，良莠不齐，莠者往往潜匿于窑坯红店各处，警察有责，何能置诸不问？乃平时既不举发，每遇拿犯，恃众抗拒，殊属不知法纪。现在本使会同将军办理清乡，岂可徇情容隐。仰该知事速订《管理规则》具报，此后查出有庇护窝留情事，一并严惩，如肯交出者免坐，以维该镇秩序。

二、民生国计。二者必须兼顾，本使望瓷业之改良，为民生也；严恩关之取销，为国计也。饷需浩繁，财政枯竭，统税断不容短绌，岂可别生觊觎。各帮深明大义，惟鄂帮哓哓不已，甚至瓷已上船，相率观望。则彭、曹数人误之也。除禀词早经批驳外，即责成彭、曹数人赶紧开导纳税，前行各帮，勿受彭、曹数人愚弄，该彭、曹数人毋再存包揽中饱之私图，致干拿究。

三、该镇警察最关重要。形式与精神必须兼备，人数不宜过少，现仅二百余名，尚有鞭长莫及之虑。经费各项，以铺捐为大宗，闻每年认真办理，可得钱二万余千串。自裁去练捐三千余串，改为派员经管，较有起色。然委员司巡，每年须耗钱一千五六百千，益以小洋铜元补水抵扣暨应酬酒水各费，又钱六七百千，殊嫌浮糜。计不如警捐征收处裁撤，酌留司事二人专司收款，可节省钱一千七八十千，藉以添置岗位，增加警察，保本镇之治安。已分函该知事暨商会议定具报。未完。

——《申报》1915年4月6日，第6版。

## 农商部注意景瓷[①]

江西景镇瓷业，自乾嘉以降，渐次退化，近来提倡改良者，又多局于美术一面，不知普通用品价廉用广，其关于瓷业之盛衰尤巨。昨农商部特电景镇商会，略谓瓷陶工艺，吾国发明最早，故泰西各国咸称吾华为瓷国，宋以前无论矣，明之成化、万历，清康、雍、乾、嘉，代有提倡。西人之重华瓷，以其质坚而洁，久益润泽，有宝光，非若洋瓷之硬度既低，用久则毛糙垢黑，且虽白色，实含毒质，遇酸尤易侵蚀。但常人购用，不加深察，取其适观趋时，尚价值低廉，以致利权外溢，国货日落。通行洋瓷，尤以杯盘茶具为大宗，下至溺器一项亦年增，一年进口之数，亦达数百万金。而中国各瓷业公司则注意于美术品，至普通品窳败如故，价值且昂于洋瓷，欲保利权，势有不敌。为改良计，宜从普通用品着手研求，所以省工之法，以轻成本，加白釉色，改良绘事，以美外观。再造印画及瓷砖等，以造时尚，开未有之源，节外溢之流云云。商会得电，当已布告于众，诚吾镇瓷业家之当头棒喝也。

——《申报》1915年5月15日，第6版。

## 九行罢工之无理

九行头者，即各色匣厂窑□及瓷行各种职工之统称，其中匣厂尤以蛮悍著名，而本镇商务既大，妓寮尤盛，上等妓寮，皆开设于匣厂左近，皆吾人度之。该匣厂泥首垢面之苦工，得此莺俦燕侣之芳邻，纵非秀色可餐，而粉红黛绿，当可以为该厂之白土黄泥生色，则匣厂工人护花铃之责，当无旁贷矣。乃计不出此，骤作恶剧，不知罪孽，时有摧残芳菲之事，而娇弱花丛不堪蹂躏，为乞怜计，遂于每年醵若干金以为工人寿。不知何时九行头中之他八行，以九行既有相关之休戚，应享同等之利益，遂定为每年妓一名，则出洋九元，以为九行均沾之利益，每年共计一千余元，由来已久，尚觉相安。近则已开抽花捐，该妓寮已有享受法律保护之权利，欲取销［消］此无谓之耗费，此项陋规遂为官厅所知。知事以该职工无故收捐，实属讹诈，为化私为公之举，提充警察之费。工人等明知无理可说，恨恨而已。惟匣厂尤不甘心，以破坏妓寮之心，说挽回风俗之话，呈请知事将妓寮取销［消］。知事既洞烛其奸，见如此无理取闹，遂以大笋片饷之。讵该工等不责自己，怀意不良，反谓忠而受责，匣厂遂一律罢工。此外各行，因匣厂牺牲两股，原为九行，遂亦相率罢工以报之。闻知事已定，有正当办法，勒令开工。所幸目前瓷业尚不发达，当无甚碍也。

——《申报》1915年5月26日，第6版。

① 本文作者是《申报》记者曳泥。

## 景德镇砖匣两厂尚未开工

本镇九行头因争妓馆陋规致起罢工风潮一节曾记本报。今则除砖厂、匣厂两行外其余已经继续开工。推该两行未开工之原因，缘该两行工人多系由农而工者，去工厂而入亩仍属旧业，况此时正西□有事之时，否则罢工已三星期之久讵能不作而食乎？至该厂之所以如此决裂者，盖其事始发生时该厂以呈请取销［消］妓馆为词，目的虽在争陋规而手续自谓正当，不蒙受理而遭重责，犹复枷锁其人押游妓馆，故该工等以此为莫大之奇辱。该厂既自以为持之有故，言之成理，故以罢工之要挟，冀恢复其不规则之权利，至今犹无开工之意。砖厂更于前晚将厂中小棚十余所一炬焚之，以示破釜沉舟之决心也。

本镇瓷业系分业工作，各种工厂有相互之关系，实如一完全有机体，牵一发即动全身者。瓷业虽初时不甚畅旺，而每年成例，各工厂均以端阳节为加增充分工作之期。该厂停工已久，今则渐露恐慌之现象。盖匣者为装置瓷坯入窑之器，无匣钵则坯不能烧，而坯厂受牵制矣；无坯则烧户亦无可烧，而成瓷之源绝矣。驯至瓷土之担夫，窑柴之担夫，下瓷之担夫等种种副业之职工，纵不愿罢工，而不得不休息矣。以此等数十万之工人，悉入于无生计之途，其间情形，殊难问也。

此种恶剧，若果演成，则不仅工商将受其困，即瓷税为本省财源之大宗，瓷业既停，税于何有？其关于本省财政，尤非浅鲜。现闻该县知事正在设法挽救，而该工厂亦已赴省上控，若果相持不下，其结果实难推测矣。

——《申报》1915年6月8日，第6版。

## 景德镇商会开特别会纪事

上月三十日午后五时，商会见匣厂罢工风潮坚持不变，影响全镇，关系绝大，特聚集全镇绅商各界，邀到匣厂工头，开会劝导。首由会长吴君致以恳切之慰词，略谓：尔等此次受此大辱，地方各界无不扼腕叹息，无如匣厂再停数天，全镇将不堪问，为保全镇□起见，不得不奉劝尔等委屈迁就，以开工作。并谓如果相持至全镇摇动之时，则知事为地方计，不免加以不可思议之罪名，彼时本会虽明知尔等处于覆盆之下，亦莫可如何，则尔等悔已莫及矣等语。工头等乃谓：此事本原因于呈请取消妓馆而起，工等小人言轻，既不直于官，诸公领袖地方，为官所信任，若能设法将妓馆取消，则工等即可开工。若谓恐无花捐，警费不足，然花捐必非妓女所带来之钱，亦不过商家间接所纳者，诸公当能以他种方法抽捐，以补此款，否则工等受此枷锁押游妓馆之奇辱，必请官亦将妓馆龟头押游匣厂，以洗此辱，则工等亦可心服也。会长答以取消妓馆，将来或可办到。至枷锁龟头一节，殊无理由，以尔等之被辱，非出于龟头之控告，乃知事所为也。工等乃谓：官既可以无故将工等穷辱之，亦何不可以无故施之龟头，岂工等之身分尚不如龟头耶？果不如龟头者，工等只有弃此贱役而去耳。若惧有非分之罪，则工等即刻返乡，以从事耕耘，退为农民，当可无罪矣。若业农犹不免于罪戾，则田间农民其数甚多，工等亦何恤焉？嗣经商会诸君反复辩论，而该工等不可理喻，仍不得要领而散。

——《申报》1915年6月9日，第7版。

## 国瓷模范厂成立纪[①]

江西景德镇原有御窑一所，自前明万历年间开办，迄于有清，专造进贡呈瓷，以供皇家之用，每年所费国帑十余万金。在昔专制时代，以皇帝之尊，用此本不为过。况吾国之瓷，在乾、嘉以前，固多精良之品，而道、咸以降，民厂出品，则逐渐退化，其间能保持历代古瓷之精华，流传不绝，使今日得以摹仿者，皆御厂之力。盖美术古瓷成本甚大，民厂无此厚力，御厂则非营业可比，乃绝对以美观为目的者。故花样则不厌精良，成本则不计轻重，亦吾华国瓷之砥柱也。

民军起义，御窑停办。历朝贡瓷留存之底样，为种种军政府瓜分净尽，原料器械，荡焉无存。故近年屡经赣当道之筹划，欲就御窑开办模范工厂，均以仅有空基，未能成立，其事遂寝。今中央以提倡实业，断非一纸空文所能有效，而急宜维持者，尤以瓷业为最，故早有国厂之议，只以财部无款，一时未能实行。兹经九江关监督兼陶业监督郭葆昌[②]之建议，决就御窑基础改办，而国瓷工厂遂得以成立焉。

郭监督于瓷业本有经验，景镇情形，尤为谙熟，并闻此事之成立，并不隶于财部而直接于总统者，开办资本，拟定五十万元。大概办法，约分两种：一为国用者，不惜资本，专造精美及仿古雅瓷，为对于各友邦赠品之用；一为营业者，则仿造新瓷，以趋时尚，务求价廉易售，以扩张国货。至其详细组织，须俟郭监督至镇调查清悉，再行赴京请示，方可确定。并闻郭监督不日即行来镇，开办之期，约在八月间也。

——《申报》1915年7月18日，第6版。

## 江西瓷业公司合并御窑之先声

江西瓷业公司自前清丁未成立，定股本四十万元，设总厂于景镇，从事制造，设分厂于饶州，研究改良，一切布置，悉依四十万元资本规画［划］。迨后所收股本仅十六万元，以十余万元之实力，支持四十万之规模改良，工作又复兼程并进，搁积甚多，暗耗颇为不少。辛亥光

---

① 本文作者是《申报》记者曳泥。

② 郭葆昌（1867—1942），字世五，号觯斋，河北省定兴县人，著名古瓷学家。早年任职于北京西安门古玩铺。1916年出任陶业监督，赴景德镇烧造袁世凯登基御用瓷。

复，工厂驻兵，赣乱、欧战相继迭发，客路停滞，加以借银扣息，种种损失，前资已罄，后不为继，营业不畅，职是之故。

自去年改用包工办法，工头各自督作，公司坐收毛利，现在实力每年可出货二十万元，公司可得毛利二万余元。但若作二十万之交易，非十万成本不可。该公司现在计划筹款之法，不外或招股，或借债，或请求补助之三途而已。际此时势，经济维艰，三者无一非易与者。该经理将商之陶务监督，收归官有，或官商合办，亦属维持之一法也。

归官办之计，尽在公司免筹款之劳，而前途发达，或尚可期，改良目的，或尚可达，固非失计。为官窑计，现在仅余空屋，窑炉器械荡焉无存，与其从新建设，旷日需资，何若因公司已成之基，事半功倍。且官窑意在创立模范，诱起将来之企业，则该公司自在提倡之中。故亦未始非两得之道也。陶务监督业已来镇调查一切，俟计划略定，即行赴京商定开办。该公司经理，亦于日前来镇，与陶务监督商订条件，事务就绪，尚须报告股东，会商定妥。闻此办法，已得一部分股东之赞同，则不久将见诸实行矣。

——《申报》1915年8月14日，第6版。

## 景德镇陶务之维持办法

农商部呈《拟议维持景德镇陶务办法》文云：窃本部承准政事堂交景德镇陶务监督郭葆昌《调查陶务报告》一件，奉批交农商部等因并据该监督详同前由到部。查景德镇瓷质优美，冠于全国，出品精良，久驰中外。祇以前此官窑督率未得其人，办理不尽合法，一切故步自封，遂无成效。而专重贡品，不注意于普通器具，尤为该窑不能发达之一大原因。该监督此次调查报告，至为详尽。所陈第一办法，就窑厂原有基地房屋收回，重加组织，立全国窑厂之模范。一以仿古制造之精进，一以求普通用品之改良等语，诚为整顿陶务之上策。惟名为模范，规画须宏，欲求改良，端资考察。现今国帑支绌，尚未有此扩充之财力，欧战未停，派员考察，亦多窒碍。此项计划，目前自难实行。本部再四思维，现惟有责成该监督将前清官窑原有基地厂屋一律收回，量事修葺。所存该处县署、会馆等瓷胎瓷样，照册点收，妥为保管。其现有工匠，仍令照常制作，使无废业。此为暂维现状，徐图扩充之计，□以保存原有之官物。

静俟将来之时机，庶于保守之中，仍寓进取之意□，即与该监督所拟仍以官窑名义，就窑厂组织之第三办法无甚大异。至所拟第二办法迁地以谋发展一节，容俟陶务扩充时，再行相度地势，妥筹办理云云。已奉批令准如所议办理，即由该部转行遵照矣。

——《申报》1915年11月4日，第6版。

# 1916年

## 景镇瓷业之现状[①]

景镇瓷业，自去秋欧战影响，陡形顿挫，洋庄各班大为凋敝，而国内南北各班尚无大损失。至去冬恩关取消，商人以习惯已久，争执两月，未能恢复，离埠已迟，而货到地头，成本已加，价难骤增，已未能获利矣。

瓷商办货习惯，每年约分三期。自恩关之后，四五月间为第一期，七八月间为第二期，十一、十二月间为第三期。故镇上瓷业，平时客商虽亦往来不息，而要以此三期为最旺。今年平时固极冷淡，即此三期中亦大不如往年，其原因颇复杂也。

第一期为恩关客商来复之时，今恩关商货离镇已迟，销售不快，故复来已逾常期，且成本加重，获利不多，因之改业者亦不少。第二期虽稍稍发达，而较之往年相差亦远甚。至现在之第三期，则更有江河日下之况矣。

论今年之商情，前两期销数不多，则此时期理应大增。故初时各户无不加工赶造，不料谣言纷纷，海上郑使被害，商人已皇皇不敢扩充购额，继以加增附税新章，实行运输，益为困难。盖景镇运瓷一切厘税，向归承船户包完，此次关税既加，水脚仍旧，以致下而芜湖、金陵，上而湖口、武穴，因无力添补新税，致遭阻留者甚多，损失颇大。往年船户装货，须运动牙行保□，今则非最苦之船，不肯营此冒险之生涯，客商之经营，又无起色，不能加增运费，以此瓷业更加一重障碍矣。

今则自十二月起，客路益滞。连日云南警耗传来，各班字号，多有纷纷收回定单者，此种危象，影响尤巨。夫云南虽有乱耗，而各地尚称安谧，奈商人保守心富，惟恐损失，以致杯弓蛇影，疑虑万端。业瓷者固以目下为最后之希望。今则黑幕已开，市面冷淡，为从来所未有。国人方以振兴国瓷倡，而瓷业之堕落且不知所底矣。

——《申报》1916年1月22日，第6—7版。

## 景镇瓷业之悲观

景镇瓷业，自去年滇事发生，川班客货陡减，川省汇兑阻滞，窑户更为困难。加以恩关取消，湖北班之自卖船，大半别营生业。往年此项船只来镇者约四五千号，今则不过千余号，而战事影响，银根紧急，窑户周转不灵，以致倒闭者尤多，然此犹为过去之痛苦也。今日则战地日益延长，无论已未独立之各省，无不人心摇动，商人咸怀消极思想。往年窑户普通开工之

① 本文作者是《申报》记者曳泥。

期，虽在初夏正二月间，亦有少数窑户开工做春窑者。今年春窑已一律停止，而时至三月，为往年各班客商来镇拥挤之时，今则已到之客商寥若晨星，窑户之工作必先得客商之订定，今则开窑之时已经逼近，犹未得有定单，其恐慌已可想见矣。更有一可虑之事，则为人工问题。此种坯工，生活极简，每年工价少者仅十数元，多亦不过数十元，故咸无恒心，最易摇动，别有较好生业，无不舍之而去。如辛亥、癸丑二次兵燹，坯工数目比前至减少四千余名之多。此四千人或应募为兵，或流而为匪，迨平靖后，彼等游□已惯，辄不愿为此劳动事业，故窑户甚恐此次战事不休，影响所及，又有工人不足之患，则瓷业前途之悲观，不知所底矣。

——《申报》1916年4月16日，第7版。

## 仿制电用瓷料

吾国各项电料，大半并购自外洋，即电杆上之瓷瓶等，亦用外货，每年购买，为数甚夥。兹江西瓷业公司因挽图利权起见，发明此项电用瓷瓶，呈请交通部考验。昨驻沪电料转运处已奉到交通部第一四五号《训令》开：据江西瓷业公司康达函称，为振兴实业，挽回利权起见，仿制各种电用瓷料，检同货样，请为考验备案等情。查该公司所制各种电用瓷料，大多系电灯材料，惟其中瓷头一项，为本部电报电话上所必需，该项货品能否合用，应由该处发交电师唐璧田，洋员伊勃生〔译音〕切实考验，呈候核办。一面另由该处将外洋各种电用瓷瓶瓷头式样检具全份，连同程序单一并寄交该公司悉心研究，再行仿照呈验，以期适用而挽利权。除函复江西瓷业公司外，仰该处长即便遵照。此令。

——《申报》1916年8月31日，第11版。

## 瓷业请求补助

赣省出产，原以景德镇瓷器为大宗，年来因洋瓷畅绡［销］，景镇瓷业遂受暗中打击，日就衰敝。前有康达等创设江西瓷业公司，力求改良，以图挽求。近以商货金融，均各停滞，不得已赴京，由某要人代请政府，恳予补助。已奉大总统将原呈发交农商部，转咨到赣，由赣省长酌予补助，以资提倡云。

——《申报》1916年12月05日，第7版。

## 赣省三总商会反对常关加税

赣省九江姑塘关借免料完钞名目，变更税则，各商会群起反对。经景德镇总商会代表电，约九江总商会至南昌总商会开全省商会大会。九江总商会即派代表余彦昭〔茶帮董事〕，陈蔼亭〔扎货帮董事〕，刘奉书〔转运帮董事〕到省，与南昌会长龚梅生、卢馥窗、章润斋及罗伯农等公同讨论。九江景镇代表将电呈中央各文稿交众阅看，南昌总商会亦将各分会文卷及本会电部文稿共三十余件概行检出，互相传览，讨论良久，结果决由三总会联名电部力争。当由省总商会主稿拟电拍发。电云：北京国务院、参众两院、财政部、农商部、税务处、商会联合会钧鉴：浔关免料完钞加征货税一案，迭经电恳撤消［销］，并由浔商会详陈财、农两部税务处在案。查船料货税，两不相干，一免一加，理由何在？宽待联单，子口偏枯，内地商民，鱼爵相驱，势所必至。土货阻滞，影响税收，病国病商，何忍出此！景镇瓷商业已停运，倘致停工，妨害治安，尤为可虑。各部各商，惶急万状，纷纷抗议，愤怨沸腾。祇得合词电恳，迅将本案撤消，速予宣示，以安商业而定人心，不胜迫切待命之至。南昌、九江、景镇暨各商会等叩。

——《申报》1916年12月29日，第7版。

## 1917年

### 取销［消］浔关加税新章之部批

本埠总商会暨各团体，前因浔关改料完钞，加征货税，迭据赣商会及瓷、茶各商电请维持，即经公函北京全国商会联合会呈请农商部咨行税务处、财政部设法取销［消］，以苏商困。去后迄已半载有余。现全国商会联合会已奉农商部批回，暂准取销［消］，是以该会特于昨日将农商部《一〇一一号原批》抄送本埠总商会暨各团体一体查照部批如下：原具呈人全国商会联合会请将浔关改料完钞加征货税一案撤销由据呈已悉。当经咨行财政部税务处核覆。兹准税务处复称，九江民船免料完钞，加征货税，原为维持民船生计，补救华商贸易起见。各该商会既共体斯意，准将此案暂予取销［消］，并准财政部复称业经批示暂予取销［消］在案各等因前来。合行批示，仰即转知遵照。此批。

——《申报》1917年10月24日，第10版。

## 1918年

### 景镇之大火灾

十九号，景德镇财神弄河下蓬屋一间［间］，于十一时许，延烧至二时许，始得扑灭，计焚去房屋四百余家，火线纵横五百余丈。灾民千余口，携老扶幼，宿露餐风，其状甚惨。

——《申报》1918年2月1日，第7版。

## 南昌通信

（前略）江西实业厅长夏同龢①，对于陶器一事，颇为注意，以前清御窑所出之瓷，物质精美，全球钦赏，所有东西各国无不愿以重价购买。自改革后，御窑停歇，宝贵之物日益减少，现在价值日见飞昂，亟欲恢复该窑，以广出产。已委本厅调查员谭光藻、陈士贤二人，前往景镇，调查近日瓷业状况。兹已以经费支绌、筹备不易等情，呈请农商部另拨款项，重行开办矣。（后略）

——《申报》1918年3月10日，第7版。

## 景德镇大疫

今岁入秋以来，天久不雨，本省各乡日前发现疫症，毙命十余人。而景德镇于上月底发生绝大瘟疫，连日毙命者达百余人。全镇传染，尤以莲花塘地方为最重。地方人士极为惶恐，有未延及者，均纷纷他徙。该镇美以美会西医士出而施救，目下渐见消除。惟一般迷信者流，谓当陈知事创造公园，挖出明季古墓所致云。

——《申报》1918年11月17日，第7版。

## 江西景镇保源滇料公司歇业废折声明

本公司经众股东议决，于民国五年停止营业，至六年十一月清理告竣，所剩货物款项，悉数按股摊分，并略请总商会转呈农商部注销在案。惟尚有第六号、十一号、三十六号、四十九号、五十一号股折，共计五份，迭经函催，迄今未见寄到，且无回音。查该等股折，均因本身挪欠本公司款项所摊得之股款，不足抵偿，故不寄缴。但公司既经歇业，该项股折无论遗存谁手，概属无效。特此声明。众股东启。

——《申报》1918年11月22日，第1版。

## 南昌·报告赣商之欧战损失

政府通告调查欧战中华人生命财产之损失。南昌总商会查得有樊希仁者，前贩瓷器赴欧售卖，行至地中海西西利岛地方，被德潜艇击沉，损失约在六万余元，并溺毙伙友二人，业由樊之家属来会报告。二十四日已将樊商损失情形电部矣。

——《申报》1918年11月30日，第7版。

① 夏同龢（1874—1925），字用卿（用清），又字季平，号狮山山人。贵州省麻江县人。中国近代法政的开拓者、教育家、书法家和社会活动家，江西省第一任实业厅长。

# 1919年

## 国货维持会常会纪事

中华国货维持会昨晚开常会，徐枝春主席宣布议案……〔三〕、报告江西景德镇窑帮复函，陈明从前五天一烧，现需十天一烧，甚至半月不能一烧，并非故意禁闭，实因各处运镇窑柴，被各厘卡意外苛索。自民国成立以后，税厘几已加重十倍，做柴之客，俱系小本经营，不堪亏折，视为畏途。查窑柴向无税额，现在果欲推广国货瓷器，必须开广柴源，非请将窑柴完全免税不可。在本省各长官，念国家财政支绌，均以裕税为急，必不许免税。不知窑柴一项免税，即所以裕税。如去年到镇，窑柴仅二百五十万担左右，全年合计，窑柴正税，公家收入有几，惟司事苛索，直达巨万，黯无天日等语。公议函请财政部、江西省长、财政、实业两厅长，保全吾国著名实业，将窑柴完全免税云。

——《申报》1919年7月27日，第10版。

## 江西景德镇之瓷器业

中美新闻社译密勒评论报云：景德镇为中国四大镇之一，位于江西省之东北向，人口三十万，风气闭塞，迄今当地无一报纸，居民中三分之二从事于制瓷器及陶器。考其历史，自汉代以来，中国始有瓷器，而陶器之作尤早。约在数世纪前，景德镇地近鄱阳湖，环湖区域，多产佳泥，分十余种。与皖交界处，有一名山，均产精美白泥，华人有习用之二语，曰瓷骨，曰瓷肉，即所以合成瓷器之模型。前者骨力脆薄，乃益以后者之坚韧。设非泥之混合，分量适称，则置之炉中，经火锻炼，非爆裂即倾陷耳。瓷骨之泥，为不镕［熔］解之物质，得自一种腐烂之花岗石。瓷肉之泥，则为色白可镕［熔］解之物质，系结晶体，乃石瑛与小晶所合成。此二种之泥，均制成泥砖形，白而且软，用小船运至该镇，专作此项之用，操舟业者约有数人。此泥既提净，乃捏成各式泥块，再置诸陶工之轮架上，轮轴疾转数度后，陶工即用手术捏成各种器皿之模型，方圆凹凸，无不如意。既成，置一长盘上，俟第二技师增添柄握，加以藻饰，然后使全具光洁，曝之令干。第三层工夫为上细［釉］，或喷、或渍或浸，其道不一。未上细［釉］前，亦可着红蓝诸色，即加标记，即可入炉受煆。

凡瓷器入窑时，均须护以坚强之泥制圆筒，名曰护瓷筒，以防火势过烈或至损坏。此种泥筒可用至五六次。凡纳入护筒之瓷器，每件均置诸一种泥台上，其上预撒以稻草之灰，以防与他件融合。窑内之物，须受一千六百至二千之热度，然后息火使渐冷。凡系无彩饰之素瓷，经此一烧后，已完全告成，如加花饰，则须再烧，若特别绘画，恒须数星期或数月始成一器。该镇之业瓷器者，以器之形式种类而分派别。新办之江西瓷业公司各类器皿，无不制造，应有尽有，采用新法，颇能获利，纯系华商，并无外股，每年出品，总值价墨银十余万元。该公司之出品，曾于一九一五年巴拿马博览会得优奖。各厂女工甚多，并收学徒妇稚，亦能于瓷器上刻花作字。造胚［坯］之工资，每日自一角至一元不等，绘画工资，每日自一角二分至三元不等。该镇每年售出瓷器，共值价五六百万元，多半销于国内，其销行国外者，一九一六年共值银一〇九二〇八一元。华人现已能制西式杯盆之□，销路颇广，名曰玲珑窑。在美国纽约有一瑞记公司，为输出景德镇瓷器之最大商行。此公司由其常驻之经理人每年收买出口瓷器，不下价银八万元，每件均包以稻草，然后装箱，即景德镇当地所制箱上加以华英文标记，直接运至纽约云。

——《申报》1919年8月13日，第7版。

## 江西之实业观

（前略）本省所制陶业，以景德镇为天然佳品，风行中外。近年以受洋瓷影响，输出渐以不振。该镇瓷质优美，惟坯工厂人未能研究心得，形式尚旧，不合西人心理，以致相形见拙［绌］。闻实业厅拟于陶业学校设一制坯科，专研究陶业制坯之学，已派技术员前往该镇调查情形，以便着手改良矣。（后略）

——《申报》1919年8月15日，第7版。

## 中国陶瓷业之衰退

中美新闻社特别调查稿云：中国陶瓷器之产地，为江西之景德镇、湖南之醴陵、江苏之宜兴、山东之博山、广东之潮州及福建之德化等处为主要地，其中白色者为瓷器。瓷器之产地，当推景德及醴陵二处，惟醴陵所产瓷器较少，而景德独多，此外则无闻也。考景德镇之瓷器制造，始于宋而盛于元及明代，最为完备。宣德、成化年间所出之瓷器最为精美，万历间以釉上五彩画著名，及清康熙间已达极盛之时，嗣后渐呈退步之象，此堪惜也。该镇居民大抵业瓷陶业，其职工之数约十五万人，市上所设之店铺殆多与制造瓷陶器之工场有密切之关系。如土石掘采业、原料粉碎业、白土行、释灰行、做瓷业、烧工业、彩工业、□身业，瓷商及瓷行、土型行、匣钵厂是也。所用之原料，除一部分外，则大抵仰给星子、余子、明砂、贵溪、乐平、祁门、三宝蓬、银坑坞、寿器坞等处。至运输机关，则用民船、帆船或沙船，以输至天津、芝罘、牛庄、福州、厦门、广州。近来亦稍知利用铁路，以期便捷。惟其装货之法尚未完备，破损时有所闻，关系匪浅，是亦不容忽略者也。海外亦有输出。

据一九一七年之调查，瓷器输出，额为十一万二千八百七十二担，值价银一百五十一万三千四百十三两；陶土器之输出，额为二十五万七千四百八十八担，值价银九万三千四百四十八两。一九一八年之瓷器输出，额为九万五千五百六十八担，值价银一百四十八万二千六百十九两；陶土器之输出，额为五万七千六百六十九担，值价银七万三千八百六十七两。逐渐减少，贸易亦无起色。若瓷器制造之趋向，则近来已渐趋于粗货，因国人之需求，粗多而细少，制造者视需求者之方向而转移故也。然实则工艺渐渐退化，驯至仅能制造粗货，而不能制造细货，则中国瓷业之前途，尚堪问乎？况东西洋之陶瓷器，年来之输入额日见增加，将来中国之陶瓷业或尽为所夺，亦未可知，爱国者奈何不加之意也。

——《申报》1919年8月20日，第7版。

## 景镇瓷业公司被焚详情

景德镇瓷业公司前日全厂被焚，诚可惜也。查该公司之地址，系在前清御窑厂内，周围约一里，南窑、北窑在焉。近因工人复杂，照料艰难，将北窑租与杨某。某日，该公司经理巡视全厂，至北窑察出窑蓬［篷］破绽，即向杨某即其暂停营业，重将窑蓬［篷］建筑。杨答以无妨，经理亦无如何。乃是日火龙果将窑蓬［篷］烧化，掀开一大洞，火从洞出，延及窑楼材料，而其时守护工人又不施以灌救，直至水龙趋至，事已不可为矣。该厂失慎后，该经理即电告各股东，各股东先后回电，饬其查询起火缘由，而尤以江朝宗①之回电为最激烈。该经理即至商会开会，提起赔款问题，各会董赞成者半，反对者亦半。总理陈某亦窑业大家，闻暗与公司角斗，反对更甚，一场会议遂毫无结果而散。旋由经理赴县请缉火犯，并谒浮梁县知事韩兆鸿面呈赔款理由。知事当柬请商会首领陈某来署，询其意见，陈乃将其素抱宗旨禀复，知事唯唯称是。该经理得信后，心颇不服，恐将来仍须提起诉讼也。

——《申报》1919年10月6日，第7版。

## 江西金融恐慌之原因

（前略）前据钱业中人调查，此中真害，实为内政与外势相迫而成。此局从前景镇瓷税，每年平均收入可三百数十万，今因和局不定，各处瓷商均裹足不前，以是瓷税较之往年，约短二百余万，此其一也。（后略）

——《申报》1919年10月13日，第6版。

## 江西景镇劝学生长之争潮

江西浮梁客土两帮，为劝学所长，久有争执之势。中秋后三日，客帮假时化学校开会，到

① 江朝宗（1861—1943），安徽省旌德县江村人，寄居六安州麻埠镇，北洋军阀时期重要人物。1917年张勋复辟时曾短暂代理国务院总理。江朝宗系江西瓷业公司股东之一，并曾任江西瓷业公司经理。

者一百余人。首由谭非左登台发言，谓浮梁人持排外主义，不准客帮充任劝学所长。鄙人为新建人，特就新建学务与诸君谈谈。新建在省学校，除县立高小学校外，祇有达成学校，南昌仅有高小学校一区，其款皆归本县筹出，并未分外帮经费。省垣学校虽多，概系省立，何有南新劝学所长插足地？浮梁旅省同乡，所引证据，实属捕风捉影云云。继由方芷庭发言，谓学界当以公普为心，岂有疆界区别。我中国人有向外国留学者，未闻外国人排击。即如景镇学款银一万有零，皆系客帮所出，概归学款统一项下。浮梁四乡学款，大约十余万元，反不能统一。景镇客帮筹出学款，每年还要贴土帮二千余元，未闻客帮人反对。至于政府公债，客帮多于土帮，客帮亦无异言。今区区劝学所长一席，土帮反起而反对，试问有是理乎？众皆怒气冲冲，齐声应云：无是理，无是理。继由黄朗夫发言，谓鄙人现虽改习商业，曾充敝县高小学校教员。黄系湖北黄陂县人，诸君既云无是理，试问作何解决乎？众皆相视无语。忽有胡小琴者，大声言曰：现在公债又将发行，我徽帮派出之公债，实居多数。今土帮不容客帮充任劝学所长，我徽帮公债决不承认，应归土帮均摊。〔胡因被排之劝学所长丁焘系其同乡，故出言更为激烈。〕胡发言后，众声雷动，谓应以不出公债抵制，一时秩序大乱。后由女子公学余校长登台发言，谓：诸君且慢，静听鄙人一言，公债认否，尚从缓议。今日应就事论事，我客帮所出之学款，仍归客帮自主，土帮学款既不分给客帮，客帮自后亦不分给土帮，另由客帮禀请委一学务委员驻局管理，诸君以为何如？众鼓掌称善，遂派代表八人面禀知事，但未悉该县知事若何办理也。

——《申报》1919年10月28日，第7版。

## 江西邹日烇[①]之实业意见续

一、景镇瓷器宜迎合外人心理以求改良也。景镇瓷器驰名中外，历数百年，东西各国富商华族之宝贵华瓷，几成为一种特别之嗜好。不独于古瓷为然也，即近年最新之出品，每岁运往外洋销售者，其价值亦常在百万以上，然且以式样彩色不能适合外人心理之故，东洋磁品遂得以起而乘之，为营业上之竞争，吾国瓷业因之大蒙影响。是宜组织陶业公司，以科学的人才，利用经验技术而从事改良，一切式样彩色，必以西洋最新用器为模范。一面再撰为改良瓷器之论说及精采［彩］之广告，登诸彼国有名大日报中，以动其美术之观念，其收效当较诸赛会陈列为更大，窃愿吾赣瓷业同人奋袂而兴也。（后略）

——《申报》1919年10月30日，第7版。

① 邹日烇，时任江西实业厅厅长。

# 1920年

## 景镇客土争执之余波

景德镇劝学所长丁焘辞职后，客土两帮各急起逐鹿，闹成绝大风潮。浮梁县韩知事取持平办法，呈请教育厅，如劝学所长归土帮所得，即以县视学一席□诸客帮，俾得其平。现经教育厅批准，已正式委陈球〔土帮〕充劝学所长，委方抱芬〔客帮〕充县视学，二人皆两帮中重要人物，均已接委视事，不谓浮梁旅省同乡又起而反对。据知其事者云，以该二人非本派人，故特通电否认，未知能否发生效力也。

——《申报》1920年1月28日，第7版。

## 新加瓷税之函请抗议

中华国货维持会昨致江西景德镇商会函云：径启者，顷接上海瓷业公所来函，内详顷据景镇人云，景镇至湖口十分厘金业于阴历六月初一日起，每百元加收十五元。窃维［惟］瓷业凋敝，数年于兹，祇缘外货价廉，国货成本太重故也。历年谋请减税，藉挽利权，今乃适得其反，行见国货更形窒销，且将因各路少办而缩短税源，于商于国，两有不利。敬祈贵会鼎力维持，并乞函请景镇总商会窑帮陶庆、陶成两公会，提出抗议，务将新加厘金从速取销，庶几商困稍纾，而国货不至完全受打击也云云。久仰贵会维持，工商素具热忱，该瓷业受此次加税影响，确属成本太重，苟销路因此而窒滞，则国货前途大有关系，而国家税源亦不无打击。据此，除函请窑帮陶庆、陶成公会据理力争外，合亟转请贵会协同力争，以达取销［消］目的，至纫公谊。

——《申报》1920年8月11日，第10版。

# 1921年

## 伦敦通信·伦敦商品展览会①

英人最好用瓷器，无论贵贱人家，其客堂寝室皆藏有瓷器。瓷器物之精粗，亦可占其生活之歉欠。铁瓷类器物只用于厨房，是绝无陈诸卧室及客堂者。国人喜用铁瓷面盆，在英伦则尚未一见，故吾国号称瓷器国，而实则大不讲究瓷器。瓷器既为英人嗜好，即为其发达之重要原因。反而观之，国人好用铁瓷，而铁瓷绝少见造于吾国，良可慨也。

---

① 本文作者纪鸿。

英人所制贵瓷，多效吾国，缘以吾国为瓷器祖国，一般人的心理，固仍推重中国为瓷业之冠，故制造者不能不仿效之，以博社会之欢迎也。其运输于吾国者，多为社会所不重视之物，英人恒以喜新厌故之心理度中国人，且以所制中国式的瓷器，恐不及中国之好，故多纯粹之西洋式运往东方，实则中国人好古守旧之风，世界无更有出其右者。彼若以其仿制的西洋中国瓷运输吾国，则恐景德镇瓷业不能敌之矣。

——《申报》1921年4月19日，第6版。

## 1922年

### 江西饶州之职业教育

本社委托章君伯寅[①]调查之报告。（一）省立第二乙种工业学校。全校学生一百名，预科一年，本科三年毕业，常年经费一万三千元。成绩室陈列瓷器，有仿古者、有西式者、有施彩者、有素烧者，各极其妙。校内大窑一，每年烧三回；小窑一，上半年两星期烧一回，下半年每星期烧一回。参观原料配合室，见瓷器、陶器、玻璃之外，又有洋灰、珐琅、砖瓦、景泰蓝之配合分析室，研究定性、定量、粘［黏］土、燃料，其分合之颜色并廉价发售，以便业窑者施彩之用。附属乙种工校，取实地练习窑业之便利。设景德镇，实习时间占三分之二，不待毕业，为人争聘以去者时有所闻，是职业需要教育之好现象也。（二）鄱阳县立高等小学校。（后略）

——《申报》1922年3月9日，第16版。

### 景镇时症流行

景德镇为赣东产瓷名区，商务素称繁盛。惟居民对于地方公众卫生，素不讲求，而该镇官厅警所，于卫生行政事宜，又复无所施设，致全镇大街小巷，垃圾山积，居户之倾弃秽物，行人之随处溺便，均在所不禁。每交秋令，辄酿成危险时疫。前年秋季，镇民染疫死者多至数千人。今岁入秋以来，河街沿岸，疫症又炽，染疫死者，日辄数十起，计七八两月间，全镇之患疫者，不下三四千人。病初起时，多系身热吐泻，腹痛转筋，类似虎列拉，每多不及医治而死。虽该镇总商会设有慈善公会，施药送诊，及昌江、仁济等医院，不乏著名医生，然终不及上海西医之注射盐水等新法，收效神速。幸月来天气转寒，疫症较前稍杀，而居民之患疟痢者，仍复不少，甚愿负地方之责者，速谋补救之法也。

——《申报》1922年10月31日，第10版。

---

① 即章伯寅，近代著名教育家。

# 1923年

## 景德镇商会函复瓷厂家数

上海总商会，前因瑞典总领事函询江西有名瓷厂制造家数，曾函至江西景德镇总商会探询。近接景德镇总商会复函云：径复者，本月二十日，准贵会函开瑞典总领事探听江省有名瓷厂制造家数转函敝会查明开送等因。查瓷器一项，为本镇特产，制造出品，几及千家，大都各擅一艺，以普通品为最夥，其尤著名者：除瓷业公司外，青花则有陈新兴，琢器则有鄢德亿，彩红则有施亦成，他如工业学校、国华瓷厂及美术绘画家之王碧珍、汪野亭、汪晓棠等，均属质彩精工，营销中外。准函前因，相应函复贵总商会，请烦查照转达是荷。

——《申报》1923年3月11日，第13版。

## 江西瓷器大批运沪

南京路永安公司三楼中瓷部，近日运到大批景德镇名瓷，大都以普通日用品为多。闻该公司在景德自设办庄，故所来之货较别家益为新颖。其中饭碗尤为价廉，每仝自五角起至二元五角止，各种花瓶花盆皆仿古玩制造，虽是新瓷，但质地画工皆极精细，价格亦廉。时当春令，百花盛放，故是项消［销］路颇盛云。

——《申报》1923年4月6日，第17版。

## 景德镇瓷器廉售一月

陶正昌瓷器号开设南京路中市，已历多年。现自旧历三月初一日起，举行春季大廉价一月。所有该号向江西景德镇订办之瓷器及由各地运到者，种类繁多，一律标明较廉之价目出售云。

——《申报》1923年4月23日，第17版。

## 皖产瓷泥仍禁贩运

为维持景德镇瓷业起见，上海总商会前准益昌机器公司来函，请求转电安徽省长，询问瓷业原料之祁土可否弛禁，准予转运。昨已得安徽省公署复函，内开：上海总商会鉴，鱼代电悉。查祁土向销景镇，关系本国窑业，聂前省长曾准赣军民两长咨请禁运，以维国货，并经许前省长于安迪生购运瓷泥案内，仍再重申前令，禁止外运各在案。准电前因本署为维持景镇瓷业暨禁运原案起见，未便量予弛禁，以杜纷纠，尚乞鉴原为荷。吕调元谏印。该会准函复，即转益中机器公司复知祁土碍难开禁情由，函云：径启者，前承函示，以祁土外销，与景镇瓷业并无妨碍，当经电呈吕省长，请予弛禁，并分函景德镇总商会在案。兹于本月十九日，接其谏日代电内开等因。除俟续得景镇商会复函再行布达外，合先奉闻，即祈察照是荷。此致。益中机器有限公司。

——《申报》1923年10月20日，第14版。

## 景德镇商会再反对祁土弛禁

祁土外运一案，曾志本报。昨日本埠总商会又接江西景德镇总商会来函，仍主不弛禁。文曰：前奉台函，谨聆一切。益中公司所称接祁门土业公会章焕奎报告，祁土一项，景镇年销多至四百万斤，仅占土额百分之一等语，系一面之词，不足取信。查祁门各港碓厂共三十三处，每厂全年产额不足四百万斤，景镇销数即增加倍余，亦不嫌停滞。近因运镇祁土日见缺乏，调查在镇各土行，去岁仅销三百二十万斤，陶器家以无货应用，大受影响。现惟上等瓷器，尚有此种原料，稍次者均以他种土货配合，未敢轻率动用，已足证供不应求之实在状况。（中略）此项瓷土，关系我国特产，自应共同爱护，既非自处有余地步，不加遏止，恐利权日渐外溢，本埠窑业将有坐困之虞。景镇与祁门壤地相连，知之最稔，实非凭空臆测。敝会为保存国产，维持窑业起见，用敢据实函复，尚希代为转达，毋任切祷。

——《申报》1923年11月4日，第13版。

## 建华瓷器增设廉价部

南京路建华瓷业公司销售江西景德镇各种瓷器。现设廉价部，廉售应用瓷器多种。经理袁君正东，已于两星期前，亲赴江西采办新货，约于阴历十一月中，携运大批瓷货到沪云。

——《申报》1923年11月7日，第17版。

# 1924年

## 质兴申号瓷器廉价

北四川路质兴申号开设有年，设庄于江西景德镇，运售各种瓷器及花瓶玩具等，颇为完备。兹因存货甚多，自十二月初一起，特举行廉价一月，往购者颇为踊跃云。

——《申报》1924年1月14日，第17版。

## 景德镇变卖窑厂基地之抗争

江西景德镇珠山，为当地名胜之区，俗谓“九龙抢珠”，盖以有九山凸形似得名，位置在镇中心，前清御窑厂设于此。厂前有工业学校、模范工厂、女子工学、模范学校、积谷仓，龙珠阁古迹亦在焉。日前垦务局派委罗某至镇变卖该处基地，阖镇舆论哗然，以为数千年之古迹，一旦被人变卖，镇将亡矣。景镇、浮梁各界，为保存御窑厂前后地基事，假浮梁公所，特于前日开全体大会，人山人海，势焰高张。一个个磨拳擦掌，俱谓应将罗某逐出总商会，幸经稳健者再三开导〔原定在商会开会，因罗某住商会不便〕，三时人数已有千余。由浮梁绅士蔡邦隽发言，大致以景镇之御窑厂珠山突起，商埠宏开，其地势甚高，甬道宽敞，为景镇精华所聚。加以此地每至初夏，霪雨连绵，山洪暴涨，一般居住近河之苦工人，均纷纷逃往厂前头门内，以避水灾。且此厂地非特名胜古迹具在，即造瓷器一项，亦中国著名之工厂。此厂一经变卖则厂亡，景镇与之俱亡。民六时财产清理局意欲变卖，经同人等分禀各当道，誓死力争，禀准保存，以垂久远。存案俱在，今日亦是讨论救济及保存办法，万不能令其变卖云云。经各帮首领讨论良久议决，一面分派代表向罗文鼎接洽，向县知事要求保存，一面由景镇徽杂窑三帮及浮梁绅、商、学、工界分电蔡督理、钟垦务局长、省议长、新民报馆力争，务须达到保存目的。浮梁推定蔡邦隽、吴麟瑞等四人，窑帮推定袁祖良等四人，杂帮推定邓小禹、袁蕃等四人，徽帮推定程镜湖、董杰珊等四人，共十六人，前往总商会，向罗交涉。散会时已万家灯火矣。

——《申报》1924年1月26日，第7版。

## 出售瓷质裸体人物之科罚

南京路一百五十八、九号门牌陶正昌瓷器店，近从江西运到大批瓷质裸体人物，购者颇不乏人。事为总巡捕房包探王金寿侦悉，出资向该店购得两具，呈请捕头察阅之下，以出售此项秽亵对象，有碍风化，特派西探长尧克协同包探至该店搜查，共获十八件。因控该店主陶理堂[①]违犯新刑律第二百九十三条。本月一号晨，将陶传至公共公廨请究，即由捕房律师上堂陈明案情，并由中西包探将裸体人物逐件呈案。质之被告陶理堂，供称：现年七十一岁。此店开设已有三十七年，我系瓷业公所会长、湖北会馆副会长。店中抄出之物，系雇伙龚少春所有，龚已到案等语。并延律师代辩。又据龚少春供：此项瓷器系友人从江西带来，由我代卖，店主并不知情云云。□□员核供，商之英马副领事，以违禁物品既在被告陶正昌店内搜出，则店主应负责任，遂判陶理堂罚洋二十元充公，裸体瓷物销毁。

——《申报》1924年2月9日，第15版。

① 陶理堂，湖北人，时任上海瓷业公所会长。

## 芜商包办江苏瓷捐之反响

苏省征收进口之瓷器捐，向归各关卡完纳。嗣因瓷商经过关卡，往往发生冲突，于是改为瓷器统捐。自前清光绪二十八年，即在芜湖设立江苏驻芜瓷器统捐局，凡进口瓷器船，经过芜湖，须照章完纳统捐，每石征收钱一百八十文，洋价作一千三扣算。惟局长一席，须由二十五帮瓷商一致证明，认为殷实，呈请江苏财政厅给委包办。

当设立时，即由瓷商公举邱某承办，其时实征实解，每年税收约一万四千余元。厥后邱某辞退，复于民国八年，由瓷商公举叶文泉接办。荏苒数载，办理持平，每年额定比较二万零五百元。去冬江苏财政当局增加瓷捐比额，瓷商呼吁无效，旋由叶居间调停，始加比二千元，于十二月间定案。现在比较为二万二千五百元。

不意有陶同春者〔一说系芜湖总商会布业会董之化名〕，垂涎此席，央托安庆道尹谢学霖向江苏财政厅运动，除增加比较一千元外，又加保证金一万元，委任状业已到手，因鉴于空气不佳，尚未接事。至于瓷商方面，以陶并非瓷业商人，又未经瓷商公举，全体一致否认。当推代表赴宁，向江苏财政厅表示反对，财厅长严家炽即电询芜湖总商会，究竟瓷商中有无陶同春其人？该会复电，谓陶系殷实瓷器商人，曾开设同记瓷器店，已在商会注册云云。其实同记瓷器店系本年开设，范围极小，资本亦甚有限。各处瓷商得此消息后，纷纷推举代表来芜开会集议讨论对付方法。

二十四日下午二时许，有上海瓷商代表陶鸿钧〔即旅沪湖北同乡会副会长〕、景德镇八帮瓷商代表吴承业〔即景镇航商自治公会会长〕及景德镇鄂帮航商总代表李鸿喜等数十人，同至总商会质问，谓陶同春在河南岸开设之同记瓷器店，资本既属有限，且尚未开张，贵会为何代其朦［蒙］报殷实瓷商？如果陶同春接办之后，瓷商势必增加担负，应请贵会维持，适商会汤会长公出，不得要领而散，嗣又齐赴同记瓷器店，见该店悬有恭贺新张之玻璃镜框一面，下款署景德镇瓷商公会敬贺字样，景镇代表吴承业，谓该会并未送其镜框，显系冒名可知，当将该镜框携至警察四分署保存，以作冒名之铁证。当时各瓷商及瓷器船户，意欲将该店捣毁，幸警察四署先期得讯，比派警察前往劝令解散，故未滋生事端。各代表因时间过晚，只得暂回瓷器统捐公所开会讨论，决定次日〔二十五日〕下午二时，再至总商会作第二次之请愿。届时到者为上海代表陶鸿钧、景镇代表吴承业、景镇鄂帮航商总代表李鸿喜、景镇马口航商代表石馥棠等十余人，由汤会长出而接见。各代表首先陈述瓷商之种种困苦，并谓包办此捐，毫无好处，要求会长转达陶同春停止进行，或取消增加比较及保证金，庶瓷商不致增加担负，汤会长谓：陶同春是否包办此项统捐，本会无干涉之权，至于增加捐税一层，本会有维持商业之职责，当然首先反对，总以商人减轻担负为宗旨。各代表颇为满意，遂□辞而出。闻瓷商对于改委陶同春为局长，仍主张反对，将来能否接事尚未可知，并闻上海代表陶鸿钧定二十六日回沪，以便召集同业开会，讨论进行反对方法。

——《申报》1924年3月27日，第7版。

## 芜商反对包办瓷捐之激昂，瓷商捣毁新设统捐局

芜商陶同春因此次包办江苏驻芜瓷器统捐，除认缴保证金一万元外，又增加比较一千元，致引起瓷商之反对。一切经过情形，已迭志前报。

兹闻陶对于此事，现仍积极进行，以期早日开征，并在河南岸大巷口租赁戚义成民房，另设新局，内部布置，亦已完竣，所有大票布告等件，已由苏省领到。陶因急于接事，会派该局坐办胡玉书，与瓷商代表李鸿喜、沈家良等接洽，声明完税手续，仍照旧章办理，决不增加瓷商担负，请转运全体瓷业商人，以免误会，结果颇为圆满。

陶原定四月一日接事，江宁认捐局，除咨请芜湖警察厅饬属维护外，并布告瓷商遵章完纳捐款，略谓：案查瓷业统捐，现因叶董文泉扣至本年三月底认办期满，经财政厅核准，由本业商人陶同春认办，并饬先缴押款，行局饬遵在案，兹据该认商呈缴押款，并声称于四月一日接办前来，除呈报财政厅查照外，合行布告瓷业商人一体知悉，务各遵照定章，赴陶商处完纳捐款，毋得偷越阻抗，致干查究云云。

此项布告发出之后，瓷商于三月三十一日下午，在公所开会讨论。多数仍不承认陶为局长，适前办该捐之陈隆玉由宁到芜，亦表示反对，立即聚集百余人，拥至新局，将该局桌椅器具等件，捣毁一空。迨警察四署阎署长闻讯，即派徐巡官率领巡士到场弹压，其时捣毁局所之人，业经纷纷散去。警察厅长储莘，接到四署电话报告后，当令督察长赵镜涵率卫队二十名，驰往秩序，迨抵该局，见瓷商已经解散，即率队折回。厥后景德镇八帮瓷商代表吴承业、鄂帮航商代表李鸿喜等四人，因事至警察四署，当被警厅储厅长得悉，即打电话通知四署，令将吴承业等四人一并送厅，暂行扣留，以便追究主使之人。陶以该局既被捣毁，当然不能开征，除将捣毁局情形报告本埠官厅外，一面电呈苏省当轴请示办理。至于扣留警厅之吴承业等四人，现已有人为之取保，警厅储厅长即请总商会汤会长征求陶同意，陶谓与吴等四人毫无恶感，是否准予保释，乃官厅之权，商人不便过问云云。汤会长已据情转告厅长，故延至一日晚间，吴等四人仍扣留警厅未放。闻瓷商方面，现已浼托前任局长叶文卿，转恳总商会汤会长，出任调停，并拟提出相当条件，陶将来是否承认，尚不得而知，说者谓此事一时恐不易解决也。

——《申报》1924年4月3日，第7版。

## 赶建太白园定期阅幕[1]

景镇虽号称工商巨镇，向无高尚游息娱乐之所。去春旅景粤帮瓷商公和安，在景德□小港嘴购地百余亩，建设新式花园一所。颜曰太白，以该园主李姓故云。园分两部，遍栽花木，他如运动场、牧场、酒楼、亭阁、池沼、鸟房、兽棚、太白醉酒泥像，大致组具。拟于下月，将

① 本文原文是《申报》1924年4月3日第11版“地方通信”栏目下的“景德”一文，现标题为笔者自拟。

一部尽先赶建完备，任人游览。一俟两部工竣，定本年五月一日，即行正式开幕。

知事禁留不良工人。景埠瓷业一项，工人最多，良莠不一。安分守业者固居多数，而蛮横成性，藉端生事者，实繁有徒。近年来，该业工人，胁迫罢工，捕禁诈财案件，层见迭出，瓷业受累不堪。浮梁县知事何镜如，以初春已过，瓷业将次发动，此辈生事之徒，难免不再潜行来镇，特将犯案多次之离镇工人，开具名单，布告各业住户，不得再留若辈藏匿，否则显系妨碍治安，依法惩办。

——《申报》1924年4月3日，第11版。

## 瓷版绘相公司之创设

黟山青年励志会景镇分会会长何君樵樑，素精瓷板绘照技术，今伴妙手技师两名，就申工作，在望平街鸠工创设求新公司，专绘瓷照、兼售细瓷云。

——《申报》1924年4月11日，第19版。

## 曹锟[①]派程凤翔办瓷，窑帮与何知事为难[②]

景埠瓷器之名贵，中外咸知。其中细瓷等件，除外洋香港销路外，吾国官场送礼制办者，为数亦甚夥。去岁曹锟在景所办瓷器，已陆续制就运京。近复派程凤翔，于三月二十九日由省来镇，采办细瓷多种。同来者，有蔡成勋[③]所派景副官及浔阳道署第三科王科长，是晚抵埠，适大雨倾盆，官厅往接者，如何知事、陈营长、赵张两警佐等，均躬至河岸彩棚迎接。程等于军乐声中，与欢迎者略一周旋，即乘肩舆诣御窑署为下榻处。闻程此来，须在景勾留五六月，守候定制各种细瓷。凡景埠著名瓷厂，均在选定之列。昨向施亦成瓷厂预购大号花瓶二十余支，价值二千余元，所制各瓷品，一律均书“衍庆楼制”字样。连日正在物色样品，以便照造。最可异者，程到景前数日，外间盛传曹派委员密查某事，而官场方面，亦无确实表示，于是传说纷纭，莫衷一是，迨程到景翌日，始知为办瓷而来，此亦内地绝少显宦往来，不无少见多怪故也。

景埠工人既多，情形最为复杂，年来窑业罢工风潮，层见迭出。去岁因坯工积怨，掳去窑帮值年会首罗士华，嗣由窑业探知，报县派警将罗救出，当时拿获为首工人向春生一名，解送

① 曹锟（1862—1938），字仲珊，出生于天津大沽口，第五任中华民国大总统、国民革命军陆军一级上将、直系军阀首领。

② 本文原文是《申报》1924年4月12日第10版“地方通信”栏目下的“景德镇通信”一文，现标题为笔者自拟。

③ 蔡成勋，北洋直系军阀。字虎臣，天津人。民国初年任陆军第一师师长。1917年参与张勋复辟，被封为直隶提督。1922年任江西督军。

浮梁县署讯办。窑帮以向等掳人，应请处以死刑，惟何知事以是案恐有别情，尚须审慎办理，坚持不允，此案遂久搁置。而窑帮以事关重要，县署既不予严惩，即公呈省署，谓何不谙民情，请予调换云云。省署据呈后，即电令何依法办理，何奉电后，即传窑帮首领王汉、龙祝三等到县，出示蔡电，并质问具呈撤换理由，明白答复，致双方互起冲突而散。景镇总商会会长陈仲西，亦系窑帮，与何感情亦不甚洽。四月一日，窑帮全体，特在总商会开紧急会议，讨论应付方针要求徽帮加入，再电省署，如上官不允，则窑帮将一律停业为抵制。现徽帮为维持两方和平计，居间调停。惟双方意见甚深，恐一时不易疏解也。苟窑帮一旦歇业，景埠数万工人，何以为生？甚□地方之福，尚望当局审明利害，妥商处置方法也。（四月二日）

——《申报》1924年4月12日，第10版。

## 窑工因窑主延长春窑罢工①

景埠前日一部分窑工，因窑主王汉延长开烧春窑，又演罢工。向例窑在三月前开者，谓之春窑，凡工作者，窑主概不送饭。三月朔始，谓之正窑，在窑工作者，则由窑主送饭。今三月已届，正窑陆续开工，而王汉延长春窑，正窑因此停搁，该窑工不服，即将窑门拆去，概行下窑。当时由王报之县署，拘窑工数人，激起该窑工人罢业，复经县署派警弹压，勒令工作无效，昨日该工人多数闲赋归去，返乡务农事矣。

钧余庄加资改组。

景镇正街钧余庄，前因所赁房屋不敷，故暂缩小营业，刻各股东议决，改建高大石库门房，加资改组。原定资本一万五千元，现拟扩充四万，事务所暂移陈家岑九如牲栈内，一俟新屋工竣，再行移入营业，正式开张。

——《申报》1924年4月24日，第11版。

## 国货运销南洋之状况

……又中国厘金太重。譬如江西瓷器，价格颇廉，然经各处缴纳厘金之后，其成本已加多不少，故运来南洋，其价格万难与日本瓷器比。瓷器一项，遂为日本人之市场矣。……

——《申报》1924年4月30日，第4版。

① 本文原文是《申报》1924年4月24日第11版“地方通信”栏目下的“景德”一文，现标题为笔者自拟。

## 官卖御窑基地争持未决[1]

景埠厂前御窑民房基地，为明时国有官产，所占地税，历由浮梁县署征收。去岁省署鉴于景镇御窑停顿，瓷器多未改良，欲在景设立瓷业学校。就地筹资，颇感困难，继思将御窑基地变价，尚可值四五万元，以之办校，绰有余裕。地方士绅，一致坚请保留，亦难概行标卖。遂令垦务局布告景埠绅民，将御窑所有基地，除古迹御诗亭、工业女子模范诸学校，广利庙□□仓及厂前照墙基地，依旧保留外，余□御窑四周之民房基地，概在标卖之列。前月曾派武委员葆岑来镇，测量官产基地，每丈定价四十五元，共可值洋四万余元，所入不无小补。现旅景三帮及浮邑各界，以省署坚行标卖，前经屡请无效，似亦未便再阻，不如共筹妥善办法。遂于二十一日下午，特假火神庙开解决会议。提议请求减少地价，以轻佃户担负。除厂前古迹诸学校及照墙基地保留外，所余基地，仅有千余丈，每丈售价二十元，所值有几。纵省库如何支绌，当不急此区区。再以售价二万元，照扣半数认缴一万元，佃户减轻担负，两方互得其益，事或有济，议决一致请武委转呈省署照行，而武委碍于作价太少，未即应允，须商省署核夺，方可实行。至将来能否邀上官核准，减价标卖，尚在不可知之数也。（四月二十二日）

——《申报》1924年5月1日，第11版。

## 细彩同业会议组设公所与祁门同乡倡设会馆[2]

景埠瓷帮细彩同业，鉴于各行均多固结团体，组设公所，特定四月二、六日，邀集全镇各省县同业，在东门头芝阳□画会开会，筹备合组细彩同业公所，昨（二十四）函□同业届时莅会矣。

祁门旅镇同乡，人数日众，在镇商业，以瓷土、窑柴两项为大宗。现由江西瓷业公司经理黄立中、前商会会长康达及饶华阶、郑子喻等，发起建设祁门会馆，地址择定新安会馆附近正街汪开太瓷号基地，馆造西式，由白土窑柴项下，每元抽捐洋两角，立集基金洋四万元为经费，刻正在进行中。

——《申报》1924年5月4日，第11版。

## 求新瓷业公司

三马路望平街求新瓷业公司开幕，廉价一月。本公司发售江西景德镇各种名窑瓷器，改良家常用品以及人物古玩，名目繁多，不及细载，并请优等书画名家专绘山水、人物、仕女、花

① 本文原文是《申报》1924年5月1日第11版“地方通信”栏目下的“景德”一文，现标题为笔者自拟。

② 本文原文是《申报》1924年5月4日第11版“地方通信”栏目下的“景德”一文，现标题为笔者自拟。

卉、翎毛、水彩、写生听凭点景题款，新发明西法瓷板画相优雅，字画瓷屏、陈设送礼，皆宜承定大宗。器皿价目低廉，交件迅速，如蒙赐顾，毋任欢迎。电话中央五三三四。

——《申报》1924年7月23日，第13版。

## 日本奢侈税列入瓷器之请争

瓷业公所主张分新旧两种办理。上海县商会接瓷业公所来函，以日本增税，将瓷器列入奢侈品，请代力争，曾转函总商会汇案会衔交涉。旋接复称：以瓷器一项，我国向销日本、朝鲜，精品居其若干，粗制居其若干，而精品粗制之区别，则又须以花色质地为标准。当由本业自行详加开报，由会转报。当即转知该公所去后，昨接复函：以瓷器花名有千余种之多，如此区分单报，手续甚繁，不易办理。我国海关税，瓷器向分粗细两种，日本此次增税，说明奢侈品值百抽百。对于瓷器，应分新货与旧货两种。新货系日用货，不在增税之列，旧货如古董等，系富豪之装饰品，则应列入奢侈品之内。如是办理，较为公平云云。该商会业将该公所意旨转达总商会查照核办矣。

——《申报》1924年8月12日，第13版。

## 景德镇金融界之恐慌——发行保商票二十万元

景镇金融市面，与各埠情形迥然不同，平时赖以流通市用者，为钱庄自出期票，甚少现洋流通。兹据该业调查所得，计各庄所出期票不下四百余万元（仅通行本埠），在银根不急时，似可互相通用，一遇银根吃紧，势必周转不灵，立成不保之危险，早为识者忧之。近因受江、浙影响，南昌、九江、饶乐等处，均无现洋进口，各庄存底空虚，期票补水兑现，纷至沓来，兼之秋节在迩，各业住户需款尤殷，市面大起恐慌，纷纷吁请商会维持。连日总商会为此事特开紧急会议，讨论救济方法，经众表决，先由商会发行临时流□券二十万元（后改保商票），以济眉急。一面出示给贴各庄门首，鸣锣通知各界，在近本月初十到期支票，一律展至十二日照兑，并暂停止补现，藉维市面。日来商会三帮代表筹办此项商票，异常忙碌，钱庄需票者，须有在镇不动产契据作押，并由钱业公所指定殷实钱铺二十家担保，方可领票。期以三月为限，届期由商会兑现收回，以昭实信。此举不啻为钱业起死回生之良剂，诸盼急急进行。惟窑、布两帮表示反对，多不赞同。嗣经各帮代表陈仲西（窑帮）、张启东（钱业）、施维明（陶业）、吴瑶笙（电灯公司经理）等力向疏通，似相谅解。现商票已印就。今晚在总商会楼上，由正副会长监视盖章，准十一日发行。惟钱业大小庄号争领商票如数，仍缺额不敷分配，并有要求加印者。但各庄本月初十期票需实款若干，迄秘不宣示，如十二票兑不行，市面将愈形恐慌。据该业中人言，有此商票发出，可以无恐。就外间情形观测之，市面现洋缺乏，无可讳饰。纵初十期票如数兑现，转瞬秋节月底，票期又至，外款无来，搁浅危险，恐终不免。但今日仍有少数票户持票到各庄补现，声称需洋□米，生活恃此支持，鹄立待兑，情形极为可怜，惟幸未有发生挤兑者。商会对于此事力加维护，如节关能维持稳，渡市尚可相安，否则资本不充之钱号，恐有迫倒之危险。顷间商会县署，亦奉蔡督理来电，谓现银根吃紧，须保存现洋禁运出口，本省各银行钞票一律行使通用，不得兑现，饬各维持照办云云。浮梁县署今午亦出示布告，略谓：银根吃紧，本镇各铺所出本月初十到期支票，已经商会议定，一律展限两日照兑，其各遵办毋违特示云云。此外各大钱庄晚间均早闭门，并有请警保护者，以免不肖之徒乘机扰事。余如瓷业各行交易完全停顿，市面颇呈一种萧条景象矣。（九月九日）

——《申报》1924年9月19日，第6版。

## 发现保商伪票，创造者破获[①]

江西景镇自江浙战争，沪汇不通，银根紧迫，经商会邀集三帮，出临时保商票代现，维持市面等情，曾志本报。兹再将发现伪票一事破获情形，详述如下：前有人携有商票数百元，至汪聚源金店换取赤金，该店主以商票为现在通用纸币，并不疑心，故被换去。其人于今晨复将伪票二十元至福昌钱号补现。该经理以其人举动可疑，兼之其票印色胡涂，乃用诱计，言代至他家补现。私命店伙将票至商会对根，一面恐其逃逸，嘱学徒以茶烟招待，并问业何生理。据云，在本埠新华印刷社内营生。未几，该伙返店，确系伪票，即将其人扣留。呼岗警带至警署讯办，并督警士至该社搜查，拿获余党三人〔该经理外出未获〕，将该社发封。警佐以事关重大，移送县署。适县长张君新任浮梁，昨晚抵埠，下车于湖北书院，即以书院作审判刑庭，严刑讯究，招供共谋有十余人，实用去票洋千余元〔究竟其数未知若干〕。当将该犯收禁囹圄，一面侦缉在逃。市面自伪票发生后，异常恐慌，人心惶惶，连日商会讨论此事。日夜开会，异常忙碌。况此票系三帮发起，由商会盖戳担保，并每月给息二分，以符信用。今竟发生假票，而一般商店均纷纷持票至商会覆验者，真如山阴道上，拥挤不开，人声鼎沸，秩序紊乱。后请县长到会维持善后，并声明此次伪票一律通用，人心始得稍定。查新华印刷社系股东营业，县长当即票传各股东到案，多避匿不见。其中以时生南货店尤为可疑。该社之经理，系时生执事胡某之子，名鹤舞，刻商会宣告，如得接伪票者，至本会兑换真券［券］。闻此伪票候收清后，或将该社货物拍卖抵偿，或命各股东摊派其创造者。今日县署警押游街，上书标明造假票者照样，并出布告，拿缉余犯。市面因此不免纷扰，商会复请县长出示维持大局，此亦是景镇金融界一绝大打击也。

——《申报》1924年10月25日，第6版。

---

① 本文作者清和，原文是《申报》1924年10月25日第6版“地方通信”栏目下的“景德通讯”，现标题为笔者自拟。

## 景德镇因钱荒罢市

景德镇因挤兑铜元，今〔二十一〕日发生罢市风潮，推其原因，皆由商票所酿成。前次商会因金融紧迫，特出保商票维持市面，并无折扣，与现币一律通行，每月给息二分，藉维信用。嗣因浮梁县张知事邀集三帮公议，取消此项月息，作为本镇善举之用，以致大失人望。兼以景镇货物均出他埠运来，而逐日所收之商票，又不能抵汇外各款，故多至钱业补现。钱业因视为牟利之机会，高抬补水，初尚九五折，后渐至九折，一般商店因亦随而抬高，百货莫不增价，贫民尤感苦痛。盖景镇向多工人，如坯坊窑户等所发月俸，均系商票。现届年关将至，或有归省者，或有寄里者，既以商票补现，未免受亏较大。况彼等薪水微末，每月所得数元之工资，何堪受此意外之损失，故多向钱业兑换铜元。景镇铜元缺乏，须往赣浔等处购办，偶未运到，遂致不能应市。乃工人等智识短浅，以为钱业有意将铜元藏匿不换，于是纷至钱业索兑，有言无者，即将其柜枱家伙等物概行捣毁。盐油钱店尤遭若辈蹂躏，即报官派警前来保护，亦无若何效果。故钱业倒闭之声日有所闻，均因损失过巨，无力支持。间或有将钱店招牌改换京货及铜丝店者，以免若辈滋扰。联日由商会讨论救济方法，亦无切实办法。昨临时货业联合会代表王大藩、时雨农等三十余人至县署磋商，张知事拟出铜元券藉作救济钱荒之用。然各业以商票限期十月底收回，届时竟未实行，今再出铜元券，将来不免再蹈覆辙，故未表赞成。昨晚钱业公所开紧急夜会，直至天明，未得善策，遂于今晨〔二十一日〕全体罢市，人心惶惶，市面颇呈不安之象。下午仍有至钱业击门者，虽有军警，日夜梭巡，恐此风潮非一时所能平息也。（十一月二十一日）

——《申报》1924年12月2日，第5版。

## 请用国货

本号自运江西景德镇名厂官窑，仿古维新时式各种名瓷，营销中外各埠，门庄批发，诚信无欺。货品之精良，价格之克己，素蒙各界所嘉许。现今重将门面特别刷新改良，装设东西大门，分别出入。左右中间特装最新式四面八方玲珑玻璃雅橱，陈列精良瓷品、人物、戏曲、飞禽走兽、瓶坛玩具，冬至送礼用品，应有尽有，特备文明礼券，利便顾客送礼之需。如蒙各界赐顾，无任欢迎。上海民国路新北门西首一百卅三号熊德懋祥瓷号。

——《申报》1924年12月17日，第21版。

# 1925年

## 先施创设瓷业书画定款部

先施公司新近创设瓷业书画定款部，该部由江西直接定来全白瓷器，聘请专门技师，画山水、人物、花卉、禽鸟等，再用德国各种颜料调色，刻已预备齐全。凡欲定制式样及花卉人名等，均可与该公司三楼中瓷部接洽，取件甚为迅速云。

——《申报》1925年4月29日，第19版。

## 江西瓷业公司紧要声明

本公司出品，久为中外欢迎，凡向各埠购买者，皆以有无本公司底款分别真伪。近来鱼目混珠者多，亦于瓷底书写某某公司，业图影射，其中稍有区别，识者尚能辨明，固可不究。不料伪造本公司六字底款者，竟亦常有所闻。现已在景镇查获罗新发、王森泰、刘德茂、余兴泰、彩红等店，果然伪造不少。除将该瓷充公外，并分别处罚。兹特登报声明，以杜朦［蒙］混。嗣后惠顾诸君，凡在各埠购买本公司瓷器者，务须格外注意，免受欺朦［蒙］。此布。

——《申报》1925年5月11日，第18版。

## 碗青金水现货到沪

碗青一物，原名养（氧）化钴，湘名瓷墨，赣名青花、洋料，随地而异，为青花瓷器必需颜料。江西路美商丰裕洋行发售之孔雀牌，营销最久。凡瓷器产地，如湘之醴陵、赣之景德镇、浙之温处，无不购用。该行出品，又有美国墨鹤牌金水，为细瓷添金所必需，质有浓、稀、淡三种。该行刻为推广销路起见，聘长沙德茂长为湘省经理，景德镇查裕顺为赣省经理，以便就地留意，并指点用户，故近日运到现货充足，以应客帮采购云。

——《申报》1925年7月6日，第17版。

## 欲振兴国货者鉴

本公司经营江西国产瓷器，并绘瓷板肖像，开设以来，已逾一载，出品优美，早已有口皆碑。兹因内部改组决牺牲门市，专做批发，情愿将全部店基生财以及货物，概行廉价召盘。如有热心国货，欲做此种营业者，实为最好机会，即请惠临本公司面议一切，并于即日起，将存货大廉价大甩卖一月。至于本公司瓷相一部，现仍请程□子君、叶小庵君担任，照常绘画。特设代收处于英大马路虹庙左首陶正昌瓷号。赐顾诸君，请径至该处接洽为荷。上海英大马路画锦里口求新瓷业公司批发所。上海新垃圾桥国庆路长庆里第十六号内。

——《申报》1925年7月28日，第8版。

## 吾国瓷器改良与救济策①

天下事不盛则衰，不盈则绌，万事皆然，古今同辙。达者知其然也，于是竭其脑力，穷其智才，事之不善者变之，物之不良者改之。结绳纪事，何知文字之适宜；野处穴居，何如屋厦之安适。物换星移，民智日启，沧桑几度，始成四千年余地大物博。声名文物之中国，在昔闭关时代，尚知有所改良，奈何门户大开，在竞争潮流之世，反不急起直追，从事商战，与列强争为长雄，驰骋宇宙，任其国之委靡不振，朝乾夕惕，惟恐覆亡至于此极也。欧洲各国，开化未久，观其工业之发达，商业进步之速，不惮改良，争奇斗胜，不但中国之所能者尽能之，更进求其精细而夺我之利权，抑发明人所未有者，开其利薮，物不厌精，心不厌细，勿庞然自大，不守满以自盈。人心如此，智识如此，又何怪其雄视人寰，凌□弱肉也哉！反观吾国，则何如耶？百业彫弊［凋敝］，工物钝拙，固有者不能改为至善，未有者亦不望以所发明。人心厌粗恶而好华丽，喜价贱而恶昂贵，优胜劣败，相形见拙［绌］，自必舍其固有之土货，而趋赴于异国之商品，亦必然之势也。吾国今日土货滞销，比比皆是，吾不论其他，独专言乎瓷器。

瓷器为吾国出口之大宗品，亦为吾国固有之利权，今且半□他国。昔之超群独步为人所独嗜者，今且鄙夷而厌视之。人心好恶之不同耶？反求诸己，□亦世界文明，物质进化，徒守旧法，不足与人争奇巧耳。抚今追昔，触事兴怀，吾于此得书其梗概而研究之。瓷器为吾国特产，声播世界，西方人士常以陈列华瓷为荣富，名贵可知矣。自学术昌明，制造咸以科学的方法出之，吾国瓷器犹守其师徒相传之旧习，且艺术复不逮古时，人则购我瓷土，运其巧思，花样新颖，质地精致，于是昔以产瓷自豪之吾国，不但输出日减，国人且亦乐用外瓷，转而为逆输入。吾有良基，不自保之，吾有良土，不自用之。□□业瓷，遭逢其会，□焉生惧。语云：工欲善其事，必先利其器，亡羊补牢，桑榆未晚。不揣固陋，亦欲书其管见，而筹挽救之方焉。

（一）制瓷宜求改良新法。世无百年不变之法，天旋地转，民智日增。人之眼光不同，则百物当因时制宜，以求趋合人心。且改良云者，不独救适合时宜已也。工多者求所以省之，本重者求所以减轻，不如此何以□商战而获厚利也。若瓷器之合泥、成坯、敷釉［釉］、设色、施彩、俱涉于理化，非专修特考，不能涉其堂奥。即师徒相传，不无杰出之辈，□艺术往往一传而绝。故欲期改良出品，自非采法于各国各瓷厂，检人之长，补我之短，以求改良，勿畏难而苟安，勿作辍而无常也。

（二）设施工人教育。工业良窳，系于工人智识。产瓷大区之景德镇，地既偏僻，人民大多未受教育，期以改良，杳不可得。故欲改良出品者，自非教育不为功。就地设立：（甲）、平民义务学校，专为工人子弟就学；（乙）、瓷工补习学校，专为失学工人补习，并授以造瓷艺术大要；（丙）、瓷器专修学校，专为有志研究者及已经补习完成之瓷工，养成为制瓷、烧

① 本文作者嘉琪。

瓷、施彩、绘画之专门人士，以备瓷厂充任指导。既有相当学识，益以旧有经验，改良较为易也。

——《申报》1925年9月5日，第23版。

## 商品陈列所瓷器部廉价

北河南路商品陈列所瓷器部，由景镇最新运到粗细各货，计百余种，料选上乘，质白如玉，花样显明。兹为推销国产起见，按照市价，大为减折，廉价发售，定期一日。

——《申报》1925年11月27日，第18版。

## 参观瓷品成绩展览会记[①]

乙丑秋十月三日至初十日，景镇瓷业美术研究社开第一次成绩展览会，予承该社宠召，期在初四日，是日微雨，道途泥滑，予与友偕往，则至者甚寥寥，于是从容纵览，意殊舒适。

会址即市东莲花塘旧址，风景素佳，浙绍陈公宰斯邑时，复因地制宜，辟荒山，拓芜塘，筑公园，莳花木，遂成今日绝好之游地。时值菊花挺秀，尤饶逸趣。会门前缀一瓷器牌坊，屹然矗立，堂皇瑰玮［伟］，足壮观瞻。入内则琳琅满室，绚烂迷离，流眸四顾，目为之眩。

瓷品种类既多，名目尤夥，予门外汉殊难详举，然可概括为陈设品与日用品，陈设品占十之七八，日用品仅二三焉。

瓷画专工国粹，画如人物山水花鸟之类，或笔法工细，或遗貌取唐，咸有所长。景瓷改良，以瓷画进步为最速，设色粉彩，多于古彩〔粉彩、古彩皆绘术名〕，且悉心研究国货颜料之配合，以代洋料，尤难能可贵〔瓷画颜料为有色矿质，研成细粉，敷于瓷画，经火以后，色始大现，故渲染时较洋料为难〕。花鸟之类，今虽间用洋料，愿研究不已，终有以代之，是亦挽利权兴实业之一端也。其他如肖像画、西洋风景画、水彩画及各种图案，亦多佳□。

雕刻瓷品，不乏细巧之艺。其尤精者，如叶君之蛋艇，人物七八，其大仅及米粒，而须眉毕露，各具神态。举凡艇内之陈设，大而卧榻桌椅，小而烟炉杯壶，无一不备。又吴君所刻阳纹山水两幅，一则重楼复阁，画栋雕栏，如观建章之宫；一则高峰峻岭，路曲泉湍，宛似蜀道之回。其技之精，可以冠绝一时矣。参观既毕，快然而返。而吾友语予曰：日用品为国人所最需要者，其有待于改良以广推销也亟矣。乃该社侧重于陈设品，而略于日用品，恐非所以谋瓷业进步之道欤？

曩者吾尝留意国人日用所需之瓷品，则舶来者多于景瓷，盖彼有物美价廉之誉，我则便宜无好货，遂相形而见绌焉。其实景瓷质料远出彼上，苟一面亟求改良之方，一面排除输运

① 本文作者程仿尚。

之艰，则安见不物美价廉，推销内外也哉？予韪其言，□笔记之。想有心瓷业者，当不河汉斯言。

——《申报》1925年12月17日，第11—12版。

# 1926年

## 瓷业公所开会纪

上海瓷业公所，昨日上午十时，在小东门内陆家宅本所召集各同业，开紧急会议，到陶正昌、容大、同义、义昌祥等各瓷号代表二十三人。总董陶礼堂主席，讨论追究伪造公所图记，捏函、破坏同业信誉案，首由主席报告，略谓：前次江西汇昌钱庄收到捏造本公所名义之函件，内容系破坏同业祥丰、利顺昌、刘祥泰等四家信用。嗣本公所复收到一函，系承认假借本公所名义捏函等语，具名申庄同人，其字迹确与前函相同。秦祥兴号所出节单，字迹似与该函有相同之处，故本公所已将该号司帐拘押警厅。惟本公所以尊重信用起见，对于伪造之人应如何办理，不得不请诸君严重讨论云云。经众一再磋议，决委托公所法律顾问宋士骧依法诉究，主席付表决，多数通过。议毕，聚餐而散。

——《申报》1926年1月10日，第14版。

## 国制瓷砖之发行

上海四川路九十六号中国制瓷股份有限公司所制铺地瓷砖，有方式、六角式两种颜色，各种均有，经欧美工程师化验，无不赞许。孙中山陵寝亦采用此砖。上海各大建筑亦多用此种瓷砖。

——《申报》1926年4月8日，第21版。

## 丽华公司昨日起大减价

南京路望平街口丽华瓷业公司，专办江西景德镇名瓷，开设有年，颇受各界欢迎。近值秋凉，闻该公司特于昨日起，举行大减价，各货一律照码八折，家用器皿，如盖碗、茶具、陈列礼品，均可署名落款，另设瓷板绘像部，大小各随所欲，必能逼真。定价极廉，取件迅速，各界定绘者，应接不暇云。

——《申报》1926年9月8日，第21版。

## 瓷艺述略[①]

我国夙以瓷器著名于世界，外人译中国为瓷国，亦正以制瓷之美为不可及也。然考之近今之瓷业，仅恃有此天产之瓷质，若制工则习沿不改，一仍其古旧之师授，而不敢稍有更变。故将谓瓷艺之精进，在今日犹为甚远。往年有英人白显而博士Shinese W. Bushell[②]，着［著］有《中国瓷艺》（*Chinese Porcelain*）二册，详述瓷质之成分及古瓷年代之沿革，但考古而略今，仅及同光而止。所谓“古瓷考辑”（Ancient Porcelains Collection）也。阅其图说之精，考记之细，纤微必录，以外人而多有究心及此，着书搜罗，不遗余力，虽足耀吾国瓷艺历史上之光彩，而吾人反不自知立说精讨之，徒以外人之所珍者，即从而珍之，因之古瓷益罕而瓷艺日退，尤为可慨。其书译瓷窑之初设，为唐初南昌东郡浮梁县，有陶人大鱼Two Yu，始造白釉赛玉瓷器。唐高祖武德四年，改浮梁为兴平，始谕刺史年贡赛玉瓷器进御。引《唐通鉴》。有朱秀查唐皇陵，赛玉祭器有七百零七件，其制法用真玉屑和釉为之。是说《知不足斋丛书》中亦载之，但不及大鱼之名，译之以俟后考。又《随园随笔》云：相传瓷器始于柴世宗，然潘岳赋有倾碧瓷以酌□，柳子厚有代人进瓷器表，是瓷器不始于后周也。宋山西郡初制均窑，则以宝石粉和釉，明润如真宝，色若苹果玫瑰，其鲜美非今人所能仿。定州更有粉定窑，纯白堆花，尤为士流称赏。唯瓷质犹不甚坚，按宝石坚性表，钻石为十一分，玫瑰天蓝九分二，翡翠八分二三，白玉七分八九不等。若瓷质则仅有六分五，唐、宋瓷质尚无此分质也。及明而有五彩、青花各种名称。清康熙朝多仿明成化款式，而细薄纯洁，工作尤精。雍正始有仿西洋彩及粉彩，其白釉比之康熙稍带青。至乾隆之西洋人物，画彩亦工，已略逊二朝矣。要皆特制御窑，其瓷釉彩绘悉勿论工本者。嘉庆之后，即日退而粗劣矣。光、宣朝，稍有仿古之制品，亦一望可辨。袁氏当国，有洪宪御窑之设，一时瓷品为之猛进，其□画釉彩之精细，坯质器件之薄巧，仿自古而能胜古，未尝非瓷艺中兴时代。惜定价过昂，利虽厚而脱售不易。复有市侩估客，藉以欺蔽外商，竟有增至千倍之价，以充清代御窑者，终至败露，为外人所憎，此亦留心瓷业者所当痛禁。今景德之窑，大小无虑数千，皆固守成法，以为世业，间有一二人能略具新颖之思想，稍更旧观，已矜满自足。夫以产瓷名国，而产瓷之出品，一任匠工之旧法，无特殊之振兴，亦正以艺术家不肯为研求耳。兹略述制瓷之手续，以备留心瓷艺之讨论。

---

① 本文作者青瑶女士。

② 此处指卜士礼。原文作者将Bushell翻译成“白而显”，现代多翻译成“卜士礼”。卜士礼（Stephen Wootton Bushell，1844—1908），英国医生、东方学家，在中国陶器、钱币学、西夏文等方面都有贡献。卜士礼出生于英国肯特郡，毕业于伦敦大学盖伊医学院，1868年获伦敦大学医学博士学位。1868年1月，卜士礼在北京担任英国驻华使馆医师，并兼任京师同文馆医学教习。他在中国居住长达32年，期间不仅精通了中文，还撰写了许多关于中国艺术、钱币学、地理、历史等方面的论文。1900年退休后回到英国，此后出版了《中国美术》（*Chinese Art*，1905—1906年）、《中国瓷器》（*Chinese Porcelain*，1908年）、《中国陶瓷图说》（*Description of Chinese Pottery and Porcelain*，1910年）等著作。1908年在英国密德萨斯（Middlesex）逝世。

瓷之窑皆设于景德镇，而泥产于安徽之祁门玉山，其瓷釉亦出于玉山，离景德镇三十里之浮梁亦出泥，但不及祁门之佳。唯窑不设于产泥之地，而必设于景德镇，或谓系水质之关系，此亦足资研考者。朱琰《陶说》论釉药，谓釉无灰不成，釉灰出乐平县，在景德镇南一百四十里，以青白石与凤尾草制练，用水淘细而成，配以白木细泥调和之，按器之种类以为加减，大率泥十灰一为上，泥七八灰二三为中，平对或灰多为下。欧美所用釉药之原料，我国亦未尝不能仿制。其釉药之上者，为玻璃之原料，如硅酸、炭酸、石灰、硼砂、铅丹等，研末和水而成，浓汁浸以生瓷，即提出，俟干，入窑内烧之，其光泽明如玻璃，然后再加颜料绘画重烧。至次者，仅用长石、石英等调和汁而已。

若中国瓷窑之制成，即一瓷坯，自初制至成，计费手续约九次：〔一〕、瓷工以手法抟泥为坯，其厚几五分；〔二〕、付甲工手削其内围；〔三〕、付乙工削其外围，而杯之坯遂薄；〔四〕、付丙工加一底圈；〔五〕、付专事吹釉者吹白釉；〔六〕、烧窑；〔七〕、熄窑取出，俟冷；〔八〕、付画工绘彩；〔九〕、入窑重烧，及取出，乃得成瓷坯。至其他手续，犹有未尽者，如加写图章，亦另有专业为之。最初开掘之瓷泥及制泥为砖、研泥、筛粉、调釉等手续，均不列入焉。当瓷件初烧时，必入大窑，及施彩绘，入小窑已可。上海亦有小窑，若白瓷上加彩加字等，皆可付小窑烧之。青花则须先画花而后加釉，即付大窑烧成即可。但青花贵于五彩者，以白瓷烧成，多有疵点，必取其完好洁净者，施彩而烧之小窑，则出无不佳。青花虽省一次小窑手续，其瓷件出窑，必有多数不完美，致弃去一番画工之费，故青花之价贵，而为业窑者所畏。其初烧窑时，最为慎重，而难卜其优劣，有烧出全窑尽属弃品者，倘获半数可用，即称佳窑。以窑规向例，必将瓷件排列务满，不留隙地，烧时风火相搏，瓷件辄自相震移，致攲侧粘连而不可用。故每一窑开，选其纯白端正者施绘彩，攲斜不正者售之本镇，件仅铜元一二枚，其粘连碎缺者，悉弃之河，堆积如山，值潮涨则冲去。或有劝窑主将瓷件少纳，俾免此患，卒无听者。且以苟获全窑，卜为无上之佳运也！

又制瓷坯时，以圆者易而方者难，圆坯均用手工捏制，方坯须入模制，入模后，必用力击之，使泥坚结，不纳纖［纤］微之空气而可，否则一烧即裂，若圆者无此患。其瓷之细者用吹釉，粗者则以瓷入䌷［釉］内一浸而起，工较省，釉则粗厚矣。

业画瓷之工人，颇傲睨，每晚必窑主亲往各室，与之点灯。灯为一旧式油盏，苟或窑主病，则经理者代，即值画者假游，亦必为燃，不则立扑被出，或聚众罢工矣。画彩之最佳者，山水为汪大兴，人物写照为王琦，花鸟为王大凡。此三数人，亦已居景德镇，而领袖全中国之瓷画矣。王琦，字碧珍，初业为捏粉人担者，具有巧思。至景德镇，见瓷制三星等，笑其手工之拙，遂更为制瓷业。制品既精，人争定购，价亦特昂。既复弃制瓷，从陈某习画。陈擅中西画，以窑倾其业，发愤而卒，艺尽为王得，益加精研，遂擅画照之绝技。今之名公巨贵之瓷照，悉出王手，价亦昂于他人数十倍。其法珍秘，不以语人。晨间作画，室门下键，虽妻子不能入窥，今已拥资数十万矣。但善画于纸素者，不能画瓷，王之画纸，亦呆板不活，殆亦另有手法者。更有善捏像者，两手抟泥于桌下，目注视人面，不稍瞬而像成，付窑烧，即为瓷像，但无釉。盖一加釉，必致肥大走样，终不得其法，亦为憾事。

又当烧窑时，其烟囱偶有破漏，则全窑之瓷皆走乌黑色。烟囱之高几五丈，非架梯可攀登。乃有专业补烟囱者，擅绝技，能于下瞻瞭其隙之大小方圆，而削砖涂胶，一掷而命中，无须再投，亦无不吻合。烧窑将及时，则须请看火者登窑顶看火，其人试唾一下，听声察焰，已知窑之成否与其优劣。至瓷器之成本，窑人亦不能自知，因利虽厚，而毁弃者亦过半也。且改良之磋商复不易，如初欲改旧式茶壶口内之三眼为十眼，即此一事，曾经费无量之譬喻，始得工人之允。盖工人秉守师承，绝不喜有改革思想，亦非一时可使之明了，意有触忤，即易斗殴，虽窑主无敢违之焉。兹江西瓷业公司，虽能为差强人意之监制，然一困于工匠之顽固，二苦于画工之居奇，三鉴于出窑之多毁，价遂不得不昂，而销路滞矣。若得精善之法以谋改良，则瓷品之出产，额必巨［剧］增，内可以塞漏卮，外足以输各国，藉天富之产，以艺术为之振兴，则今之瓷业，实有极重要之研究焉。

——《申报》1926年10月29日，第21—22版。

## 瓷业伙友加薪运动续闻

瓷业伙友同人友谊会前日开代表大会，通过各项函稿暨宣言书等，至加薪条件修改后，公议径行连同公函缮就，交由代表赴公所请愿。兹将其条件函稿等分载于后。

提出条件：〔一〕薪俸，月薪五元以上者加倍，十元以上者加八层，十二元以上加七层。从八月节起算，薪俸每月全月定期初二发给，冬、腊两月均双俸，逐年加俸两次。〔二〕抽厘，批发门庄一律每售十元，抽厘洋二角，从今年八月节起算，照薪水大小分派，旧有分红者不另抽厘。〔三〕月规，每月一律大洋一元。〔四〕收徒，每一间门面者收徒一人，二三间者收二人，二年半递加，出师后起码五元，对于学徒，不得虐待及苦力工作。〔五〕全年假期，每年给假□月，凡未请假者，照加两月薪水。〔六〕疾病病故医药，概归店东出资，凡遇病故者，给抚恤金二百元。〔七〕本会店东，必须承认本会，如店东雇用会外人员，须由本会认可后任用之。〔八〕歇退伙友，必须将理由通知本会，得本会查明实在情形，允许后方可停歇，不得藉端开除。〔九〕兼售品，除本瓷以外，与店东无涉。〔十〕优待，凡旧有优待伙友习惯，仍照昔年之优待旧例办理。店员在店服务，除受店东及经理指挥外，别人不得非分之干涉。

致瓷业公所董事陶理堂函：谨启者，敝会窃以瓷业店东对于伙友之待遇情形，谅已早在洞鉴之中。然伙友等均抱非常痛苦，□妻别子，骨肉分离，千里迢迢，寄迹异乡，无非欲谋相当俸给，为仰事俯蓄之资。近来百物昂贵，较之往年，奚只倍蓰，薪俸纵有增加，究属甚微，所以全体同人迫不得已，经公同议决，订立条件，恳求加薪。此项最低条件，按之营业状况，店东本不难履行，此公推代表六人趋前而洽，伏祈先生推诚容纳，务使早日解决，各守和平，则全体伙友□感恩无既矣。肃函奉达，并颂诸位理事先生公安。

——《申报》1926年12月31日，第9版。

# 1927年

## 声明

本号景德镇办货庄客黄宝三，今端节辞退，黄已另有高就，特登《申》《新》两报申明，陶正昌老瓷号。

——《申报》1927年6月22日，第8版。

## 江西景德瓷器公司行将开幕

瓷器为我国特产，尤以江西出品为最佳。南京路中市江西景德瓷器公司特集巨资，在沪建设窑炉，聘工业专门技师监制，力图改良出品，精益求精。现正装修门面，布置陈列，一俟工竣，择期开幕云。

——《申报》1927年7月9日，第19版。

## 陶正昌瓷号紧要声明

缘小号江西景德镇庄伙黄宝三，已于本年五月间辞退，曾登《申》《新》两报声明。讵料宝三在未解雇以前，私用小号图章，擅出支条，前竟有人持条来申索兑，经报捕房严行拒绝，近日镇庄亦有人纷向兑取。当经略呈景镇总商会，转饬黄宝三自行清理。旋据宝三函复，承认所出支条，俱归伊设法，陆续照兑，与小号丝毫无涉。复蒙总商会据情函知，准予备案在卷。惟人心叵测，来日方长，为惩前毖后计，不得不郑重声明。嗣后小号用出支条票据，非经理堂或子懋源亲笔签字，及无存根可以核对者，不论何时何地，一概不生效力。特此通告，诸希公鉴。陶正昌瓷号主人陶理堂谨启。

——《申报》1927年12月13日，第13版。

# 四

# 南京国民政府时期《申报》中的景德镇瓷业

# 1928年

## 总商会为瓷商呈述痛苦

上海总商会昨呈财政部云：呈为沥陈瓷业所受重叠课税情形，乞予按照治本治标办法，分别筹议改良，以资挽救而维营业事。业于本月十六日，接上海瓷业公所函称：敝业瓷器，本天然之国产，为中外各国日用所必需，近年以来，受军阀政治之摧残，捐税日增，大有江河日下之势。论捐税名目繁多，景德镇有下河厘金，姑塘船关税，湖口有出口税，安徽有华阳镇之统捐，芜湖有常关税，又有江苏税捐，吴淞有进口税，上海有落地捐，兼之沿途逢卡照票，在任留难，约计捐税之总数，自景德镇到达上海，每百元须加捐税至三十余元。民船运输，费用日加，若装轮船，由景德镇至九江，沿途亦有同样之税厘，由九江装轮报关过磅，论税更加繁重，且过磅震动，瓷器破碎尤多，商民隐受其害。吾国关税权操外人，为不平等条约所束缚，将国瓷税率提高，洋瓷得以畅销，近更有一种关章，将国瓷人物分为一英尺内外，及有须无须分别估税，苛重扰重，痛苦不堪言状。凡此种种，皆受外人税务司之压迫，若言对外贸易，受害更甚，即如日本有值百抽百之苛税，欧美各国，无不抽重税，以致对内对外，均感无穷之痛苦，国瓷退化，洋瓷充斥，遍地皆是。查日本瓷器产于名古屋，出口免税，吾国进口税又轻，易于推销，所以国瓷销场日坏，而洋瓷则愈销愈广，长此以往，吾国瓷业，将无立足之地。再有一种俗名“九江货”，由景德镇各庄拣下次货，奸商私运至浔，交江轮私带来申，成本既贱，又是偷税，以租界为大本营，兜销各处，为数甚巨，影响正当瓷业，受累匪细，国课商业，两蒙其害。欲谋瓷业之发达，必先将种种障碍铲除。敝公所开会筹商至再，为特专函，请求贵会，予以维持。当此国民政府统一全国训政开始，凡百建设之际，不得不将历年所受痛苦详陈，素仰贵会领袖群商，一言九鼎，敬恳将敝业之困顿情状，转达国民政府，提倡国瓷，减轻税率，俾与洋瓷相竞，并请于收回关税自主时，将国瓷一项，列入日用品类，对外修改不平等条约，将国瓷列入互惠条约之内，俾国瓷对内对外，均易推销，发展生产，国富民强，实利赖之。再目前尤关紧要者，请求维持正当瓷业，乞转呈财政部通令九江、芜湖、南京、镇江、上海各关监督及税务司，切实严查偷漏，则国课商业，均受其益等语到会。查瓷器为吾国著名工业，徒以厘税重迭，对内对外贸易，均陷于不振状态，现在裁撤厘金，虽在着手筹备，惟瓷为我国特产，尤宜加意维护，将来改办特种消费税或产销税时，此项瓷器，仍宜列入例外，方足以轻成本，而广销路。至于互惠税则一层，亦为关税自主后应有之举，必宜将吾国瓷器一项列入约内，方足以减除苛税，扩充对外销路。以上所陈，均为治本办法，其目前治标之策，即如海关估税，将国瓷人物分为一英尺内外，及有须无须，分别估价，均不免迹涉苛细，客卿操纵，别具深心，应请钧部，令行九江等关，予以纠正，并令其对于浔轮夹带偷税私瓷，严行检查，力杜徇纵，庶于国课商情，均有裨益。理合具文呈请钧部鉴核，准予分别办理，实为公便。谨呈国民政府财政部。

——《申报》1928年7月18日，第14版。

## 瓷业公所力争撤销新税

上海瓷业公所，为江西湖口加税事，昨日续开紧急会议。到本埠全体同业外，尚有各埠同业多人参加，共同讨论，一致反对，誓不承认。当场议决，电请南京财政工商两部及江西财政厅，迅将新税撤销，仍照向章收税，并请将截留湖口之瓷船放行，一面函请上海总商会、县商会、国货维持会，请予援助，力争到底。

兹录该公所致总商会等三团体原函如下：敬启者，敝业因受捐税重迭之苦痛，营业衰败，达于极点。曾于日前沥陈困迫情形，请求贵会转呈国民政府财政部，维护解除痛苦在案，不料近日忽接赣省之瓷器船户，由湖口急函报告，该处除原有税局之外，又新设一种内地税局。过磅抽税，分粗细二种，粗者每百担完税七十元，细者则须九十元，税率异常苛重。各帮瓷船，停泊鄱阳湖一带，共有一百数十号之多，全体反对新税，誓不承认。各船均被截留，不许开行，鄱阳湖风浪险恶，各船户生命财产，颇为可虑。请即电吁财政当局，撤销此种新税，以安商贾等情前来。敝公所当即召集全体同业紧急会议，佥以瓷器一业，为吾国大工业之一，倚此为生之人民，何啻数十万。近年以来，受苛税之压迫，衰败已极，几至一蹶不振，裁厘既将实现，新税复又层迭加增。长此以往，瓷商固难图存，而为此为活之数十万工人生计，亦将垂绝。坐令洋瓷日见畅销，国瓷一落千丈。瞻念前途，不寒而栗，殊背政府提倡国货本意。公决除电达南京财政部、江西财政厅迅将新税撤销外，为特函恳贵会，予以援助。转陈财政当局，俯念商困，立将新税撤销，在裁厘未实行以前，仍照旧章征税，并将裁留瓷船，立刻放行，以维瓷业，不胜迫切待命之至。

——《申报》1928年7月20日，第16版。

## 警告觊觎江西景德镇苏湖会馆之吴光耀

启者：浮梁县属景德镇，素有苏湖会馆一所，建于清乾隆壬午[①]年间。所有会馆董事，历由众商公举驻镇之苏湖绅商充任。近自前董章吉士先生故后，乃公举其子章端甫先生继续承乏。不意去冬驻镇容大瓷庄吴禄如勾结浪居上海之吴光耀来镇招摇，自称苏湖会馆代表，始则逼勒会馆交出账据，其时章董适值因公赴申，以吴光耀既非苏湖众商所公推，又非驻镇有业之商人，遵将会馆账据藏锁铁箱，当然无交给光耀阅看之必要。讵光耀□竟乘章董赴申之后，凭藉一二少数湖人，公然□入会馆，取而代之，甚至私开铁箱，盗取账据，□禀

① 公元1762年。

法庭，请派法警，婪收房租至二千数百元之巨。间有欠租未缴各户，吴光耀动辄饬人揭去屋瓦，使之露宿，不蔽风雨。诸如此类，忍心害理，不一而足。终更异想天开，朦［蒙］诉法庭，欲将历久不刊之“苏湖会馆”之“苏”字一笔抹煞，改为“湖州六家瓷业公所”，以致激动苏商，全体公愤。公呈浮梁司法公署，另推公正湖人朱吉生暂行代理董事。一面并蒙颁给告示，会馆名称仍永归“苏湖”两字，并着容大交出吴光耀及会馆一切账据。光耀遂卷款潜逃，匿居上海，仅将容大房屋发封。伙友劳松龄收押在案。乃风闻吴光耀逃申之后，犹复不知悔悟。骗取上海容大巨款，复赴江西高等法院，捏词朦［蒙］诉，不将会馆名称达到改为湖州六家所有目的不止。事果非虚，公理何在？总而言之，苏湖会馆乃苏湖众商全体之会馆，非湖商少数人之会馆也。如欲将“苏湖”二字改为湖州，苏商虽□誓不承认，当集全力以应付之，任何牺牲在所不顾。设吴光耀果系驻镇经商，名望昭著，苏商更爱之敬之，当有举任会董之一日，如朱吉生先生者，非湖人也耶？若彼必欲反其道而行之，忘□非分，无论苏湖众商，皆将群起攻之，商等为公道计并无仇怨，最后忠告，尚希清听。景德镇苏湖会馆苏商顾福和、高紫兰、徐崇清、朱寿□、刘翼仲暨全体众商同启。

——《申报》1928年8月8日，第12版。

## 总商会函告撤销瓷器税局

总商会昨为撤销瓷器税局事，致函瓷业公所，谓于本月十四日，奉国民政府财政部批示，内云：业经据情令行九江内地税局，迅将该湖口分局即日撤销，并电饬该局将所扣各瓷船先予放行矣云。

——《申报》1928年8月15日，第16版。

## 瓷业公所反对苛捐

瓷业公所昨为景德镇印花税包商，勒贴累进印花税与税单事，开全体大会。到者本埠外埠代表数十人，公推张伟民为主席。行礼如仪，讨论景德镇瓷商联合会来函云景镇印花税包商，劝贴累进印花税，与完税单税上加税，异常苛刻，瓷商不堪其扰等语，全体一致反对。议决分函总商会等团体援助，呈请政府，立即撤惩包商，取销［消］印花苛税，不达目的不止。尚有完正税外之附加税，为数已逾正数一半以上，且是军阀时代之苛政，当此国民政府解除人民痛苦提倡国货之际，应请政府查明撤销，以维国货而安商业。想瓷商连年担负此种重迭捐税，政府必能解除痛苦也。

——《申报》1928年10月20日，第16版。

## 瓷商请疏浚景德镇水陆交通

瓷业公所为景德镇开河筑路事，致总商会、县商会、国货维持会函云：敬启者，江西景德镇运瓷河道淤塞，交通梗阻，曾经敝公所条陈计划，呈请工商部咨行赣省主管机关，速行修浚，以利运输，业奉工商部电复，已得赣省政府函复交建设厅妥筹办理在案，是此案已得工商部及赣省政府采纳商民意见，即予施行，奈尚未兴工，致河道仍然淤塞不通，商运艰滞。近接景德镇瓷商来函云：由景镇发货至饶州朱袍山，已将一月，因秋深水涸，运瓷河街久淤。前经提议开濬，其经费前由景镇曾经捐款预筹，因故迄今尚未动工。此外尚有修筑长途汽车路之计划，早在景镇瓷器完纳正税及附税外，每百元加抽洋十五元为路股，筹备九景长途汽车，瓷商负担已久，未见典工举办。此项大宗公项，现存江西金库保管在案，应请赣省政府速即切实查案，赶紧修治河道外，速将长途汽车路于最短期内完成，以利陆道交通，俾水陆通行无阻。再查赣省出产，瓷器为大宗，靠此为生之工商，不下数千万人，景镇出品虽旺，而水陆交通阻塞，运输不便，积货无从疏运，窑户势将停烧，工作停顿，工人生计，固有妨碍，货不能应期到达，而商人经济亦呈恐慌之象，苟不速予进行，开浚河道，则国课工商，俱受其害。惟景镇至朱袍山水路不过三百里，其间河道，虽皆浅涸，然尚能勉强行舟，其中最关扼要者，为饶州以下六十里之龙口一段，为全河咽喉，淤塞已久，几成陆地，此段一通，全河即易疏浚，为将瓷器运输困难情形，并录九景路股收据，附呈鉴察。务恳贵会，据情转呈江西省政府建设厅，迅派专门人员至景德朱袍山一带，察勘情形，即日水陆兴工，以利商运，实为不便，不胜迫切待命之至。

——《申报》1928年10月28日，第13—14版。

## 中华国货展览会（十三）

（前略）江西陈列馆之特色。此次各省送会出品，江西最占多数，计有一百四十余箱，一千一百余种，多至九千余件。馆中陈列各物，瓷器、夏布两种具有特色。如南昌振华号出品之王琦所绘四爱条屏、游长子所制飘衣八仙、光亚号之千件万花瓶、景德镇王琦所画人物瓷板、汪野亭墨山水册页、邓碧珊鱼藻瓷板、田鹤仙粉彩瓷板、南昌梁兑石所绘总理遗像、丁朗清出品□船瓷板、程意亭扇面瓷板、陈海清出品之雕花瓷板、中华号刘希任所绘瞎闹世界、光华出品之御窑龙凤桌碗、多属非卖品，极为名贵。次如万载夏布，……中外参观人士定购者甚多，已由该省代表函告各出品人定买云。（后略）

——《申报》1928年11月14日，第14版。

## 中华国货展览会（二五）

（前略）孔部长演词：今日为搪瓷业宣传日，亦为本会分业宣传之第一日，贵会代表童季通先生，请兄弟来说几句话。我们中国为工商业落后之国家，所以外国人不断的来到中国做工商业的竞争。回想从前到外国去，外国政府对于工商事业，都很加研究和注意。兄弟二十年前到苏格兰。因为苏格兰从前有一位女王极其保守，所以一切房子等，还仍旧是保存从前国产的样子。该时饭厅菜馆等地方，所用的都是中国的瓷器，而且大家都很宝贵的。我中国的瓷器，向来驰名，外人以China名我国亦即因此，而且为欧州［洲］各国帝皇家所尊重。现在瓷业衰退，一落千丈，却甚可虑。到人家的家里去，所用的茶杯饭碗，不是德国货，就是东洋货。到饭馆茶馆里去，所用各品，几无一不是外洋来的。为什么中国最著名的瓷器不在中国营销，反为外国货所压迫呢？其原因无非是价目大，式样旧。办瓷业的人，墨守旧法，不加改良，以致非但不能竞争，反而落人之后。现在二十世纪的时代，应当用二十世纪的物品，应当合二十世纪的需要。科学一天比一天进步，发明亦一天比一天增多。不但是瓷业，现在更有所谓搪瓷。西洋各国，发明搪瓷，无论碗杯盆等，皆可用搪瓷制造。因为专用洋铁造，洋铁要锈，于卫生不宜，发明用瓷油，既省钱，又便当。中国向来不造，故北方将此种货物叫做洋瓷。中国地大物博，大概□资本少，人才少，遂致落后。现在上海搪瓷公会，对于搪瓷事业之发展，至为努力。从前此种出品，社会上没有人造，当然要向外人购买。现在有人能制造了，可以供给社会的需要了，我们为什么不购用本国的产品呢？诸君与搪瓷业有关系的，还要负起责任来，力图精益求精，适应二十世纪的时代与需要。将来更要推销到海外去，非但弥补本国的漏卮，还可增进海外的贸易。现在中国穷到这个地步了，弱到这个地步了，要挽回这穷弱的中国，只有自己人买自己的货物，这是各位来宾大家都有责任的，兄弟趁这个机会，贡献□个意见，并祝搪瓷业□量进步。（后略）

——《申报》1928年11月26日，第16版。

## 赣瓷减轻税率之部批

总商会函上海瓷器公所云：赣瓷减轻税率案前由本会提出全国商会临时代表大会，经付税务组审议，呈请政府核办后，顷接全国商联会函开，此案业经本会执行。顷奉工商部批开：查我国瓷器，确为产品大宗，营销中外，向着声誉。比年以来，因成本高昂，洋瓷侵销，以致营业日趋凋敝，本部深为轸念。现正拟派委员实地调查，一俟调查明确，即当设法整顿，以期发展。至所请减轻税率，并列入税则日用品类各节，会据上海瓷业公所呈请前来经本部加具意见，函请财部主持核办，旋准复开，对于国内通过税，正在筹议裁撤，届时运销国内瓷税，当亦在被裁之列。至运销国外现行出口税则，本无奢侈品、普通品之别，似可无［毋］庸顾虑。将来如认有举办新税、改订出口税则之必要时，自当审察情势，妥酌办理等因。合行录批函知等因。奉此，相应函达查照。

——《申报》1928年12月4日，第15版。

## 中华国货展览会（四八）

（前略）江西馆增加出品。该馆陈列瓷器、夏布、漆器，前经浙江国货陈列馆许心余馆长，征集多件，运杭陈列。该省代办，复向驻沪瓷商胡祖鹏君，征集仿雍正彩八百件观音一尊、陈凤梧君一丈二尺高黄釉中山葫芦顶一座、仿康熙彩五百件雕□花人物双□瓷罐一双及粉彩文具杯碟等项。景镇程意亭[①]君自绘横直各式挂屏□页，仿乾隆彩古月轩瓷瓶多种，送馆陈列。程君为景德镇艺术专家，"珠山八友"之一，以善绘翎毛花卉著名于时，并由该省代表邀请每日午后一时至四时，到该会东边三楼江西馆，亲绘孔祥熙部长、王正廷部长、赵锡恩主席等名人照片，已得程君同意，于本日起，到画像一星期云。（后略）

——《申报》1928年12月19日，第14版。

# 1929年

## 景德镇之瓷业[②]

景德镇属于江西之浮梁县，故景德镇瓷又名江西瓷。中国制瓷之地，初不限于江西景德镇一处，福建之德化、河北之磁县、湖南之醴陵等，莫不产瓷，而制品之量，品质之佳，皆不及景德。即外国制品，质量亦远逊于景德。此景德镇瓷，所以冠甲世界也。

景德镇，去民国纪元前约九百余年。宋景德年间，始于此置镇。制瓷则□远在景德年间以前，厥后制瓷技术渐次进步，业务亦渐次发达。至有明而大□，宣德、成化年间，出品精良，万历年间，釉上五彩，最为著名。清康熙年间，则盛极一时，嗣以太平之乱，事业大衰。现今虽有挽回之势，然技术不及□昔远矣。

景德镇，江西浮梁县之大市镇也，四面丘陵环绕，居昌江〔浮梁河〕之南，故又名昌南镇。而景德镇附近之河流，又特名之曰景德河，沿河上流二十五里达浮梁县，下流里许，与一支流会，屈折西南流一百八十里抵鄱阳，与乐平河合流入鄱阳湖，而汇通长江。景德镇之运输，悉赖是河，春水涨时，舟行颇便，秋水枯竭，则感困难矣。

景德镇位于北纬二十九度，气候温和，积雪最多之时，亦仅寸余。街市颇繁盛，闭窑期间，人口约十余万，开窑期达三十万。是镇住民，直接间接，与瓷业皆有关系也。

---

① 程意亭（1895—1948），原名程体孚，别名甫，艺名"翥山樵子""洎山山民"，斋名"佩古"，"珠山八友"之一。

② 本文作者邓负庵（1890年生），湖南人，毕业于湖南高等实业学堂矿物学专业。著有《湖南矿产概况》《湘潭鹤岭锰矿志》等著作。本文应是《申报》关于景德镇瓷土科学分析的最早文章，文中有大量关于景德镇瓷土的化学分析，因版面排版关系，加之不少地方模糊不清，笔者予以省略。详情可参看《申报》原文。

**营业之组织**

景德镇之瓷业，皆取分工制度，其主要者，如白土行、做瓷业、烧工业、彩工业、瓷商、匣钵厂等，又土石采掘业、原料选洗业、釉灰行、模型业等皆各分业而行，其分工之细，世界瓷业，罕与伦比。即如原料之制造，已经三分业之手，采掘业者，祗操采掘工作，而粉碎淘汰不与焉，粉碎、淘汰，则属水车业者所专营，淘汰精制之原料，则经由白土行以供给于制瓷业者。做瓷业者购入原料，虽调制坯土及釉，造胚［坯］施釉，而自不设窑烧瓷，烧瓷则专委诸烧工业者，匣钵厂又另设之。烧成之瓷，是为白瓷，又名青华品，售诸瓷行或小贩，若欲加施彩画，则须交□诸彩工业，彩工业亦有自购白瓷，施以彩画而上市者。总上各项分业，间有兼营者，但为数至少，普而皆一人祗营一业。惟现设之江西瓷业公司，则各项皆设备完全焉。

**原料**

制瓷原料，需要最多者，□为胚［坯］土□料，胚［坯］土原料，种类□多，普通有高岭、滑石、白不、釉果四种，分述于次：

（一）高岭。高岭，系景德镇附近之山名，其地产瓷土，故锡［赐］以高岭土之名，厥后竟变为瓷土之普通名词，而西文亦以高岭Kao Lin之名瓷土矣，景德镇所用高岭土之主要者有三种：

（甲）明砂高岭。明砂高岭，为高岭土中之最良者，产于浮梁县之明砂，距景德镇八十里，其色白而微带淡黄，□有云母细片，以指触之，有硬粒之感觉，易施水□工夫，加水虽生粘力，而不适于独用，煅烧至摄氏一千三百度，变为白色而硬固，有吸水性，其耐火度□二十九号标准弧三角锥相当，即约为摄氏一千七百一十度也。化学成分如次表：

| 成分 | 用硫酸处理之 | | 全分析 |
|---|---|---|---|
| | 可溶解分 | 不可溶解分 | |
| 矽酸 | 27.79 | 26.56 | 54.55 |
| □土 | 23.54 | 6.63 | 30.27 |
| 氯化铁 | 0.90 | | 0.90 |
| 氯化□ | 0.51 | | 0.51 |
| 石灰 | 0.10 | 0.17 | 0.27 |
| 苦土 | 0.05 | 0.04 | 0.07 |
| □质 | 1.32 | 0.78 | 2.10 |
| 钠质 | 0.45 | 3.37 | 3.82 |
| 灼热□量 | 7.67 | | 7.67 |
| 合计 | 62.53 | 37.55 | 100.18 |

（乙）东乡高岭。□□地亦属浮梁县，其质较明砂稍劣，黄色略深，混云母细片较多，加水，粘［黏］力较弱，干燥，凝固力较小，烧煅至摄氏一千二百七十度，可烧结，成黄白色固

体，化学成分如次（表）：

（中略）

（丙）星子高岭。星子高岭，产于距景德镇四百里南康之星子地方，与高岭同□，质量较劣，虽有粘［黏］力，而单品不能造□，其色不一，有淡黄褐色者，有淡赤褐色者，混有白云母，煅烧至摄氏一千三百度，能烧结，有吸水性，耐火度与三十三号标准三角锥相当，即约摄氏一千七百九十度也。

（二）滑石

滑石之主成分，本含苦土，而景德镇所用者，苦土之□极微，其化学成分殆与高岭相类似，混于□土或□□用之，粘［黏］力比高岭为强，优者色白，次者色□或灰，上品□可全部为硫酸所溶解，不溶解者，其□颇微，下品，则硫酸不溶分之量颇多。上品煅烧至摄氏一千二百七十度，为带有几分透明质之白色坚块，灼烧至摄氏一千三百七十度，外观似普通瓷质，透明质亦完全消灭。化学成分如次（表）；

（中略）

（三）白不[①]

不者系火石（Petiosile）或石英粉岩（Quartz-Pcprhyir）等粉碎后之制瓷土也，有□□性，其色白者曰白不，……故以产地而□多种，兹举其主要者于次：

（甲）祁门白不。徽祁门，西□虽景德镇一白五十里，其地所产之□不，色白或微带褐色，混合微□白云母片，粘［黏］力最强，可单用造坯。煅烧至摄氏一千三百度，可烧结，发光泽。耐火度与十七号标准三角锥相当，即约摄氏一千四百七十度也。化学成分如次表：

（后略）

——《申报》1929年1月26日，第25—26版。

## 第三次代表大会国立中央研究院报告（续昨）

五、工程研究所。本所成立于十七年三月，原为理化实业之工程组，于十七年七月改为工程研究所，暂设上海霞飞路八九九号，将来拟迁至新西区上海市政府旧址。现在已有之事业及设备为：（一）陶瓷试验场，系与中央大学工学院合办。设于首都复成桥工业学校旧址已出品五六窑，计千余件，多为美术品，尤以采［彩］色釉者为优。成立未久，对于本省泥质与其适用范围，并陶釉、瓷釉、釉上、釉下色彩、陶器化学、瓷器、电料瓷件及制瓷技术，均在研究中。出品本拟即行运沪陈列本所，后以房屋窄小，陈列室为物理研究所暂用，故从缓。（后略）

——《申报》1929年3月15日，第12版。

---

① 不（dun），陶瓷专用术语。景德镇民间对以瓷石制成的一种白色砖块状冶瓷原料的称呼。

## 五月份汽车道路消息

（前略）景湖路。景德镇为世界著名之瓷器出产地。奈以交通不便，运输上极为困艰。赣省公路处为便利起见，特兴筑此路。由浮梁而至湖口。全路约长二百余里。此路现已开工，不久即可竣工。此路一旦工竣后，输运上已无若何困难，景德瓷器必可以因之日形发达也。（后略）

——《申报》1929年6月18日，第30版。

## 赣省开办瓷类特税

赣省瓷类税，现已改办特税。盖以前此瓷类统税章程，虽曰一道抽收，而经过湖口则征长江二分税，赣县则征常关税，继复增加附税五成五。又地方各捐，如龙口疏河、九景汽车等，尚不在内。兼以积久弊生，浮收中饱，如挂号加补及增加筒口等弊，名目繁多，商人病其烦苛，国税亦受影响。商特派员为此，特召集瓷商代表会议，澈［彻］底更张，依照财部特税条例，妥定章程，以符一物一税之原则，更于货价及税率详查审定，依照部定办法，分为日用品、半奢侈品、奢侈品三类，最高税率定为百分之一七五，最低为百分之二五，营销国外之出洋瓷器，并得以部定退税办法，为之救济。现闻此项特税自开办以来，收数已因以大增矣。

——《申报》1929年6月29日，第10版。

## 商整会电请平等缴纳瓷税

上海特别市商整会，为景德镇瓷商纳税事，昨电南京财政、工商两部云：本月十五日，据景德镇同庆公所函称，窃商等各帮瓷商向由景镇采办瓷器，贩运各埠营销，以为生计营业。与三邑、良子、孝感、唐山等帮，历来均系采买色脚瓷货为多数，货同一律，纳税应无区别。惟曩昔专制时代，弊端百出，庶政纷歧，官吏贪污，生民涂炭，以致待遇多不平等，天下滔滔皆是。抚今追昔，夫复何言？今幸以党治国，我国民政府一切新政措施，悉遵先总理遗训。首重交通，提高商人待遇，废除不平等条约，力谋商业发展，以抵制帝国主义之经济压迫，以挽利权，欲从根本解决。将景镇原有统税局，赓续改组为瓷类特税，革除从前积弊，对于瓷商一切不平等之待遇，不至再睹于今日矣。岂期仍旧相因，依然沿用弊政，盖以商业各帮，与三邑、良子、孝感、唐山等帮，同在景镇，所买一样色脚瓷器，双帮瓷件，论货既无优劣，自应一律征税。讵料财政部江西特派员负此重大使命，偏听朦［蒙］蔽，并不加以考虑，又不悉心征求，职务废弛，黑暗达于极点。若论商等各帮与三邑等帮所办一样色脚瓷器，一样茭满章之单支双帮，对彼等仍以旧例相循，折扣尚未取缔，且三邑等帮，以单支双帮为所办大宗货品，其七折纳税取巧，获利良多，与商等各帮比较，不啻相殊天壤，而对于商等各帮，乃竟实征实收。盖以单支双帮之外，为家常日用所需，然同照万草计算，要短收该帮等税洋六百元，相形见绌，何以厚于彼而薄于此？竟不比类参观，使同一买埠同一消场者，一方尚未有利，一方亏蚀难堪，瓷业何由扩充？将见一落千丈。在商等各帮，当此训政时期，对于国家应纳税义务，并不格外央求，但以征税不均妨害营业，发生种种困难，似此违反部章，税则歧异，若不切实声明请求更正，将来全国影响，关系中外交通，有日下江河之势。仰恳贵会为全国商业枢纽，最高机关，希即开会提议，鼎力维持一致协助，据情转请国民政府暨财政、工商两部，一秉大公，收回成命。令饬江西财务特派员遵照办理，凡各帮满草单支双帮同类之瓷，准予一律征税。以符部章而惠商业等语到会。查原函所称同等之瓷，应按照同等税额纳税，废除各帮向来偏颇待遇，核其所称，尚有理由，据函前情，理合电请钧部鉴核，俯赐转饬遵办，实为公便。上海特别市商人团体整理委员会叩。铣。

——《申报》1929年8月21日，第14版。

## 陈修贵来函

径启者，兹寄上新闻一件，事关江西景镇商业前途，希即披露是祷。负责人陈修贵，原住景德镇何家窯玉合瓷业研究会，暂住南昌万年巷第三号陶记学舍。

原文如下：景镇之东乡，特产釉，为制瓷要素之一〔为施于瓷面而生光泽者，为浮梁独产〕，有因特产由少数釉行釉客专运专卖，往年业瓷者〔即做窑户〕与行客，三面经领商订价一次，限制三方，以免争端。今年釉行淇兴泰等，罔顾一切，串通釉客，违背去年所订上则［等］釉每千块价洋七十元零五角之成议，竟涨至二百元。业瓷者以去年所订之价，较之前年每千块六十余元之价，已涨十余元，况去岁距今仅十余月，竟陡涨一百三十元。使各项亦如此骤涨，则各业瓷者之蚀本，不待年终，势必尽行倒闭。故不能由其垄断操纵，以致涉讼。釉客复以业瓷者摧残抑价等情，发出宣言，向各主管机关呈诉其所主张，有无理由，当有事实可据，姑予勿论。然十数月间以七十余元，竟涨至二百元，按诸普通商业，岂有是理否？愿少数之釉行釉客，毋为利所迷，致多数之业瓷者，为之破产，而阖镇数十万工人，限于绝境。语云：皮之不存，毛将安附？尤望负有国家治安及建设之责者，亟宜注意耳。

——《申报》1929年10月2日，第10版。

# 1930年

## 国货维持会吁请瓷税平等

中华国货维持会，据江西景德镇鄂帮瓷业同庆公所等暨各帮代表公函，沥陈江西瓷类特税局征收瓷税，显有不平，妨害营业，请予援助等情，当经执委会议决，转函上海瓷业公所查明具复。昨据该公所复函称：接奉大函，并抄示江西景德镇各帮瓷商来函，为江西瓷类特税局，对于全体瓷商，不能一律平等，偏袒三、良、感、康［唐］山四帮，对折缴纳特税一案，征询敝公所意见，藉凭办理等因。伏查各帮瓷商，在产地采办同一货物，运至同一地点销售，税率不能平等，受同货异税之痛苦，以致三、良、感、康［唐］山四帮瓷商，因税率低廉货易销售，营业得蒸蒸日上，其他缴税足之瓷商，因成本高昂，营业不振，日就衰落。再查上年三月中旬，江西财政特派员召集瓷商到省，会议税率之际，各帮瓷商，因每年废历年关结束，例须回号，交代账目，待至国历四五月间，方始陆续到镇，故此所派代表，暂由瓷行临时代理出席，均非正式瓷商，因此不明情形。所有景镇各帮瓷商，与贵会公函中情形，均系实在，务请鼎力援助，以达全体瓷商一律平等待遇之目的，不胜企祷云云。该会接函后，当据情转达财政、工商两部，请求令饬纠正，平等征收，藉利运销而维国货云。

——《申报》1930年3月5日，第14版。

# 1931年

## 粤瓷商呼吁豁税，力陈重抽迭税之苦

广州通信。粤自裁厘后，各项土货，原冀可减免税捐，不意瓷器一类，抽税重迭，比诸裁厘前，仍不见解除重抽之痛苦。瓷业前途，日益困难，近日瓷商已将重抽迭税之痛苦情形，沥陈商会，请转呈政府，设法救济，以维国货。其《诉状》略谓：关于江西瓷器，因广州毗连香港，香港为无税口岸，瓷器悉由香港直接采运，盖出口免税，则成本自轻，本轻则生意畅旺，避重就轻，为必然之理。观于广州市出口瓷器，比较十年以前，祇得十之一二，有海关册可以调查，况国货中如土布土□等行，业蒙政府豁免出口税，似应援照成案办理，应请政府完全豁免出口瓷税，以解除痛苦者一。

一、行商采办江西瓷器，多由粤路火车运抵本市。查向来路局定章，无论货式如何，俱收五等卡运价，讵铁道部忽改变定章，细瓷照三等卡征收运价，普通为四等，粗瓷为五等之规定。盖自江西景德镇起运，而赣州、而南安、而南雄、而韶关，由韶关登车，而抵广州，中经五埠，历三度之入栈，三度之雇艇，各埠夫力之多寡不齐，船艇之大小各异，辗转驳运，上落混乱，故由韶登车，祇有件数可查，而无粗细之可辨，偶或误报，即被指为瞒报，加以处罚，动辄得咎，应请政府仍照旧征收运价，以救济困难者。

二、关于潮州瓷器。（后略）

——《申报》1931年4月7日，第7—8版。

## 发明国货印花纸

闸北伦敦路一百五十一号锦华印花厂聘请印花纸发明家顾秋水担任工程师，顾氏曾派往国外考察，费数载心力，始告厥成，且驾于舶来品之上，其用途除瓷器陶瓷外，凡玻璃、木器、漆器、五金及优美商标等，均可适用，永不退［褪］色，且其手续简便，价廉物美，在舶来品之上。兹闻本外埠各大瓷器、陶瓷等公司，均纷纷向该厂订购云。

——《申报》1931年8月7日，第15版。

## 中国已有化学瓷器用品

化学中瓷器用品，向系取诸东西洋，每年漏卮极大，苦无替代之品。科学仪器馆于前年向景德镇接洽，历经顿挫，迄今方告成功。第一批所制本生电瓷筒，业已运到，质洁釉细，过于舶来品。第二批所制乳钵，样品亦到，试验合用，正在仿制。其余如蒸发皿、甘［坩］埚、蚕学用各品，亦在研究中，实为提倡国货中好消息也。

——《申报》1931年10月3日，第16版。

## 实部拟办瓷业工厂

（南京）实部拟创办大规模瓷业工厂，已先拟具计划，提商英庚款董事会，由英庚款余额积存项下拨款数十万元，选择九江等交通便利适于制造之处开办，并将景德镇中国瓷业公司所余机料等物尚堪应用者，移归新厂，作为商股，以收官商合作之效。（一日专电）

——《申报》1931年11月2日，第6版。

## 读者通信

抵制日货，必须同时提倡制造国货，来讯有切切实实，报告制造国货工业现况，或提出制造国货计划，足使企业家见之，加以考虑而进行者，最所欢迎。刘君此讯，可为一例，原讯极长，限于篇幅，略加删节如下：

刘新陶君訊，述景德镇的造瓷大略。

我认为抵制日货，最切实有效的根本办法，只有赶紧制造国货。我居在景德镇，即以瓷器而论，查日本的瓷器营销我国，遍及内地，其原因在彼有一二百万元资本的工厂，用机器造瓷，出货既多，成本亦轻。我们景德镇造瓷的窑户，都是小资本不过几百元或千元而已，甚至竟有几十元的。他们只顾生计，那［哪］有余□来试验而改良呢？因此固守旧法，制造瓷器，完全要靠天的，我现在把造瓷的大略写在下面：

白土。先从白土说起，天若不下雨，小河水浅，水碓〔水碓是用水力把碎石打成白土〕就不能舂，而没有太阳又不能做。春夏天还好些，秋冬天气就完全不行〔外国造瓷用机器压，顺便将和泥的水压干了，又用火焙干，因此不问天气如何，都可以做〕，镇地风气闭塞，瓷坯烧坏了，或烧倒了窑，只叹运气不好，若得有资本的爱国之士，投资几十万元，或百万元，在江西湖口，或姑塘创设一造瓷烧瓷的大规模公司，那末［么］外国瓷器，在中国便无立足之地了，因湖口运货既便利，而生活程度又低。做瓷坯烧窑和绘画等工人，都容易招雇。若论投资造瓷，并无意外损失的危险，只须费几万元先期试验改良，便有成效可期了。

白釉。制瓷所必需的，是瓷外的白釉。此物是从乡下做成砖，运到景德镇出售，前三年售价，每元可买十六块，近一二年因时局不靖，窑户存货空虚，而乡绅又从中垄断居奇，提高售价，每元只售五六块。倘有资本，可向江西建设厅接洽，开发白矿石，再向上海中华铁工厂，购一套机器，需银七千两，每十小时，可出白釉土一百担。

匣钵。匣钵就是装白土做成的东西，和瓷坯送到窑里去烧的一种器具。匣钵厂的旧习惯，凡窑户今年用那一家厂的匣子，就是不好，也只有吃亏一年，不能改买别家的匣钵，并且不得合资另设匣钵厂。早年匣钵厚而且好，因其原料多用白土，少用黄土，现在他们只图自己利益，不顾窑户的损失，因为少用白土，匣厂的成本便可减轻，而多用黄土，匣钵便薄而不好，窑户就常受烧倒窑的损失。若在湖口，那就可以单独设立匣钵厂，约需资本三千元。

工人。烧窑户雇工人烧窑，不给工钱，反要工人出一千元或八九百元，向窑户租工做，窑户只要工人能出钱，不狠［很］注意工人的技能。工人的进益，就是以废历端午、七月半两次向窑户收费，以节前烧的三号窑货为标准，虽烧了五六号，也只收三号的钱。工人的团体很坚固，每年端午及七月半节前，常要禁窑〔禁窑就是限制每十天、十二天或十五烧一次，平常是五六天烧一次，因为窑是热的，就可省些柴〕，工人此举，是要将全镇的窑，在端午七月半以前，都要烧三号货，这样他们可不受损失。工人技术，也有好歹，倘不禁窑，则烧好窑的，有瓷坯烧，烧歹窑的，便没有烧，工人就受损失。工人禁窑，就是维持同业工人的利益起见，这是工人方面一种最不良的习惯。

烧瓷窑。烧瓷窑是堆装着瓷坯烧，是分前后窑的，前面装满大小瓶、坛、缸瓷以及细瓷碗盘等，约占全窑十分之六七。装瓷坯进窑烧时，就要交付烧窑钱，无论是烧倒了窑，或是把匣钵和瓷器烧做一堆，完全没用了，或是少烧了钟点，瓷坯尚未烧成瓷器，但对于烧窑的柴钱，也是不能少付一文的。至于窑的后面，都是烧的粗碗，烧窑时，常遇前面烧倒了一处，倘若就此不烧，还可保全前面未烧的瓷坯和匣钵。倘临时发生倒窑，若后面粗碗瓷烧好了，马上就可不烧，如果尚未烧成瓷器，那就不顾前面的瓷坯和匣钵，仍旧要烧的，一般道德心的烧窑户，只顾自己的小利益，不顾做瓷窑户的大损失。

窑屋。从前的窑屋，比较现在的窑屋，只有一半大，又低又小，倒窑之事，却很稀少。近年的窑屋放大，也放高了，烧窑之时，烧得快，就容易倒窑，但是烧快窑，可以省烧柴，每号窑要烧柴六七十元。烧快窑，只注重将后面粗碗烧成瓷器，前面占全窑六七成价贵细瓷，反不留意。

资本。只需五千元，做一所小而低的窑屋，再以五千元买柴烧窑，只要不省柴，不倒窑，这事可以有十分把握。

以上所述是照旧法略为改良的，再另外以二万元分作［做］十次试验，仿做外国新式的窑，烧煤炭仿做新式窑，就是不合用，拆了重做，一切砖料仍旧可用，只不过费些工资，果有资本而耐烦研究，没有不成功的。至于工友方面，改良其待遇，工资从优些，出货却须限期多出。一方面选派陶业学校出身，而有经验学生，出洋留学，以便回国改良；一面向外国招雇外国的制瓷烧瓷的工人，仿造洋瓷。同时更指导全国工人，用机器制造瓷器，出货就可增多，成本减轻，卖价既便宜，自然就可与洋瓷竞争了。至于出品，总宜仿照洋瓷，而且先仿做日常用品，至仿古等玩具及奢华品，暂不宜做，因此项工人，既不易雇用，而此项奢华品销路不广，亦难获利。从前镇地，曾有一家资本十万元的瓷业公司，现在失败了。其失败原因，就是仍照镇地旧法，不注重普通日用品，而只求精美的陈设玩具，以致出货成本昂贵，生意不能发展。

总之我认为如有大资本设厂造瓷，即是抵制日货最有效的方法，希望爱国之资本家，踊跃投资，改良我国的制瓷事业。

——《申报》1931年12月11日，第16版。

## 读者通信·王永康君托致刘新陶君讯

新陶先生：今读申报大著《述景德镇的造瓷大略》一文，知先生是一位热心提倡国货者，而且对于瓷业，很是明了。同人等自民十四脱离学校后，目击国内工业凋敝，外侮频仍，故联合同志，以提倡国货为职志。又鉴于景德镇瓷器，为我国著名之物产，遂设景德瓷器公司于南京路，复派谭君至镇考察瓷业，希日后有所改良，但数年来，虽尽心经营，惟所得之结果，除受墨守成规之同业欺侮与破坏外，对于瓷业之本身，仍无裨益。同人等清夜扪心，殊觉惭愧。今读报后，对先生之热忱，莫不表示同情。故拟与先生引为同志，嗣后对于瓷业，应兴应革诸端，尚希赐教，苟先生有意发起烧窑公司或制瓷工厂，同人等莫不乐为赞助，聊尽提倡国货之义务。如蒙将组织大纲及计划书等见告，曷胜欢迎之至。

——《申报》1931年12月15日，第16版。

## 常君讯·与刘君讨论电瓷工业

读本栏十二月十一日载刘新陶君述《景德镇造瓷大略》，鄙人因有同嗜，不揣浅陋，敢与刘君一商榷焉。按造瓷为窑业中重要之一种，与玻璃、珐琅、砖瓦等工业并列，东西洋各国，此种工厂林立，各大学中设有专科研究，与电机机械土木等工程学并重，故甚为发达。反观我国，以首先发明之国家，而新式工厂尚付阙如，研究试验，更属难能，宁不可惜。处此环境，而欲召集数十万元或百万元之资本，设厂制造，恐不易得企业家之信任。即使集数万元，先从事试验，亦须具有远大眼光之企业家方肯牺牲。鄙意以为不如集资五万至十万元，从事制造电气用瓷器，一面设备研究改良制造日用品方法，以备扩充。因电气用瓷器（简称电瓷）制造较易，无须多加研究，国内有益中公司及唐山启新公司，从事此业，已有数年。至规模较大者，有外人在沪所设之厂，已有十余年历史，一切设备及制造方法，均系新式。因制造杯碟等日用品方法，大约相仿，亦曾试制，成绩颇佳，惟以无有经验之工人如景镇者，且志不在此，故未发展。惟制造电瓷，确无问题，如此一面生产，一面研究之办法，定能博得各方之赞助也。至设厂地点，设在湖口，刘君高见甚是。惟第一期试验之时，尚以在沪为佳，各种便利，将来试有成绩，大规模进行时，再就内地设厂。人材问题，刘君意见派学生留学，亦系最要步骤，最好国立大学中，添设窑业一科，培植人材，庶几将来不感缺乏，方有振兴之望。至造瓷工业，本包括日常用品〔如杯碗碟壶等〕、陈设用品，浴室用品、电气及化学用品数种，此外陈如地砖及墙砖等制造，亦相仿。我国每年输入外货，不可胜计。电瓷一项，几全为日货。因货虽劣而价廉，际此抵制之时，正企业家投资之绝好机会，愿与国人共讨论之。

——《申报》1931年12月15日，第16版。

## 1932年

### 暹[①]京四枋厂苏顺利瓷庄广告

启者，本号委张锡渠为江西省景德镇敝分号瓷庄任司理之职。自民国十八年九月起，至现年八月止，张锡渠带账簿下□清算，方悉他所支之款，逾过月薪四百余元，本号并不与他如何计较，□希望悔过前途而已。及后十一月廿七号景德镇各号寄来清单与他核账，始发觉他吞去账项一千五百余元。本号方欲向他是问，他心中骇怕，即日私逃，至今四处追寻无踪。祈望沪上以及景德镇诸宝号周知，免被恶伴乘机混骗耳。切切。此布。

——《申报》1932年3月16日，第7版。

### 公电·景德镇来电

各报馆均鉴，顷上行政院财政部一电。文曰：查赣省府所举办之瓷器等特种产销捐，实系一种变相厘金，内则违反国府裁厘明令，外则抵触裁厘加税成案，而江西劫遗众民，更万难担

---

① 暹（xiān）罗，泰国的旧称。

负此种苛捐，迭经全赣人民团体及属会电请钧院部制止在案。现因征收局长修思永，带同员司百余人，自省来镇，不顾地方严重反对，强设局卡，扣留瓷船，致激起瓷商罢市窑户歇业，十余万失业工人，纷纷游行请愿，势将酿成莫大危机。……除呈报党政机关外，情迫电恳钧院部鉴核，立电赣省府，将瓷器等特种产销捐，克日撤消［销］，瓷业幸甚，地方幸甚等语。查本镇年来，……瓷器出产，一落千丈，今赣省府对此奄奄一息之国产，竟不惜课以苛捐，酿成绝大风潮，国瓷生命，危在旦夕。务乞赐予援助，以期达到撤消［销］目的，不胜盼祷之至，景德镇总商会叩祷。

——《申报》1932年7月25日，第7版。

## 景镇瓷业一落千丈

外受洋瓷倾销，内苦捐税繁重。瓷商奄奄一息，工人失业日多。

南昌通信，景德镇之瓷器为吾国唯一特产，世界极为著名。景镇昔称昌南，唐初有东山里人霍仲初与镇民陶玉者所烧之瓷，名曰“假玉”，为进贡之品，民间不易购得。至宋景德年间置镇，始改今名，成为吾国第一之工业区，由是历代均设专官，□理其事。如宋之景德窑、湘湖窑，明之隆万窑，清之御窑，考仿精究，代有发明，推销欧美，与丝茶同为吾国主要出口品。惟以工人知识简陋，故步自封，不知改良，出品每况愈下。当局既不加以提倡，从事改良，而捐税迭加，成本日重，以致洋瓷乘机而入，不但国际市场被其排挤，无立足之地，即国内销路，亦被其篡夺，大有反客为主之势。

查景镇在清初瓷器全盛时代，工人约十五万至十八万，有“千猪万米”之谚，即每日需猪千只，食米万担，人数之多可以想见。每年瓷器出品总值，恒在千万以上。民国十八年据建厅之调查，全镇共有工厂一二八四户，瓷窑一四四座，窑户资本总额约一三六九二三四元，是年出品有数目可考者，灰器八二三九一〇元、大器六五五一八元、灯盏一一九〇〇元、古器一八四二五〇元、雕削二四六三四五元、官盖五七三八〇元、粉定五八六五七八元、淡描一八八〇〇元、滑石二七八二〇元、描□七三九〇〇元、小器五六六〇七元、大件三一七四六〇元，共计二百四十余万元。此项数目，系从税收上统计而来，当然不甚精确，据一般人之估计，是年〔十八年〕瓷器出品总值约四百万至五百万，较之全盛时代之千万，已不胜今昔之感矣。顷据景镇来省瓷商谈及，景镇瓷业，年来因受洋瓷影响，出口减少，资本固已周转不灵，……幸去年销路，在二三月间即已发动〔该镇向来以五七八九等月为旺月，余为淡月〕，沪津广港各帮，争相采购，预办洋庄。乃“九一八事变”发生后，生意又归冷淡，瓷商满望今年有一转机，讵因沪战发生，无人问津。大资本尚可勉强周转，小资本无从押借，支持维艰，纷纷歇业。及沪战停后，本来可有转机，而产销捐又于此时开征，一线生机又从此断绝，此项产销捐，系仿照以前产销税成例，大都为百分之十，即十分之一，捐率既重，成本自高，销路亦必随之而绝，所以全镇工商一致反对，全市闭业者将近一周。幸有驻军未酿事故，然产销捐局仍不惜一切，下船之瓷器，亦一律扣留，瓷商裹足，窑户工厂一致停顿。虽经全国瓷业公会吁准中央明令取消，而当局置之不顾，迄今依然征收。所以全镇瓷业歇业达数月之久，刻虽复工，然一百数十座窑，昔之五日烧一次者今改为十八日一次，尚是货如山积，家家瓷器无处可堆，且素握金融枢纽之徽都两帮，……金融枯竭，无款放出，昔之瓷商恃钱业押款者，今又不能周转，惟有坐以待毙耳。刻下除少数资本雄厚者，尚在开工外，十之八九陷于不生不死地位，各厂户窑主无法维持，情愿出遣散费，将工人遣散，因此工人失业日多，萧条不堪，长此以往，恐不出数年，景镇瓷业将完全崩溃也。（十一月十二日）

——《申报》1932年11月21日，第7版。

## 1933年

### 景德镇瓷业不振

景德镇瓷商谈。瓷业益形不振，年来瓷料成本加重，工人时求加薪，而销路又日渐薄弱，入秋虽稍活跃，但细瓷无人过问，而营口、关东各地无来镇采办者。（十一日电）

——《申报》1933年1月12日，第7版。

### 经济专刊 · 最近江西主要产物衰落一瞥

（前略）景德瓷器素着盛名，其质量精良，价值名贵，数百年来为人盛道勿衰，不仅在国内首屈一指，即泰西亦早驰名。民十六以前，出产最盛，平均每年总值，约在一千万元，其销路远及于南洋欧美各国。最近据陶务局调查，瓷业行类总数计二十三家，窑陶行厂，共一千五百零四户，工人二万二千零二十九人，资本一百五十三万五千八百八十五元，全年出产总值，五百六十万零六千一百五十一元。与十六年前较，实减少四百余万元。其衰落之原因有二：十六年前，景埠共有福、禄、寿大小钱庄七十余家，金融□呈活动，如瓷客带镇申票一万元，购办瓷器，即可将申票售于钱庄，钱庄只付其支条，不□数目〔自百元至二元〕，随时可以兑现，流通市场，买卖均称便利，故当时银根舒畅，贸易随之□展。十六年以后战事频仍，金融紧急，申票呼应不灵，钱庄所出支条，亦搁浅不能贴现，于是信用尽失，市面遂难流通。最老的殷实钱庄，亦缩小营业范围，多主审慎放款，此瓷业受经济窘迫之影响而致衰落者一；……“九一八事变”后，东三省销路，完全滞塞，营口、哈埠、关东各帮，均裹足不来，此外他省或因军□关□□，交通梗阻，难于运售，此又受军事□□影响，因而衰落者又一。前年建厅鉴瓷产之退化，毅然起而负指导改良之责，特于厅内设置窑业部，以研求瓷业之改良，分设一陶务局于景德镇，除担任技术事务外，并负瓷业上一切指导之责。办理以来，虽渐见成效，但仍无彻底底改良。今春又因沪战影响，银根奇紧，瓷□各行，困于经济，业务上又不□

依计划如愿做去，兼之省府□办□□产销捐，于景镇设立专局，征收瓷捐，瓷商负担加重。九月曾一度罢市停业，上月虽经沪市商会主席王晓□等率瓷业代表亲至赣面请当局撤销，改征营业税，年比额定□四十四万，较之瓷产称盛之年，瓷商负担未见少减，且自秋节后，为瓷器淡销之季，各省瓷客，多赋归去，又因年关在迩，金融紧闭异常，月来□镇开烧之窑，仅十余家，瓷器出品，竟至无人问及，市况萧条，为近年未有，瓷业前途，殊无进展乐观。（后略）

——《申报》1933年1月23日，第15版。

## 参加芝博会江西瓷器公开陈列

此次我国参加芝加哥博览会，筹备一年，各省出品，极形踊跃。旋以政府因国难日亟，停止参加，各省出品人请求政府指导补助，自动参加，业分两批运出赛品四百余箱，已见本报。各省征品以江西瓷器数量最多，除已运去二百箱外，尚存数十件，因包装换箱手续，赶办不及，拟俟第三批再行运出。计有一丈二尺高总理瓷像一座，景德镇制瓷模型数十种。凡制瓷烧窑彩绘均用生瓷制成，人物模型，形神逼肖，为历次赛品所无。此外尚有青花釉里红缸、慈禧太后万寿时所制寿盘及其他名贵瓷器数百种。在未运出以前，经该省代表与上海市商会接洽，暂假该会商品陈列所三楼陈列，以备海上人士之观览。近日天朗气清，该市场游人，亦顿形踊跃。

——《申报》1933年5月14日，第11版。

## 中国江西瓷器沪窑工厂益丰搪瓷厂股份有限公司推受盘启事

坐落白利南路五一八号门牌之中国江西瓷器沪窑工厂，今因厂主无意经营，于廿二年八月八日将全部生财原料房屋设备推盘与益丰搪瓷厂股份有限公司执管营业，更名为益丰搪瓷厂股份有限公司。所有推盘以前人欠、欠人各项，归中国江西瓷器沪窑工厂负责理楚，以后盈亏，亦与江西中国瓷器沪窑工厂不涉。如因产权关系有提出异议者，应声明理由，于三日内正式提出，过期概不生效。除另订推盘、受盘据外，合行登报，声明如右。

——《申报》1933年8月9日，第19版。

## 南洋方面赣瓷销路大减

实业界息，江西景德镇瓷器，销售暹罗及南洋群岛各属，出口数每年不下四五百万，近因日瓷大批运往上列各地尽量倾销，更作攻击华瓷恶意宣传，致销场一落千丈。去年出口赣瓷，不过三四万元，今年竟无大宗出口者，销路殆全被日人夺占矣。（二十八日专电）

——《申报》1933年9月29日，第7版。

## 赣省改良陶业——洗刷耻辱挽回利权，解决民生发展工业

南昌通讯，陶业试验所所长夏宗禹，昨在行营广播电台，播送赣省陶业应行改革之点：（一）陶业为我国著名国产。振兴国产，必须改良陶业，因欧美人士，以呼高岭的音呼瓷工，以他们称中国的名词称瓷品，可知世界上已公认瓷土瓷品为我国所发明之铁证，然我国出瓷的地方，向以景镇为第一，近来外国凭籍［藉］关税政策，一面抵制华瓷进口，一面奖励新式瓷器输入我国，遂致我国反形成外国陶瓷的倾销场这种情形，不徒于经济上受莫大影响，即国产史上亦蒙莫大耻辱，这是本省陶业应改良之一。（二）陶业为本省莫大利源。我们要保全利源，就要改良陶业，然国家方面，有此一笔陶业收入，亦颇可观，多者近百万，少亦在四五十万元，于国计上不无小补。至于商人贾瓷，其获利大为可惊，一元的物品，售价数十元，视为常事，尤其是海外贾瓷的侨商，往往由小商变为大商，由小富变为大富，这样看来，本省陶业，实天赋的利源，无穷的宝藏。近因拘守成法，成本太昂，外瓷因之乘机输入，现在几有喧宾夺主之势，大好利源，行将散失，至为可危，这是本省的陶业应行改良之二。（三）陶业为当地之良好职业，就要将陶业改良。因为现在是一个经济战争的时候，社会上一切的波折，悉由经济的影响所造成，我们要免除一切的波折，惟有因地制宜，提倡陶业，人民一加入陶业的工作，都可以解决生活，不过近数年来，因□□□□，歇业的瓷厂日多，失业瓷工日夥，弱者饥寒待毙，强者铤而走险，隐忧为患，这是陶业应想法改良之三。（四）陶业为工业研究上所需要。我们要发展工业，亦要先从改良陶业着手，因为陶业是以制瓷为主要的工业，且瓷器的性质坚硬致密，不传导电气不怕酸碱，不怕冷热，适合工业上种种需要。我国向来对于此等瓷器制造未曾注意，遇需要，即不惜重金，购诸外国，利权的损失，固属不赀，而工业必需的材料，仰给他人，前途进展毫无把握，实为憾事，这是陶业应改良之四云云。

——《申报》1933年12月10日，第8版。

# 1934年

## 谭瓷

瓷器之精，首推逊清康乾时代，迨及后世，惟洪宪称帝时，刻意求精，不亚古月轩之古瓷，研究古瓷者，类能知之。平湖葛君祖芬①，善书画，富收藏，搜求瓷器尤夥，去夏养疴匡庐，遇南陵画瓷名家何许人②君，见其所绘瓷屏山水，工细绝伦，雪景尤佳妙入神，超越北宋

---

① 葛祖芬，浙江平湖人。民国著名收藏家葛昌楹弟弟。

② 何许人（1882—1940），原名处，字“德达”，安徽省南陵县人。以陶渊明《五柳先生传》中“先生不知何许人也”句，更名为何许人，景德镇“珠山八友”之一。

画院之粉本。空前绝后，叹为观止。当代名公，咸以乞得一器为荣幸。葛与何相交月余，常与畅论古瓷，获益匪浅，举凡古名瓷之可供参考者，悉罗致之。何言绘瓷之难，远非纸绢可比，彩色加釉，浓厚粗涩，较胶漆而过之，钩［勾］勒尚可，皴染更难。且瓷器开框之处，祇有数寸，画山水而欲求其丘壑林泉俱备，非粟人豆马不为功，甚矣画瓷之难也！何有嵇康之癖，不肯轻易落笔，每绘一器，阅数月始成，市上之许人作品，大半出其门下所绘，许人偶为之润色而已。且闻许人倜傥潇洒，重友谊，有长者风，烟霞啸傲，不求闻达于诸侯，洵难能而可贵者也。

雕瓷不自今始，曩所见者，虽工而少杰出之才。若今之徐顺元①雕刻，鬼斧神工，不同凡响，葛君得其所雕之藤盘，细如毫发，花卉奕奕如生，彩色鲜艳。芝加哥博览会中，彼所雕之龙船，标价三万美金，为某西人所得，闭会后竟得最优等奖章，西人谀为绝技云。

——《申报》1934年4月16日，第14版。

## 景镇瓷器销路低落

南昌。实部赣湘区调查员陈小南谈景镇瓷器鼎盛时，工人二十万，销数年达千万元，今只工人五万，销四百万元。（二十六日专电）

——《申报》1934年6月27日，第6版。

## 江西大瓷厂即将成立，杜重远日内赴赣着手筹办

江西省拟办大规模机器制瓷工厂，自经瓷业专家杜重远②君月前亲往勘查后，瓷厂之进行愈臻具体化。杜君为考验赣湘两省瓷土之优劣，曾经赴湖南瓷土矿区一行，返沪后，又与来沪之江西财政厅长吴健陶君晤谈至再，大致已经商妥。杜君前曾拟在上海组办一纯粹商办瓷厂，已有成议，顷以江西方面亦决改为商办，省政府出资二十万元作为商股，并保障事业之顺利进展，不受任何阻力。江西瓷厂发起人方面再三催促杜君前往主持一切，闻杜君已有允意，将俟沪事摒挡竣事，即将前往，着手筹办云。

——《申报》1934年7月9日，第12版。

---

① 徐顺元（1891—1966），江西丰城人。1891年生于丰城一户贫苦农民家庭。1911年随兄来景德镇拜师学艺，从此开始了艰辛的雕塑生涯。徐顺元天资聪颖，悉心钻研，三年学徒，融众家之精湛技艺于一炉，且逐渐形成个人独特艺术风格，尤其擅长镂雕与捏雕的创作与创新。其首创的素胎花篩，令人叹为观止，堪称一代镂雕宗师。

② 杜重远（1898—1943），吉林省公主岭市人。早年留学日本。1923年回国后在沈阳开设肇新窑业股份有限公司。“九一八”事变后积极投入抗日救亡运动，曾以记者身份在湘、鄂、川、赣、沪等地活动，鼓动民众抗日救国。1934年到赣主持光大瓷业公司和陶业管理局工作。

## 免征瓷类运商税

新声社云，上海市商会昨电江西省政府熊主席。

南昌江西省政府熊主席钧鉴：本月二十日，接全国旅景瓷商公会函称，缘赣省府于民国二十一年，举办□□□□物品产销捐，瓷器亦在被征之列，当时敝同业根据法令，一再力争，旋即取消瓷类产销捐，改为瓷类特种营业税，拨归瓷商认额承办，敝同业因仰体政府筹措□□经费维艰，是以忍痛负担，为瓷商补助捐款性质，亦即产销捐替代名称，并迭奉赣财厅批示，准与产销捐同时撤消［销］在案。本年六月赣省府，为救济本省生产，裁撤产捐，而瓷类特种营业税根据成案应在取消之列，瓷商所负责任，亦已终了，自无疑义。讵省府暨财厅，竟改变名称，将瓷类特种营业税，改为瓷业营业税，核定全年税额洋廿一万元，仍令瓷商负担。以一临时之产捐反变为永久性质之营业税，纯属欺骗敝同业，朦［蒙］蔽中央，且查财部新颁整理营业税法，应以营业场所或制造场所为征税原则，不得对物征税及征收类似厘金之营业税规定甚明。如我瓷商旅镇采办瓷器运往各埠纯属运商性质，并未在镇设有营业场所及制造场所，根据法令，已无纳税之义务，乃赣省府暨财厅，竟假借征营业税为名，实则恢复变相厘金，弁髦[①]中央法令，漠视全国财政会议决议案，故敝会旅镇同人异常愤激，迭次电呈表示誓死不能承认，讵近日赣省府暨财厅竟派卢郁、赵世熏二委员，来镇勒令前瓷类特种营业税局长张伟民等，于三日内恢复已经撤消［销］月余之局卡。敝会旅镇同人，处于威势之下，莫可理喻，徒唤奈何，只得推派代表吴克家、刘念吾、王守疆、熊敬诚、何士模等，前往南昌、首都等处请愿，素仰贵会热心维持国产，悯恤商艰，用特函请贵会查照，务恳准函转请撤消［销］非法之税，以救运商，至纫公谊等语。

查贵省初办瓷业产捐之际，瓷商以有背裁厘通案，阻碍运销，节经函由敝会分向中央及钧府请予依法停办，并经敝会王前常委延松亲赴南昌商洽，经钧座以中央裁厘明令为重，特将瓷类产销捐取销［消］，改办瓷类特种营业税，由该业设局承办，惟以核具征税办法，仍属通过税，性质事属短期过渡。故瓷商亦体念时艰，委曲遵办，凡此情形，钧府均有案牍可凭，无烦缕述。该项特种营业税，既为改变名目之产销捐，则该项特种营业税之存续期间，应以产销捐之存续期间为限。今贵省裁撤产捐，而瓷类特税营业税，亦奉令改为瓷业营业税，具征钧府政令措施权衡至当。惟查营业税征取办法，原有立法院议决，呈由国民政府公布之营业税法，可资依据。该法主要之点，即为纳税者限于制造商或贩卖商，而不及运商，是以营业税法第三条第一款，以商店名称，列为要件之一，盖征及运商，即系通过税、营业税与厘金之界限，分别在此。又此营业税法第九条，规定营业税应由纳税者向征收机关，直接缴纳，不得由他人承揽包办，亦以厘金多由包商定有比额，竞争揽办，流弊无穷，故税法预为防杜，明文禁绝。本年

---

① 弁髦（biàn máo）：弁，黑色布帽；髦，童子眉际垂发。古代男子行冠礼，先加缁布冠，次加皮弁，后加爵弁，三加后，即弃缁布冠不用，并剃去垂髦，理发为髻。因以“弁髦”喻弃置无用之物。也引申为鄙视。

全国财政会议，议决废止苛捐杂税，其所定苛杂范围，计分九项，其第六项所捐之苛杂，即为妨碍交通对物品或舟车通过征收之税捐。是贵省举办合法之瓷业营业税，其不应预定包额，设卡征及运商，衡诸国家税法及部议裁废苛杂，由政府通行各省之命令，均属毫无疑义。据函前情，理合电请钧府鉴核，俯准将近议举办之瓷业营业税，其征税范围以及一切办法，概照颁行之营业税法办理，所有类于通过税性质者，概予纠正。庶崇法治而顺商情，实为公便。上海市商会叩。咿。

——《申报》1934年8月22日，第13版。

## 伦敦需要瓷器

景德镇瓷器驰名全球。刻有伦敦汉司福特公司，专营中国上等瓷器进口业。以前在华往来之商号现已停业，故拟在沪再征求一瓷器出口商，如有意交易者、望到江海关贸易局指导处接洽。

——《申报》1934年8月29日，第11版。

## 景德瓷商代表到京请愿免税

（南京）赣省府撤销苛杂之后，复创瓷类特种营业税，病商扰民，瓷商全体自动歇业，以示抗争。昨景德镇瓷商公会，派代表刘念吾等来京请愿，呈文云：赣省府民二十一年举办善后物品产销捐，瓷器亦在被捐之列，当时瓷商等根据法令，一再力争，旋即取消瓷类产销捐，将瓷类特种营业税拨归瓷商认款承办，商等只得忍痛负担。本年六月，赣省府为救济本省生产，取消产捐，而瓷类特种营业税应同时撤销，在瓷商所负责任，亦已终了，讵省府暨财厅竟改变名称，将瓷类特种营业税改为瓷业营业税，仍令瓷商负担，以一临时之产捐而变为永久性质之营业税。查财部新颁整理营业税法，应以营业场所或制造场所为征收原则，不得对物征税，及征收类似厘金之营业税，如瓷商采办瓷器运往各埠，纯属运商性质，并非在镇设有营业场所，当然不在征税之列，乃欲假借征收营业税为名，而实行恢复变相厘金。商等迭次电告，誓死不能承认，讵省府暨财厅竟派委员卢郁、赵世熏来镇，勒令前瓷类特种营业税局长张伟民等，恢复已经撤销月余之局卡，商等有口难诉，惟有自动歇业，以示抗争到底。景镇数十万工人，恃瓷业为生，一日失业，势必流离失所，况四乡□□甚炽，恐挺［铤］而走险，尤为可虑。推代表刘念吾、吴克家、王守疆、熊敬诚、何士谟等亲叩钧座，请愿恳予电令制止。（十四日专电）

——《申报》1934年9月15日，第10版。

## 张公权由赣考察返沪，谈救济江西瓷业衰落

申时社云：中国银行总经理张公权[①]氏，前赴华北一带，考察经济金融情形，复沿长江至赣谒蒋，并考察赣省瓷业现况。张氏刻已由浔转京，搭车返沪，申时社记者，昨特往访，叩询一切，兹将各情分志如次：

（中略）江西瓷业衰落。张氏昨向申时社记者发表此次在赣考察瓷业情形云：本人此次在赣，曾对江西瓷业加以注意，该省瓷业，最近因种种原因，已入极度衰落之状态。其主要之原因，由于做瓷坯者与烧窑及原料供给三者，均不相为谋，致造成其衰败之内在主要原［元］素。按如景德镇等各著名瓷器出产地，其做坯者，大抵为小本经营，资本多不过二三百元，既未受瓷业之教育，又无美术智识及市场需要等之研究，更不知一切科学方法之利用。而经营窑业者，亦多因近来瓷业受外货压迫，日趋不振，委托烧瓷之客户，日见减少，致不得不受托烧者之要挟，必至数满一窑时，方肯开窑，以致做瓷坯者必须久候，方可得货，不能以迅速之方法，以应市面之需要。

出品成本增高。且窑户只知减低燃料，并设法尽量增高窑之高度，期能多收瓷坯，以图多利。因之所烧之瓷坯，损坏极易，质地亦劣，而窑户方面，不但不予赔偿，反而不将烧费退还所托烧瓷坯者。平均每百件货物，需预备四十件备损伤，因之成本愈大，货物自随之增贵，以之与科学化低价之外货瓷品相竞争，自无法抗衡，而渐趋于淘汰。

工人风气不良。江西省为产生瓷器原料之区，其区内所有产量，大部为当地土豪所把持，尽量抬高其价值。因故做瓷坯者，不能获得善价之原料，以减轻其货值。此外赣省所有之瓷器工人，因平素缺乏规律之修养与训练，类多游荡不拘，风气殊坏，工作效能，亦随之日见减退，而整个中国瓷业前途乃至危机丛生。

将来改良办法。欲图改良江西瓷业，首先须有良善之地方官吏，彻底整顿地方风气，纠正瓷业工人之恶习，以增加其生产力，同时对于原料价格，窑户把持，尤需急谋解决。积极方面，需有专门智识者，训练一班新式之瓷业工作人员，改善窑户技能，努力提倡改革，前途方可有希望。现江西省当局，已聘请杜重远先生组织九江瓷业公司，省府已允拨款二十万元，以为提倡，商股由政府予以余息。致景德镇方面瓷业之改良与救济，亦已由全国经济委员会负责提款，助其发展，俾谋我国瓷业之复兴云。

——《申报》1934年9月16日，第13版。

---

① 张嘉璈（1889—1979），字公权，是民国时期江浙财团核心人物，被誉为“中国现代银行之父”。1928年10月，中国银行改组为国民政府的外汇专业银行，张被任命为总经理。1938年初任国民政府交通部部长。1979年病逝于美国。

## 景镇瓷业代表再往行政院请愿

赣景德镇瓷业公会以赣省府征税奇重，一再请减，迄无效果，再电代表等亲往行政院请愿，恳予电令制止。（二十八日专电）

——《申报》1934年9月29日，第10版。

## 专件·景德镇瓷业调查记（上）①

景德镇为我国第一产瓷名区，亦全世界瓷业之发源地，其景况之隆替，非特系乎民生之荣，抑且关于文化之兴衰，国人对此当甚关心。兹将视察所得，表而出之，以供有心人士之研讨焉。月前余应江西当局之召，商谈改革瓷业计划拟设大规模瓷厂于九江〔关于新瓷厂计划，候办法妥切，当另发文表之〕。因想欲改革瓷业，必先明了瓷业的衰落原因，欲知瓷业的衰落原因，不能不调查中国第一瓷区的景德镇。遂与南昌中行蔡经理慎齐、九江中行周经理达人，又邀熟悉该镇情形者数友，同车出发。南昌距景德镇约五百华里，中间有小河四。余等早七时半动身，晚六时始至。因天小雨，车载又稍重，故驰行较缓，若普通汽车约行八小时也。

景德镇地虽偏僻，风景佳幽，山水环抱，竹木繁生。距镇十数里，已望见黑烟缭绕，高入云霄，令人发生一种愉快之感。据同行汤君云，景镇在极盛时代，每年营业至一千四五百万两，窑户四千余户，工人二十万人，驻镇庄客和当地商人三天一小饮，五天一大筵，麻雀通宵，娼妓遍地，极人间之逸乐，间不料景镇之有今日凌替也。车近镇边，已见其衰落景象，盖烟筒百余座，出烟者不过十之一二耳。该镇中行经理周筱芳君，率众来迎〔因数日前已闻张总理将来镇，欢迎周不止一次矣〕。相见寒暄，余代张君申谢意，是晚与蔡、周二经理寓于中行。翌晨早八时，出发参观各厂，在叙过参观之前，爰先将制瓷程序，略为说明，免致闻者有混淆不清之感。

按新式制瓷厂，共分六部。（一）制料，（二）匣钵，（三）做坯，（四）挂釉绘花，（五）烧窑，（六）检查包装。其法将山中取来之石土，配合一定成分〔视矿质而异〕，用水淘洗精制，是曰制料厂。匣钵者系瓷器入窑时之外套。匣钵之装瓷，有如帽匣之装帽〔匣钵原料，只混合压碎，而不必精制〕。匣钵之制法，新式用机械，旧式用人工，是曰匣钵厂。将精制之原料，做成种种之瓷坯，是曰做坯厂。新式用机械，旧式用人工。瓷坯做成后，有先挂釉而后画花者〔画后以火烘之〕，谓之釉上画〔彩画者多属此类〕。有先画花，而后挂釉者，谓之釉下画〔青花者多属此类〕，是曰釉绘厂。挂釉之后，装入匣钵，入窑烧之，是曰窑厂。烧成检查其等级，用稻草包装，是曰检收厂。

以上情形，系指新式瓷厂而言，盖一大厂中分为六部份［分］，所设分工合作制度。至景

① 本文作者杜重远。

德镇则各自成厂，不相为谋，有专做坯者，土名曰窑户〔窑户之名不妥，应改为坯户〕。有专烧窑者，土名曰烧窑户〔应改为窑户〕。有专做匣钵者，土名曰匣钵厂。有专画花而自烘之者，土名曰红店。有专检查专包装之工人附着于瓷店内者。先自原料说起，景德镇坯户皆是小本经营，无单独制料能力，其原料皆购自中人〔俗曰行家〕。中人由山中采料时，仅略加水洗，而未能精制，品质既杂，价值又高，影响于成本者甚大。至向来产地，距镇不过百二十里，地名曰窑里，为吴、刘、李、饶诸姓所把持，每岁限制产额，高抬市价，销路好时，每年可坐享纯利四五十万元。〔按此条系第三类矿，政府本可直接干涉，或任人招领，乃沿习［袭］至今，无过问者。〕至坯户做坯，均采用人工制，一切率由旧章，例如三人为一组，每组每日出坯四十二板〔每板十七个碗或盘〕。此系历代相传之数，按理应视营业情形而变更其数。但一经变化，认为有违犯章〔俗名行色〕，起而反对之。制坯如此，他类可推。又坯户不能自做匣钵，须购自一定之匣钵厂，是曰宾主。即一经购定，无论匣钵好坏，一年之内不准另易他厂。按匣钵耐火度须高于瓷器，否则有倒窑之虞。但匣钵厂为贪图厚利起见，匣钵原料常常混以杂货，所以倒窑之事甚多。（未完）

——《申报》1934年9月30日，第11版。

## 专件·景德镇瓷业调查记（下）①

景德镇瓷窑共一百余座，悉为都昌几家富户所专有。烧窑之制，系按瓷品件数算以柴金〔景德镇用柴烧窑〕。柴金须先纳，烧窑成绩好坏窑户不负责也。且窑户不必常川驻镇，只令几个窑工管理其事，而窑工不但不赚窑户之薪资，且须向窑户纳以相当之运动费。至窑工损失由何补偿，即坯户烧窑时，须向窑工纳佣金〔俗名曰“肉金”，直贿赂耳〕。坯户如不纳“肉金”，窑工可任意将坯子毁损，或装于火度低处或高处，易受倒窑之害，坯户遂不得不纳肉金。近以营业萧条，窑户为贪图厚利起见，任意将窑身放大，可多容瓷器，多得柴金。然而窑身大，火度必高，火度高，匣钵不支，因而倒窑之事，日有所闻，窑户不愿也。甚至窑户为提高柴金起见，而实行窑禁。何谓窑禁，即各窑户联合起来，每窑每月可烧八次者，而禁止只烧二次或三次，如此坯户急不能待，柴价虽高，亦得任其摆布。因此坯户之损失既多，成本必重，成本重而销路迟滞，做坯者日少。做坯日少，窑户与匣钵厂压迫愈甚，结果同归于尽而后已。然此不过内部之病伤，至外部如交通不便、兵□屡兴。全世界之不景气的狂潮，又卷入中国景镇，前途益觉暗淡。近数年来窑户〔坯户〕由四千减至一千，工人由廿万而减至四万，营业总数由一千四百万元而缩至二三百万元。每到年终无论窑户工人，忠实者辄悬梁自尽，狡黠者辄流为匪类。道途污秽，民多菜色。全镇之中，欲找一气色丰润之孩童而不可得。同行的中行三位经理，均是方面大耳，体壮腰肥。周君筱芳，体重二百四十二磅。蔡君慎府，体重二百

① 本文作者杜重远。

十九磅。周君远人，体重二百十七磅。行至街中时，镇民群来争视，□若异人，可见该镇从来没见过这样面团团而腹便便的福人。镇中素有五多之称：鸦片、私娼、臭虫、茅厕、死老鼠是也。故历年常闹鼠疫，近自南昌行营别动队到镇以来，实行干涉，限令清洁，情况较好于前。以上拉杂所陈，景德情形极尽于此。

至于救济景镇，非无办法。只在政府有无决心耳。历年来往景镇参观的人们，总是说各行如何把持，工人如何顽劣，好像景镇瓷业，全在于此。其实这不过是景镇的病象，而并非病因，病因惟何，政府之放任所致也。查景镇历代没有窑官专理大事，工人疾苦，劳资纠纷，不能彻底明了，因势利导。自民国以来，纯取放任主义，由地方官代为管理〔洪宪时代为重建御窑。曾设过一次陶业监督〕，而地方官不悉陶业情形。遇事敷衍，不肖之徒反目为发财渊薮。如景镇县长及公安局长，素有肥缺之称。试想以数十万无知愚人。处于利害相反之地位，纠纷自所难免。而每次纠纷发生，官府不能代决，或决而不得其平，工人只有遵守古法，或诉之武力，以求自决。墨守古法，则近于顽固，施用武力，则纠纷愈多。结果，强凌弱，众暴寡，鲁莽灭裂，残破支离，一至于此。救济之法，政府首当设一陶政管理机关，隆其职位，大其事权，择一精于陶业，而又热心工人福利者，久于其位，遇事则直接处理，无待周折。工人素怕官府，只要处理得当，无不悦服。由陶政管理机关，设一原料精制厂，所有原料，均由政府设法用廉价购入，用机械精制后，再以廉价售于窑户。同时再设一模范瓷厂。示以制瓷方式，合作利益，改烧煤窑，减轻成本，铲除禁窑之弊。然后再设一模范合作社。例如合作购买，合作运销，所有种种把持之病，均可扫而除之。至于根本救济办法，尤须改良交通。景镇已往运输，全赖饶河通之鄱阳，但饶河上流水浅多滩。秋冬水涸，动须匝月方达湖口，费时既久，损害又多，影响于销路实大。近闻景湖公路，由景德镇到湖口业已修好，不如改公路为铁路，只铺以轻便铁轨，兼购一小机车，专为运货之用。非特瓷器便于运输。即婺源祁门之茶，亦找到出路矣。如是则内外兼攻，百弊尽除，非特恢复原状，且将发扬而光大之。查景德镇美术制品近来颇有进步，惜无人为之沟通合作，砥砺观摩，致被一班奸商，东制一瓶，西画一彩，辗转之劳，利息百倍。故近年景镇之做瓷者，呈多数亏本，而各处瓷贩，反大发其财〔此种瓷贩专指美术品而非言一般瓷商也〕。是皆工人无知，不知合作所致。凡此种种，均赖陶政机关为之改弦更张，组织训练，待景镇瓷业稍有起色，工人生活日渐妥定，再进而研究工人教育，公众卫生，景镇前途庶有豸乎！

至救济景德镇瓷业的概算如左：

精制原料厂十万元，模范瓷厂二十万元，各项合作社十五万元，教育补助金及研究厂五万元，陶政管理机关常年经费二万元，轻便铁轨及机车〔二百八十公里〕另请专家预算。

——《申报》1934年10月1日，第14版。

## 全经会在赣设立瓷器改良厂，杜重远赴赣规划

全国经济委员会为改良江西瓷业起见，拟在九江设立一瓷器改良厂，由全经会及沪上实业界合股，额定资本一百万元，官商各半，马占山入股十万元，其他商股由瓷业专家杜重远在沪招致，已有相当数目。兹悉杜君为规划该厂内部设施，已于昨日赴赣，将晋谒省主席熊式辉，会商办法，约旬日即返沪云。

——《申报》1934年11月12日，第9版。

## 瓷屏画像

我国瓷器，名闻全球，瓷屏画像，长久不朽。兹由福煦路一二三八弄三十四号丙寅美术社主任余时君，亲往景镇，采选上等白釉瓷屏，大批运申，特聘著名技师，专应党政商农、闺阁名媛、各客帮写真，一点点笔栩栩如生，丰神长在，祝寿纪念或配墓碑，不怕风雨，更为适用，备有润例，函□即寄。函召面洽，均所欢迎。

——《申报》1934年11月25日，第13版。

## 赣省设陶瓷管理局

省府为整理景德镇瓷业特设陶业管理局，委杜重远为局长，并拟有整理计划书呈熊式辉鉴核，并已赴景筹备组织规程，业经省务会议通过。（六日电）

——《申报》1934年12月7日，第9版。

# 1935年

## 赣省瓷展大会，旨在改良瓷业

南昌通信。江西景德镇之瓷器，在历史上、世界上均甚著名，在昔欧人名瓷器曰支那，而海运开通以后，每年销数恒在千数百万元之巨，近来洋瓷攘宾夺主，加以国内天灾人祸，种种影响，瓷业日就衰微，一落千丈。景镇窑商、开窑者，不及半数，十余万工人，失业者亦逐日增加。国内各界，对于此项工业，均极注意，先后往考察者踵相接。本省各界，为振兴瓷业挽回颓势计，除于去年选送大批名瓷参加芝加哥博览会外，并在南昌举行瓷器展览大会，参加者，有江西瓷业公司、景镇职业学校及本市中华商店等数十家，会场业于豫章公园内中山堂，入口处有标语云："中国人要用中国瓷""中国人要改良中国瓷"。堂内纡［迂］回曲折，满陈瓷器，均为景镇及本市各瓷店之出品，约计万余件，价值四五十万元，精彩名贵，琳琅满目，

各瓷均标有价格，较市价为低。大会于七日上午十时行开幕礼，到来宾数百人，由龚建设厅长主席，行礼如仪，继由江西瓷业改进社理事长陈长明报告筹备经过，略谓“我们看到数千年来光耀于世界之瓷业，日就凋落，所以由景镇集合各瓷商组一瓷业改进社，但欲求精进，必先考其劣点所在，故决定由展览作一个缜密检讨，此次征集物品式样书画，应有尽有，为复兴国瓷提倡国瓷计，切莫辜负此展览会”云云，末由市商会主席徐瑞甫等演说，再由龚厅长女公子剪彩，礼成，由各界自由参观，观众甚为踊跃。（一月七日）

——《申报》1935年1月13日，第10版。

## 景德镇瓷业废止窑禁

景德镇是我国四大名镇之一，其主要出产品就是瓷器，同时是以瓷器名闻全世界的所在地，也曾在世界工业史上占最光荣，最不可磨灭的一页。这是全世界的人士所不能否认的。可是近几年来，完全丧失了已往光荣的历史，而进入衰颓窳败之途了。其失败的原因，固由于客观环境所造成，而更当归咎于工人之墨守成规，罔知改进，派别分岐，未能融洽，复昧于世界大势。竟以景德镇是瓷器唯一的产地，各项陋习中，尤以“窑禁”为改良陶业的最大障碍，因此江西当局们为谋发展该省陶业计，特设陶业管理局于景德镇，并委瓷业专家杜重远主持改良进事宜。在杜氏的计划中，进行的第一步，就是废止这四十年来陶业最大障碍“窑禁”。

窑禁的开端，远在前清光绪二十年间。当时烧窑户〔即开设烧窑厂的〕，为谋他们自身的利益，不惜牺牲其他同业，乃召集同行，联合订立这作茧自缚的自杀政策。从此烧窑户祇管烧窑，对于瓷器烧成后好坏与否，一概不问，倘有烧生〔不熟之意〕或烧老〔过熟之意〕倒塌等情□□，烧窑的不特不负赔偿责任，仍须向做窑户索柴火费，做窑户并不得表示不满，不然，下次再烧时，便故意将瓷坏毁，以为要挟。做窑户因无力自烧，仍不能不委托他们代烧，否则烧窑户同行，就一致拒绝，做窑户所受之痛苦，可谓至大且极了。目近年来倒塌之事特多，其主要原因，烧窑的因祇顾出货之多，于是将窑身扩大〔较前大两倍〕却不晓窑身加大以后，匣钵〔匣钵系盛瓷坯入窑烧之耐火器〕加重，同时火力加猛，火力猛，匣钵重，往往发生倒窑的危险。

这种腐败的习惯，相沿已久，本不易革除。杜重远莅任之始，为慎重将事起见，曾召集各行，详为开导，毅然废止，并出有布告，其布告云：查景镇瓷业，历史悠久，中外驰名，祇以工作墨守成规，执一不变，分行立派，各自为谋，致千百年来光荣之历史，与广大之销场，竟为洋瓷所夺去，言之殊堪痛心。本局长洞悉积弊，力除恶习，以改良中国瓷业为职志，莅镇以来，细心研讨，觉陋规之大，莫大于窑禁，因一经禁窑，坯场积坏日多，无法工作，瓷商购货缺乏，祇得坐守，内妨生产，外失信誉，加之窑身容积放大，倒爽等弊定多，烧窑次数减少，所耗费用必巨，久之□户亏累，瓷商裹足，必至同归于尽而后已。本局管理陶务，首在兴利除弊，自今以往，永远取销［消］窑禁，不得面从背违，仍蹈以前积习，致干咎戾，仰即遵照，切切此布。该局将来，并拟组织江西陶业改进委员会和陶工事务改进委员会，其中主要人员，皆为当地热心改良陶业之人士，以及素有经验之工人，合组而成，改进之机不远，吾人当拭目以待之。

——《申报》1935年4月20日，第10版。

## 南京·瓷商请愿撤销杂捐

各埠瓷商因反对景德镇违法举办瓷类清剿捐，迭经会商请愿撤销各情，早志报端。兹悉南京、上海、镇江、苏州、常州、南通、九江、汉口等瓷商，联合向各主管官署声请撤销，并推派代表王寿山、袁首春、胡干澄、张迪前、严□卿、胡爱谷等赴委员长行营及江西省政府，请求救济。该代表等来京转赣，其上蒋委员长呈文略谓：此次景德镇复办瓷捐，对于中央历年颁示废除厘捐明令、第二次全财会议定裁撤杂捐，限期江西省财政厅二十一年第二二四三号准予瓷税与其他各税享受同一待遇之批示均有抵触，商等因敢声请撤销，乃者钧长倡导国民经济建设运动，其初步亦即为革除苛捐杂税，解除民众痛苦，足征该瓷类清剿捐，在任何情状之下，均不应任其存在，且该捐定额十六万九千元，现在收数已达十万有奇，余额不过三五万元，杯水车薪，无补大计，徒害法纪，若再任其延办不撤，无异饮鸩止渴，为此迫切呈请，严令撤销云云。

——《申报》1935年4月20日，第10版。

## 艺展预展第廿六日

昨日〔三月三日〕为伦敦中国艺术国际展览上海预展第二十六日，来宾参观者，盛况仍不减前，此项预展，现祇余二天，爱好艺术之人士幸勿失之交臂也。兹将昨日消息汇志于后：

（中略）

王国秀[①]之观感。

王国秀君昨在中国评论周报发表其观感，原题为*Chinese Influence On English Porcelain And Furniture*，见解精辟，行文畅利。兹节译其大意如下：溯自东印度公司成立后，中英贸易发展极速，中国输出之装饰品中，瓷器居第一位，漆器居第二位。十八世纪之英国妇女，家中多置有茶几、花瓶、瓷瓶。十七世纪至十八世纪间，英人乃在英国建窑造瓷，然此种瓷器，其原料多来自海外，起始多模仿中国瓷器之式样，最喜用东方之青花器为式。此次预展中之康熙窑与乾隆窑，例如第二百二十六号青花锥拱菊瓣花浇及第二百四十八号仿定两窑白蕉叶雷文觚，在

① 王国秀（1895—1971），江苏昆山人。女，曾用名王竹素。美国哥伦比亚大学研究院历史学硕士。历任金陵女校文理学院、大夏大学、圣约翰大学历史系主任、教授，震旦女子文理学院院长、震旦大学副校长、华东师范大学图书馆首任馆长。

十八世纪中，英人即以此种式样为模型。又第一百九十八号珐琅彩黄地缠枝牡丹盘，及第二百四十六号仿定两窑白锥拱云蝠弦文壶，亦为十八世纪英国妇女最爱玩之物品，其后英国Bow Worcester and Chelsea各厂制造精瓷，然其式样与颜色，仍以中国瓷器为圭臬。瓷器上最喜画中国山水、人物、花鸟，此次预展会中瓷器第二百三十九号珐琅彩竹、雀园酒钟，第一百九十四号青花鱼龙变化大圆洗及第二百四十五号珐琅彩百花地开光蓝料山水把壶，皆当时英人最为艳羡之物，造瓷者本以为窠臼者也。至于漆器，亦为英国富厚家庭之装饰品，英国所制者，亦完全是仿造中国式样。……

——《申报》1935年5月4日，第10版。

## 江西光大瓷厂发起人会议

所认股款限五月底缴清，定六月八日召开创立会。

江西光大瓷厂，自去岁由赣省府拨款二十万元，作为提倡股本，其余八十万元，由杜重远君担任招募。筹备进行以来，经过情形，迭志本报。关于上海方面股款，前以沪商金融奇紧，虽已募到商股四十万元，但一时未能全数缴齐。当上月初旬，杜重远君返赣之际，曾由孔部长、李石曾、杜月笙、张公权及本市金融实业各界领袖，联名致函江西熊天翼主席，报告沪方股款招募情形，并由孔、李、杜、张等人，负责于短期内，将股款四十万元催齐汇缴。杜重远氏自返赣后，即勘定厂址，督建厂房，训练工人，准备开始工作。顷以厂务事宜安排就绪，日前由赣再来上海，与各发起人等□商催收股款问题。爰于昨日午后一时，由孔部长、宋子文、吴市长、李石曾、张啸林、杜月笙、周作民、钱新之、张公权、徐寄庼、吴蕴斋、杜重远等假座静安寺路国际大饭店，宴请各认股人，计到来宾二十余人，并议决所认股款，限本月底前如数缴清，定六月八日召开创立会，兹将各情分志如下：

孔部长词。西洋人叫瓷器作China，我们能爱护瓷器，就等于爱我国家。江西省的瓷业，在昔名闻世界，祇以不知改良，日渐落伍，遂令外瓷逐渐浸入，漏卮之巨，实可惊人，但以专门人才的缺乏，无法改善。前年杜重远君来沪，倡议在国内组办大规模瓷厂计划，杜君原在东北办瓷厂，成绩极好，在不几年的中间，竟把外瓷抵制得无法推销。关于杜君创办东北瓷厂的经过，想诸位都很熟悉，不必再为介绍，恰好江西省政府方面，因为去岁□□□□□□，力谋建设，颇想改良赣瓷事业，敝人乃介绍杜君赴江西商洽办理。江西省政府在财政困难之际，居然能拨出省库二十万元来办瓷厂，诚属不易。我们上海方面，大家以前既然都很热心赞助，希望大家再加勉励，把所认的股份，早日缴齐，使募股的事情，告一段落。公司方面，也可提早开幕。此事并非向各位募化性质，将来瓷厂开成，大家本利都有。譬如现在国际饭店所用的瓷器，完全都是外货，这不但是经济的外流，也是我们生产界的耻辱，希望我们光大瓷厂的各位股东，将来有到国际饭店开会时，所使用的瓷器，完全都是光大瓷厂的出品。现在请杜重远先生报告。

杜氏报告。继由杜重远氏起立报告，略谓：适才孔部长关于瓷业的重要，同瓷厂创办的经过，已经大略谈过。敝人在上次世界社开会时，也有过较详的报告，现在所要报告的，是复述办厂时期简要的几个变迁和最近期内的情形。敝人以前创办瓷厂，原拟在上海举办，由李石曾、张公权先生等发起集股，以后因为孔部长介绍到江西去，因将原订计划取销［消］。在和赣省府接洽的经过。第一次江西省府主张，是官督商办，第二次是主张官商合办，以后才决定完全商办。于股款的分配，由江西省府拨款二十万元作为商股，其余八十万，由敝人代招。敝人于去年冬季，先在平津方面招到二十万元，拟定在上海招四十万，其余二十万，由汉口、长沙、山东、陕西各省招募。现在赣省府已经拨出二十多万元，各方的股款，已多数缴到。上海方面四十万股款，因为今年正值金融奇紧，比往年不同，所以股款并未缴齐。上次兄弟回江西时，合各位发起人商量，结果令先回赣，准备一切，股款容后再缴。兄弟回江西后，一方面由陶业管理局入手整顿赣瓷，一方面由东北瓷厂调来重要职员，计划布置一切。此次回沪，时间短促，不能到各处商洽，甚为抱歉。关于股款之如何筹措，本日到会各位，均为金融、实业界重要领袖，希望共同议定一个解决方案，极为感盼。

议决各案。当经各发起人与认股人讨论结果，议决议案三项：（一）所有股款，统限于五月底前全数缴清；（二）收集股款事宜，推由张公权、钱新之、杜月笙、张啸林、李石曾等五人负责办理；（三）定于六月八日午后二时，在福开森路三九三号世界社召开创立会议。以上各案，均经议决分别实行，当于午后三时始行散会。

认定股额。兹将光大瓷厂上海方面认股人名及认定股额披露于下：孔庸之四万元、宋子文一万元、吴铁城一万元、李石曾四万元、张公权四万元、周作民四万元、胡笔江二万元、钱新之一万元、杜月笙二万元、张啸林二万元、徐寄庼一万元、唐寿民一万元、韩周伯二万元、方液仙一万元、许静仁、王一亭一千元、郭顺二千元、史咏赓三万元、穆藕初二万元、蔡香泉五千元、金廷荪五千元、张蔚如一万元、吴蕴初二千元、徐泰堂五千元，共计四十万万元。

——《申报》1935年5月7日，第10版。

## 振兴江西瓷业之商榷・国货讨论[①]

瓷器为日用必需之品，用途甚广。而江西所产，尤为我国国粹之一。发明最古，于国产品中占有悠久之历史。其质美品优、精巧细致、出自天然、允称绝伦。远非他处所产者可与比拟。故能为人乐用，到处欢迎。更有古瓷珍品，年代愈久，愈增贵重，人多喜收集珍藏，以供玩赏，以是营销中外，全球驰名，大足为国货增光。惜近年以来，因外货充斥及其他影响，致使此具有历史价值之国瓷，竟一落千丈，濒于破产之危境，言之痛心！不佞厕身瓷业，经历有年，对于个中情形，知之颇谂，因笔述其详，以向关心国产事业者，锡以指导，俾谋改进，以资提倡。

---

① 本文作者梁英钟。

瓷业之产地，为江西之景德镇。处于皖赣边境，丛山环抱，河狭水浅，运瓷之船，不能直达，皆泊于饶州以下。瓷货输出，均以小驳载往大船，辗转起卸，易遭破碎，损失甚巨，故对于交通运输，亟有整理之必要。总理所著建国方略中，曾有将瓷窑移设庐山山麓之计划，盖亦以交通上之关系也。

瓷器出境，曩本逢卡纳厘，捐税甚繁，自政府裁厘令下曾一度取消，未几赣省府又以产销税之名义，仍按原例，复事征收，同时科税者，有纸茶等六项，皆在其列，虽经奔走呼吁，一再请愿，亦毫无效果。乃者闻其余五项，均已撤消［销］，而瓷税犹存，依然照纳，似此措施，殊欠平允，尤非爱护国货之道，深望政府当局，体恤商艰，令将该项税局，迅予撤去，以维国货，不禁翘企盼祷，以祝其早达实现。

我国瓷器之制造，自昔皆用人工，迄今相沿，犹未改良，故出货迟钝，而成本綦重，兼之旧法烧窑，火候不匀相失尤重，而外瓷皆以机制，迅速便利，整齐美观，万倍于我，国瓷难与抗衡，不言可知。且我国又无保护税则，任其侵略，充斥于市，以致国瓷受其影响，一蹶不振，渐以衰落。外瓷之中，其余诸物，姑置勿计，单就各种菜盆一项言之，如各处酒楼菜馆，宴会席间，除少数粤籍菜馆，间有采用国瓷之外，其余所用盆碟，满桌陈列，莫非外瓷，驯至家庭日用，亦触目皆是，故其销数之巨，已超过国瓷全部营业总额以上，诚足令人惊骇。为今之计，如欲挽救国瓷之颓局，必须研究改良，易以机制，庶几可与外货竞争，尚有转机之望，否则前途险象，汲汲［岌岌］可危，诚有不堪设想者矣。

全国瓷商，大多均系鄂人。散处各省都市镇邑，为数甚夥，而上海一埠，素有全国瓷业领袖之称。邑庙城厢一带，尤为业中精粹所在，店肆林立，规模宏大，不特为本市营业之渊薮，即各埠客帮批发，欧美出口，亦多集中采办，贸易之盛，冠于全国。惜业中向乏团结，各自为谋，极形散漫，故每事因循相袭，绝少改良进化，致遭外瓷倾轧，几入淘汰之途。值此危亡之际，而犹不知警悟，复有无知分子，不详察致败之由，以谋根本救济之法，反舍本逐末妄运巨量下等次货，滥价号召，吸引购众，乘机扰乱，自为得计，不知货质窳劣，虽价贱何益，结果使用户对于国瓷，愈不满意，更致见弃于人，益予外瓷以进改之机会，似此颠倒荒谬，不徒无补实际，竟如饮鸩止渴，自速其亡。我故曰：欲解决国瓷之危机，在于努力直进，改良造法，以轻成本而廉售价，及提高价质，改善出品，以合潮流而便推销，双方兼顾，以达价廉物美之真义，用坚外界之信仰，则瓷业难关，不难打破，前途胜利，可操左券。质诸瓷业当道，以为何如?

综上所述，江西瓷业失败之主要原因，已略尽于此。诚能斟酌情形，困难者予以解除，不善者加以改进，则扶摇直上，日臻发达，固意中事也。将来风行所至，扫除一切外瓷之纵［踪］迹，更向外侧销，为国货界放一异彩，岂仅瓷业前途之幸，而国家利权之挽回亦有所赖。尚乞海内高明，不吝赐教，以利进行。更盼国人热烈拥护，共同提倡，实所厚望。（通讯处上海民国路吉祥街对面梁万发瓷号）

——《申报》1935年7月11日，第15版。

## 我国的科学研究事业

〔十一月二十六日对全国中等学校学生演讲〕(前略)大家都知道瓷器是我们老祖宗所发明的。而近年以来，我们的瓷器业，慢慢的衰落，不能与日本的瓷器竞争。最重要的原因衹不外乎两种：第一，我们制造瓷器的工人，衹知道遵照历代相传的方法来做坯作釉，烧窑。对于一切作用，但知其然而不知其所以然。譬如为甚么缘故表面上一样的陶土，在景德镇可以做白瓷，在宜兴衹能作紫沙[砂]? 你要问烧瓷的工人，他说不出原故来的。所以不但不能进步改良，而且因为原料质量的变迁，出产品反退化起来；第二，因为外国的瓷器是用机器做的，质量都有一定的标准。我们是完全用手工，质量不能一定。诸位衹要到瓷器店里看看江西出的碗，同一个窑的出品，大小形式都不能一样，就知道新旧式工业的优劣，和我们应该努力的途径了。中央研究院在工程研究所里附设了一个陶瓷试验场。先与地质研究所合作，把江苏、浙江、福建、江西、湖南各处的陶土釉料，澈[彻]底研究它们地质上的成因储量，用标准的方法，采取矿样来分析试验，使各种的原料都可以标准化(Standardization)，然后选矿量最丰富，矿质最适用的原料，用小规模的机械，试验制造陶器。这种工作，开始还不很久，但是我相信短期里总可以有相当的结果，可以作我们陶业复兴的基础。(后略)

——《教育播音专刊·我国的科学研究事业》,《申报》1935年12月8日，第8版。

## 景德镇瓷业日衰

南昌通信。景镇之瓷器，为吾国特产之一。在唐宋时代，即著名于世。西洋以瓷名支那，其情形可想而知。在鼎盛时代，瓷工十万，每年出产恒在千数百万元。近数年来世界市场被挤，国内洋瓷倾销，益以内外不景气，购买力锐减，而此名震中外之瓷器，遂入于日暮途穷，窑户工厂倒闭停歇者，将近半数，失业者十之四五。本省当局对此，虽属有改进振兴之拟议，大都纸上谈兵，迄未实行。现本省建设厅长龚学遂①，鉴于国内原有手工业，日就衰减，而大规模之机制工业及重工业，又为人力财力及外货倾销势力所限，一时无从发展，不如改进复兴手工业，以救济失业群众及残破农村，故此次乘视察鄱阳乐平都昌等地水利建设之便，亲至景镇考察，刻已返省。据谈，景镇瓷业，前尚有千万元之出产，今年不到二百七八十万元，其衰败令人可惊，若不设法救济，则益将不堪收拾矣。故决于下周提出省府会议，以谋目前救急及永久治标办法云。(十二月十五日)

——《申报》1935年12月20日，第9版。

---

① 龚学遂，1895年生，江西省金溪县人。1924年6月毕业于日本东京帝国大学矿山学专业。先在萍乡、抚顺、开滦煤矿任练习生，后在南浔铁路公司任会计科长、处长，在南京农矿部任专门委员。1929年任南浔铁路管理局局长。1930年12月任江西省政府委员兼建设厅厅长。

# 1936年

## 全国商联会电请财部豁免瓷器出口税

海关估本征税瓷商不胜负担，准予援照丝茶先例一律豁免。

全国商会联合会昨电财政部云：顷准江西景德镇商会函开，径启者，据出洋瓷商美成、顺泰祥、和生隆、天顺祥、江西办庄粤兴祥、永安公司、广义和同记、欧瑞记、王庆丰、詹振记、何鸿记、齐同茂等十四家瓷庄联名□称：为海关对于出洋瓷器估本苛征，无力负担，恳乞函转准予援照出洋丝茶免税先例，以救国瓷事。窃以景德镇出产瓷器，历史甚久，世界著名。近年以来，内受天灾匪祸之侵害，外受洋瓷倾销之压迫，其出产总额，已由一千余万降为三百万。以言出口瓷器，其数□为微末。于是政府有改革出口税之举，对于绘画红花之细彩，与白胎青花之粗瓷，一律免税，不料施行之后，海外贸易日见衰落，考厥原因，实由于海关所认定免税之瓷器，均系洋颜料所彩绘，质量太劣，不合西人需要，商人一次亏本，自不敢再行尝试。现查西人所欲购者，有灯瓶、灯□二种，皆为装设电灯之用，又有预备放伞伞筒及花钵茶具等，均系寻常日用品，但必须用中国颜料彩绘，方合需要，讵九江海关员司，不识瓷器性质，一见上述数种瓷器，系用中国颜料彩绘，必强指为仿古品或陈设品，估价交税。瓷商屡次交涉无效，殊不知国产瓷器，既系人工制造，祇有退化，而无进步，尽人皆知，其模型色彩，纯系普通旧法相沿，并非仿古特殊瓷器，若政府为此区区之税，实则影响商人停运，工人失业，此应请豁免者一；查上述数种瓷器，因系西人为日用品，价值极为低廉，但一经关员误认商估，则应缴多额税金，海关税率，名为值百征税八元二角五分，实则已抽税十三元六角至四十一元六角，超出原订税率几至五倍〔见附呈海关瓷类估本征税百分比较表〕，是此项出洋瓷器不独未蒙免税，反罹重税之累，此应请豁免者二；又查上述数种瓷器，运赴国外，尚应纳百分之七十之进口税，若见中国税单有做古品字样，必至再增税率，中国瓷器将无人顾问矣，此应请豁免者三。似此中国颜料彩绘之瓷品，实非仿古特殊瓷品，若估本苛征，瓷商实无力负担，不为设法救济，国瓷出口，势将绝迹。是不□压抑国瓷，适足以提倡洋瓷，此种关税政策，殊失保护之意。抑查国产丝茶出口，不特完全免税，且多方辅助奖励，何以对于国瓷独令向隅？除呈请江西省政府暨陶业管理局准予转呈外，理合检同海关瓷类估本征税百分比较表，呈请鉴核，恳乞转函全国商联会呈请财政部准予援照丝茶出口免税先例，以救国瓷，而纾商困等情前来。查该商等运赴出洋瓷器，迎合西人需要，改用中国颜料彩绘。浔关指为仿古陈设之品，加征税率，实超原税四五倍不等，该商等实难胜此重负。况值此洋瓷倾销，国瓷衰落之际，非力加维护，不足以谋发展，所请援照出洋丝茶免税先例，同属国产，应予同等待遇，相应检同海关估本征税比较表一份，据情函请贵会烦为查照，恳赐准予呈请财政部核示祇遵，至为纫感等由。准此，理合电呈钧部察核，恳准援照丝茶出口税先例，转令各海关遵照，以救国瓷，至为祷切。附件。全国商会联合会主席林康侯叩印。

——《申报》1936年2月6日，第13版。

## 各业调查·九江的瓷业[①]

九江位于长江中部，为江西全省客货进出的咽喉孔道。市面的繁华鼎盛颇不逊于江西省会的南昌。在民国十五年前，全县人口的有十二万左右，其中以来自各县及邻省的苦力居多。出口货有棉花、麻、夏布、米、芝麻、豆、瓷器等，出超之巨，每年不下数千万元。厥后革命军兴，江西处于军事首要地位，上述各货的产量遂比往年略有退缩。及至现在，除瓷器一项尚有少数出口外，其余如米、棉花，甚至还要仰仗别省供给，由出超一变而为入超了。

至于瓷器，因为是赣省独特的生产，所以尚可维持出口的地位，但较之民（国）十五年的出口情形，自是相差甚远，即就廿三年与廿四年两年来比较，也是逐年衹有下降，我们衹要一看下表，便可知道赣省的瓷业已经衰落到什么程度了！

| | 粗瓷二十三年 | | 粗瓷二十四年 | | 细瓷二十三年 | | 细瓷二十四年 | |
|---|---|---|---|---|---|---|---|---|
| 地区 | 数量 | 价值 | 数量 | 价值 | 数量 | 价值 | 数量 | 价值 |
| 中国香港 | 8838 | 67830 | 7978 | 60446 | 7101 | 370798 | 7576 | 386450 |
| 暹罗（泰国） | 16814 | 128906 | 13189 | 10147 | | | | |
| 新加坡 | 23283 | 182997 | 7388 | 56558 | | | | |
| 日本关东 | 690 | 6967 | 957 | 5062 | 759 | 20730 | 110 | 4047 |
| 其他 | 933 | 6024 | 5693 | 1560 | 605 | 35678 | 548 | 4648 |
| 英属殖民地 | | | | | 211 | 11017 | 203 | 10567 |
| 英国 | | | | | 268 | 15936 | 176 | 19432 |
| 荷属东印度 | | | | | 176 | 11026 | 186 | 9438 |
| 菲律宾 | | | | | 359 | 16431 | 761 | 37399 |
| 美国 | | | | | 663 | 65619 | 1073 | 115760 |
| 美属殖民地 | | | | | 79 | 8534 | 104 | 9655 |
| 合计 | 50321 | 390886 | 35205 | 239099 | 10221 | 555772 | 10735 | 634034 |

江西景德镇可说是世界闻名的一个瓷器出产区，但它因交通不发达，所以在输出方面，除了偶然有一两次是用“艨艟战舰”一般的大民船直接运到上海来而外，差不多全靠九江做他吐

① 本文作者家瑀。

纳的咽喉；因此一般往来于长江上游的商客，都祗知道九江的瓷器价廉物美，而不知产瓷区却是远距九江有百多里路程的景德镇。九江既占了地利上的优势，所以经营瓷器的商店的数目倒也不在景德镇“窑户”的数目之下。在民国十五年间，九江的瓷器商店共有四十余家，都是经营出口贸易的；赶船的“瓷贩”也有二百余人。据说当时瓷器销行于国内外的数目，较去年的销数约多至五倍以上，一般瓷商及瓷贩每年都有数百元以至数万元的盈余。可是，好景不常，自一九二八年卷来了不景气的浪潮以后，各项商业都渐渐的衰落下来，这江西特产的瓷业自然也不能巍然独存，于是昔日获利甚丰的瓷器商店及瓷贩便纷纷倒闭停歇，到了最近，共尚能维持现状的，恐怕只有昔日的一半的数目了。

九江的瓷器商店差不多都是九江本地的资本，南昌人经营的仅有江西瓷业公司等两家。瓷贩则大多数都是都昌人，九江人仅占其中百分之十，所以在船上竞争的力量究不及“都昌帮”那么的大。资本雄厚的瓷器店，多半是派有“庄客”常川驻在景德镇，随时购买所需的货物，而需要的一种货物□多数是整窑的预□□这样，不独□□便宜，并且一种货物的样式也可以随意“包定”〔即一种货物不能同时售于别人〕。在付货款方面，因资本大，进货必多，一般窑户为了营业上的竞争，都自愿对客家放款；一千元的货物，能付出四百元的，在窑户眼中已经认为是很好的顾客了。但小资本的瓷器店就没有这许多的便宜，而且因为资本薄弱，根本就不敢向景德镇定货而不得不就近向本地的大瓷器店转批，在这一转手之间，货价就比“镇上”〔景德镇的简称〕要高出百分之一二十了。大瓷店的营业方针，多偏重于出口贸易和批发，小瓷店则锐意经营门市，尤其对外来的客商特别的重视，所以各商店都□有临时掮客，遇有长江轮船及外国兵船或南浔火车到达九江时，便派他们上去兜揽生意。

瓷贩营业的对象大都以过往的轮船为主体；每天营业的好坏可说是丝毫没有把握。一遇轮船到了九江，这一二百瓷贩便都掮着盛瓷器用的篮子抢着上船，占好地位，把一块几尺见方的粗布朝舺板上一铺，这场合便成了他预定的营业商场，其他的同行见了就不能再抢夺了。接着便把篮里的货物一样一样陈列起来，然后蹲在边下等候顾主。在这里购买瓷器，如果不懂得他们的门坎，有时也许会花了五六倍的价钱，还买不到像岸上，即瓷器店—那样的真实货色，因为瓷贩手里的瓷器并没有一定的价目，他们是看客人的态度随口说价，□□□□□钱的东西，有时也许只出两角或三角钱就可以买到。这种瓷贩的营业方针完全是以欺骗为手腕，欺骗得成功，便可多赚一点利润。所以他们一天的收入，颇难有一定的把握，有时一元二元，有时十元二十元，在他们心目中都不算是什么稀奇的现象的。

——《申报》1936年2月23日，第18版。

## 财部准免征仿古瓷器出口税

电覆全国商联会：全国商会联合会，为发展国瓷外销起见，曾于二月六日代电财政部，请予豁免瓷器出口税，以维瓷业等情去后，该会昨奉财部第三九三九号覆电，对于仿古瓷器，准予视为普通瓷器，一律免税。

原电云：上海全国商会联合会览，二月鱼日代电悉。关于出洋瓷商美成瓷庄等呈请澈［彻］底免征瓷器出口税一事，前据该商等径呈到部。经饬由关务署各行总税务司查明呈复前来，本部复查瓷器出洋，按照现行出口税则，系属规定免税，其所以按照古玩或仿古瓷品征税者，当系因该项瓷器上有古代朝名图记之故。兹为体恤商艰，维护瓷业对外贸易起见，特予规定，嗣后报运出洋之瓷器，如系单独制造，或成对制造之伴，显欲作古玩高价出售者，应视作古玩或仿古瓷器品征税。其大批制造之瓷品，则虽为增高售价之故，上面制有古代朝名图记，亦准视为瓷器，一律按照出口税则第二三三号予以免税，除由部转令遵照，并批示知照外，仰即知照，财政部支印。

——《申报》1936年4月7日，第10版。

## 国产瓷器大批销英，佛像玩具品为主要

赣省瓷器年来因受日瓷□销影响，一落千丈。惟自本月以来，英人对于江西瓷类，忽大量搜购，其需要种类，以佛像玩具等品为主要，据该业中人云，最近英人销受此项瓷品已达五十万元之巨，为以前未有之佳象云。

——《申报》1936年4月15日，第15版。

## 全国商联会电请财部，窑户付票免贴印花

因其为卖瓷付货之过程，非买卖成交之发票可比。

实业社云，全国商会联合会昨电财政部云：顷准江西景德镇商会函开，径启者，据本镇九窑公会函称，景镇买卖瓷器手续程序，具有特殊情形，与普通交易不同。缘普通交易，顾客临门，货色价值，可临时决定，交易即行成立，开具货物价值清单，粘贴印花，给与顾客，别无纠葛。惟瓷器之售卖，迥不相侔，始由瓷客或行主上街议定价目，再由瓷客令把椿［桩］赴该窑户，约期挑篮装货，该窑户书立付票，给与把椿［桩］挑瓷者，付票不过为装瓷计数过程之手续，并不得认为买卖之确定。盖卖瓷惯例，装瓷到行，由本行汇色工人将瓷器分别拣选，有十留其五六者，有十退其六七者，经汇色工人开具收货实数清单，送交窑户，以便日后结账之根据。例如装瓷一百同［桶］，只卖收五十同［桶］之类，是付票之性质，又为卖瓷过程中之手续，且定买之瓷，系陆续装行，并非一次可以了事，瓷价载在买卖付票，所载只有瓷数，绝无价格开列，必须批买装毕，始将以前所付之瓷票算明，实收确数价洋若干，开具结单，进行找账，方为交易成交。结单固应贴印花，付票似在豁免之列，若付票亦须贴花，是同一瓷器，既税其货，复税其价，一物两税，衰落之瓷业，万难胜此重复负担。矧瓷器为我国特产，政府方热心提倡，何忍加以摧残。如窑业白土等项，关于制瓷原料，概行免税，此项付票，既非正

式买卖，应请免贴印花，以示体恤，务恳据情转呈财政部准予邀免，不胜感礼，并据瓷器红店同业公会函同前由各等情到会。查本镇窑户所出付票，系付现之一种过程，并非买卖成交之发票可比，若令贴花，不但手续麻烦，且不免负重税之累，该商等实难担负，所称各节，委系实在情形，敝会敢为证明，可否准予转呈恳乞邀准之处，相应据情函请贵会，烦为查照核夺施行，至为□感等由。准此。理合电呈钧部察核。恳准该项窑户所出付票，免予贴用印花，以恤商艰，至为祷切。中华民国全国商会联合会代理主席闻兰亭叩。艳印。

——《申报》1936年6月30日，第13版。

## 名细瓷工徐顺源作品运沪展览

江西景德镇名细瓷工徐顺源[①]，近有佳作十余件运沪，在新世界饭店展览出售。其中尤以群仙会、六和塔及阿房宫为最佳。凡山水、人物、花卉均凌空推成，维［惟］妙维［惟］肖，观者莫不同声赞美，仅就群仙会一项作品而言，竟费七八年之苦功，惜其售价亦奇昂，群仙会定价八千元，六和塔七千元，阿房宫三千元，其他亦贵。故该物在沪售出不多，后日即运青岛展览。

——《申报》1936年7月11日，第15版。

## 景德镇产瓷土最盛

中央研究院地质研究所派员赴长江中游产瓷土区考察，业已事毕，调查结果，产瓷土区以景德镇为最盛，祁门黄峰南峰次之，汉阳有粘［黏］土出产但不甚佳，景德镇之高岭瓷土最佳。（十二日专电）

——《申报》1936年7月13日，第7版。

## 江西景镇瓷业衰落，实业部计划改进

南昌通信，江西景德镇之瓷器，向为吾国民族工业之一。即以清季至民国年间而论，其最盛时期，二十八万人口中，直接从事于瓷业工人者有十五万人之多，每年出产多至千五六百万元。刻以技术落后，外瓷侵销，及□□□□之种种原因，生产销路一落千丈。顷据景镇熟于瓷业者谈，刻下从事于瓷业者，不过万余人，出产年约四五百万元，窑户倒闭过半，即勉强支持者，亦时作时辍，苟延残喘。其失败之最大原因，厥有数点：（一）原料方面，各种瓷土，远

① 徐顺源，民国时期景德镇知名瓷雕艺人。生卒年在学界一直有争议。据说他是景德镇第一位成功创制瓷雕《龙舟》之人。

在星子、婺源、祁门、贵溪、乐平、余干及临川各地，运输不便，货料又复不精，成分难得精确，为燃料之松柴木炭，生产有限，成本太贵；（二）制造方面，墨守旧规，不知利用机械，而盛瓷器之匣钵，因不耐高热，所烧者时常倒塌，亦为其致命之伤；（三）货品注重于贵族式之美术品，而忽略平民化之日用品，致国内日用品，几全为洋瓷所占；（四）营业方面，资本缺乏，运销迟滞，兼以帮派之斗争，工人之把持，习惯之恶劣，亦为失败之原因。年来全国经济委员会、实业部、实业金融界，虽有改良计划，但以限于资力，亦属纸上谈兵。此次实业部长吴鼎昌氏，至景镇考察，以该地瓷业如此奄奄一息，不但赣省损失过巨，即国税亦受极大影响。决呈行政院令财部筹拨巨款，交由实部会同江西建设厅，办理改进事宜，并拟先办原料精制厂，以事大量生产，资本省国各半，刻已由陶业局着手进行。

省府及各实业界所发起之光大瓷器公司，资本定百八十万元，已由各方踊跃认股，厂设九江。祇以经理杜重远因妨害国交事入狱，中途停顿，刻浔厂址建筑即将竣事，杜氏亦已由沪出狱来浔，计划高热窑之建筑，及仪器机械之设置，约来年春初，当可筹备就绪。该厂完全为机械工业，精制平民化之日用品，以抵制舶来品，俾景镇瓷业得以逐渐发展。

——《申报》1936年9月18日，第9版。

## 实部赣省府合资经营景德

（南京）实部以赣瓷向为特产，由部会同赣省府国营景德□窑，并设原料制厂，资本部省各半，计划已到，政院请饬财部拨款，期于年内兴工。（二日专电）

——《申报》1936年10月3日，第4版。

## 赣瓷品输出增加

赣省瓷业经官商双方年来积极研究改良与尽量推销，已渐呈复兴之象。现悉景德镇本年运出瓷品截至十一月底止，价值已达六百二十余万元，较之上年增加二百余万。（七日电）

——《申报》1936年12月8日，第4版。

## 景镇将设立国窑厂，已由陶业局拟订计划

南昌通信。江西景德镇之瓷在昔全盛时年产千五万元，近年来业已一败涂地，究其原因，不外技术落后，不事改良，致不能与外瓷竞争之故。本省当局，为挽救瓷业计，拟照以前御窑制，设立国窑厂，以作示范指导之重心。此项国窑厂，经陶业局拟订计划，咨送实业部审核。闻正由国民经济建设运动委员会促其成立。其办法为国窑厂下设七厂：（一）脱胎厂，制造薄胎、盘碗等类；（二）大件厂，制造三百级以上瓶缸罐盂等类；（三）粉定厂，制造三百级以下

瓶缸坛盂等类;（四）雕镶厂，制造非正圆形各种物品;（五）青花厂，釉下饰彩;（六）彩红厂，釉上彩饰;（七）窑厂，专事烧成。以上开办设备费十万元，常年费三万元，每年能出瓷十万零六千五百件。

——《申报》1936年12月14日，第7版。

## 1937年

### 周仁等视察赣瓷业

实部为改进赣省瓷业，拟在景德镇筹设国窑及设立瓷品原料精制工厂。特派中央研究院工程研究所长周仁等三人，于十三午由京来省，定十四日晨赴景德镇视察，俾供设计，建厅并派专员随同前往，以利进行。

——《申报》1937年1月14日，第4版。

### 周仁返京

实部拟在景德镇设立国窑厂及瓷器原料厂，特派中央研究院工程研究所长周仁赴景德镇视察。事毕，于廿日抵省，定廿一日返京复命，闻视察结果，拟以廿万元供作两厂资金，俟款拨到即可成立。（二十日电）

——《申报》1937年1月21日，第4版。

### 景德镇筹备设国窑厂

经建总会廿二日午开谈话会，讨论设立赣景德镇国窑厂及扩充精制原料厂案。经决定由该会与赣省府合办为原则，并俟商定办法后进行。尚有推进小规模毛织工业案，则决定由顾毓瑔拟具计划，及商定合作办法具报。（廿二日电）

——《申报》1937年2月23日，第8版。

### 景德镇设国窑厂

经建总会筹划在赣景德镇设立之国窑厂及原料精制工厂，其筹办大纲，俟该会再经一度商讨后，即可完全确定，该会不久即将与赣省府会同组织一筹备会，积极进行一切。闻国砖（窑）厂之设立，其目的不在营业，而在改进及精制陶瓷，以为其他陶瓷厂之标准及模仿，将分设七厂：㊀脱胎㊁大件㊂粉定㊃雕镶㊄青花㊅彩红㊆窑厂，原料精制厂。除总厂设景德镇

外，并将于浮梁县高山渡及星子县大排岭设两分厂，所有国窑及原料两厂资金正由经建总会筹划中，不久即可就绪。（二日电）

——《申报》1937年3月3日，第4版。

## 陶瓷陈列馆开放

本镇陶业管理局为搜求古今瓷品陈列，特新建陶瓷陈列馆一所，建筑工程业已完竣，惟内部装修尚未就绪。该局除将自制各种瓷器全部陈列外，刻已设法征集古瓷古玩等瓷品，配列其间，任人观摩，藉作制瓷蓝本，并定本月底正式开放。

——《申报》1937年3月30日，第7版。

## 滇程拾遗（二）

第四天〔四月八日〕，参观浮梁陶业管理局、江西瓷业公司、陶瓷职业学校及脱胎厂烧窑等，由导引员涂君热心说明，又遇张浩[①]君，讲释颇详。张君毕业日本高工，在辽宁设厂造瓷，成绩超过日本，日人颇忌之，今来主持陶业试验所，与杜重远君办理极为合乎。试验所器械及设备亦颇单简合用，日后必可将浮梁瓷业，由手工业生活而渐渐入于半轻工业阶段矣。浮梁陶业管理局局长杜重远，即"新生事件"得国人一致同情者。杜籍奉天，在九江办有改良瓷业公司，得蒋委员长及熊主席之信任，令其着手管理景德瓷业。其陶业试验所之设备，虽属草创，却比景德旧式完全手工瓷器进步多多。杜善于词令演说，有抓住群众心理的把握，在专员署一篇演讲，博得周览团很好的同情。

查景德瓷业，民十三年出口二千万元，递减至二十四年仅二百万元，二十五年因□□□□，复回至八百余万元。今春情形看来，当有增无减。……为提倡国瓷起见，各人均到陈列所购买，共计购得千多元瓷器由所径寄各人家中。以一百八十人平均计之，每人仅十余元耳。景德商会权力极大，地方事几完全取决于商会。专员酆景福[②]，一个矮胖子，一口本地话，但颇能做事，商会与之感情甚好，故人地相宜。景德林场，则略具雏形而已。褚团长与龙潜君，在太白园各打太极一套，以活络筋骨。

第五天〔九日〕，黎明，由景德发十余里，到吕蒙渡，河宽二百尺，汽车由渡船上运到彼岸，再五十里过乐平县，有韩家渡，河宽四百尺，京赣铁路，即在此造大桥，大约需百万元之

---

① 张浩，1876年生，字犀候，江西新建人。1901年留学于日本东京高等工业学校窑业系，1906年学成回国，1909年后任中国陶业学堂教师、江西省立陶业学校校长。

② 酆（fēng）景福，1904年生，字介初，江西省丰城县人。南昌私立赣省中学毕业。曾任浙江省立图书馆馆员、湖北南漳县长。1935年后任江西省乐平县、浮梁县县长，江西省第五区行政区督察专员兼区保安司令、江西省田粮处处长。

谱。现在汽车由渡船用小轮曳之而渡每车约十分钟，可以渡毕。□北，有鄱乐煤矿，现在每日可产百余吨。查该矿为同队团员史维新君于数年前，曾奉令前任主持整理，故尚有今日之规模。再四十里至余江县黄金埠……

——《申报》1937年4月18日，第8版。

## 江西光大瓷业公司昨在沪续开创立会

选出张公权、吴蕴斋等为董监，公司筹备就绪定两月后开工。

实业家杜重远氏发起之光大瓷业公司，自经孔祥熙、熊式辉等赞助，招足资本百万元，已于去年十二月二十八日在沪举行创立会议。公司章程等早经通过，惟当时因赣省府指派之董监尚未确定，无从提交大会通过。特另订日期，于昨日下午二时起，在福开森路世界社继续举行创立会议，报告筹备经过及选举董监。到股东熊式辉〔龚学遂代〕、赣省代表龚学遂、张公权、杜月笙、钱新之、杜重远、李定魁、孔令侃等一百十九人。详情如下：

**报告筹备近情**

开会如仪后，由主席张公权致开会词，宣告继续举行创立大会。旋由发起人杜重远报告筹备近情，惟杜氏来沪已久，特由筹备人杨之屏报告，极为详尽。兹志其要点如下：㈠建设方面。厂房业已全部盖好，办公室及职员宿舍暨俱乐部刻正招商建造，本可早日开建，因春雨关系及包工备料方式，招标不易，最近始由承建厂房之营造厂承包；㈡购买机器。大部由中华铁工厂承造，当初原拟向日购办，现决定由中华铁工厂派员赴东北照样承造，约二月后，即可装置妥当；㈢准备开工。此次因用科学方法制瓷，熟练技术工人极少，特向东北募集，惟用公司名义，易累南来工人，特由杜重远氏函招，现已招到十余人，预定五月底在南昌、景德、九江三地招收学徒一百名，由该工人等负责训练。

**当选董事监察**

报告完毕后，即投票选毕董监，开票结果：㈠当选董事钱新之、杜重远、周作民、胡筠庄、李石曾、马秀芳、张公权、杜月笙、史咏赓、张啸林、彭志云、孔令侃、吴幼荃、胡笔江、沈振荣、吴泰来等十六人。又依照章程，赣省指派董事为龚学遂、文群、萧纯锦等三人。候补董事为唐寿民、宋子文、穆藕初等三人；㈡当选监察人史久鳌、吴蕴斋、张文焕、胡若愚等四人，依照章程，由赣省府指派李定魁一人，候补监察人张群、王一亭等二人。

**首次董事会议**

该会董事昨日产生后，当因为时已晏，不克继续举行首次董事会议，特于今日下午举行。赣省府指定董事龚学遂、董事张公权、杜月笙、钱新之、杜重远、史咏赓等均将出席，选举董事长及决定总副经理人选等，性质极为重要。昨据该厂筹备人杨子屏氏谈，现公司一切大致均已准备就绪，预定两个月后即可正式开工。

——《申报》1937年5月10日，第9版。

## 江西后援会汇款慰劳将士

江西景德镇各界抗敌后援会商界劝募组，以前方将士，为国効忠，特募得国币三千元，以资慰劳。其原电云：上海《申报》馆览，日寇肆虐，侵略平津，并以空军扰乱京、浙、粤、鲁、皖、赣各都市，凡有血气，莫不义愤填膺。幸赖前方将士，为国效忠，杀敌致果，遥传捷报，举国欢腾，兹经募到慰劳金国币三千元正，除由中国银行先行汇交军事委员会核收转发外，余俟收有成数，再行续汇，以彰劳勋而竭微忱。江西景德镇各界抗敌后援会商界劝募组启。

——《申报》1937年9月12日，第8版。

# 1938年

## 赣省政府推进战时生产，拨款救济瓷业

南昌十二日电。江西瓷业因受战事影响，销路停滞，瓷工生活困难，省府特拨款救济，并设瓷厂制造电料需用品。

——《申报（香港版）》1938年6月13日，第2版。

## 产瓷区景德镇将成会战地点

汉口二十四日电。江西东北，世界著名之中国瓷业中心景德镇，将为长江南岸未来会战之主要地点。他方面虽有人预料日军将藉海军大炮，与空军之掩护，不久在长江南北岸向西进犯。长江北岸，则以太湖为目标，长江南岸则以九江为目标，然此间消息灵通界人士预测，日军主力之进犯，恐向江西省城南昌方面。据此间所得可靠消息，日军目前业已在安庆上游之东流偷偷登陆，众信此举乃日军企图南向进犯在浙赣路上安徽著名之产茶区祁门县。日军一达铁路线后，彼等将沿铁路经景德镇向西南进攻南昌。景德镇乃浮梁之旧名，该城曾以产生极佳之瓷器，在世界史上占一页。明代万历与清代康熙乾隆时，此江西小镇，曾为朝廷造成精美绝伦之大量瓷器。该镇现名浮梁，任何日军由陆上进犯南昌之诡谋，预料将在皖赣交界处遭华军坚决抵抗，因该一带为群山重叠区也。

——《申报（香港版）》1938年7月26日，第2版。

## 星子德安间剧战

（南昌十七日电）十七日下午二时许，有日机九架侵入都昌县境窥察。三时又有三架，侵

入浮梁县境，盘旋窥察良久始去。

——《申报（香港版）》1938年9月19日，第2版。

## 华南告警汕头紧张，瓷器来源愈稀

赣瓷价格倍增，汕磁又涨二成。本埠瓷器业所售瓷器，自南京瓷器厂毁坏后，即全恃江西汕头两地瓷厂供给，但自九江失陷，景德镇瓷厂，大部被破坏，仅余小型烧窑，继续出货。生产数量，已不及战前三分之一，加以运输，须由浙赣铁路运至金华，再由公路汽车运至温州，始由轮船载沪，辗转三决，运费较前增加五倍。当前售价，已较往年倍增。汕头瓷运输虽较易，但近自华南告警以来，汕头人民疏散，工商多有停业，著名瓷厂，亦已停止产销，其来源已告中断。本埠销售全恃存底，前尚仅加价五成，今则已涨至七成。据云，若长此中断，将来尚有增涨［长］一倍可能云。

——《申报（香港版）》1938年10月26日，第10版。

# 1939年

## 大量日瓷器运沪倾销

瓷器为吾国著名土产，每年出口额奇巨，惟战后因运轮困难，出口数量激减，而日瓷进口反大形增加，不断运沪倾销，其售价低廉，一般奸商力予推销，致进口额与日俱增。据海关统计，一月份日瓷运沪，计四十五万九千七百九十九元，而去年同期，则祇二十三万一千八百十七元，几增加一倍之巨。

——《申报》1939年3月9日，第10版。

# 1940年

## 日机炸毁教会财产

据安庆美教会今日报告，二月二十三日及二十四日，日机曾轰炸江西景德镇之美教会，弹落于教会房屋之附近，受有相当损害，唯美侨生命，则并无伤害。按景德镇在九江之东南一百公里处，为一著名之瓷器中心。

——《申报》1940年3月22日，第3版。

# 1941年

## 日机再袭重庆，陕鄂赣滇均遭侵袭

（前略）赣东某地，十三日晨七时，日机六架侵入浮梁。在城内外投弹十余枚，并用机枪扫射，民房被毁数间，伤平民八人。（十三日电）（后略）

——《申报》1941年8月15日，第5版。

# 1942年

## 推受盘声明

兹因甲方上海景德制瓷公司无意继续营业，将所有机器、生财、原料及租地、房屋一并出盘乙方上海景德仁记制瓷厂。营业以前甲方各账，嗣后乙方盈亏各不相涉。除已凭马君硕律师订立推受盘据外，合再联名登报声明。

——《申报》1942年6月11日，第8版。

## 话匣·瓷器（一）

瓷器为中国国粹，由来已久。历代我国名窑的出品，如宋朝定窑之雕花瓷器，明朝宣窑之青花五彩名器，清朝的万历瓷[①]，康窑、乾窑，松树人物瓷器，宜窑之环形底款，古月轩彩，是清朝最珍贵的出品。这种种的艺术品，以式样美观，釉水光嫩，瓷质细腻，色彩古雅为其特点。欧美各国，虽也设法仿造，但常自叹不如。英美人士称中国为China，意思是出产瓷器的国家，可见瓷器之为国粹，并非偶然。

在我国历年的出口商品中，瓷器原也是重要的一种。可惜近年因为国人粗制滥造，不求改良，以致出品日渐落伍，出口数量也日见减少。

我国出产瓷器最多的地点，首推江西浮梁县〔又名景德镇〕，其次是福建等地。据说浮梁县的人民，因为土地贫瘠，耕种所获不多，所以自唐朝起，大都依制造瓷器为生。至于出产陶器最多的地点，是江苏无锡、宜兴等县。但是各制造瓷器陶器的居民，大多智识浅陋，墨守陈法，并且深中迷信之毒，所以很少改良。古人制陶器的秘诀，相传至今，虽尚有极少数的人知道，可惜此辈以为奇货可居，决不教人，并且抱了只传子不传女的观念，所以这种制瓷的古

① 此处原文即是“清朝的万历瓷”，不知是否是清朝所仿万历瓷器之意？抑或只是作者笔误。

法，外间知者极鲜，有随时成为绝响的可能，实在可惜！

——《申报》1942年11月9日，第7版。

## 话匣·瓷器（二）

瓷器的制造。制造瓷器的手续，根据我国的老法，颇为简单。先将各种原料的泥土，配成适当的成份［分］，然后入水淘洗，将所淘得的最细最嫩的泥浆，注入滤泥器内，水份［分］滤去后，再压去所剩的水份［分］，使成泥饼，这就是制造瓷器的原料。如欲制造人物动物，可将泥饼用石膏模型印出。如欲制造碗碟及其他日用品，则须将坯置辘轳车上旋转，使成元［圆］型坯，再用刀修光，即成泥坯。将泥坯晒干或烘干后，施以喷釉或不喷釉，装入火泥制成的匣钵，再把匣钵装入窑中，将窑门封好，外面用燃料由各火门中焚烧，火入窑内，发生烘热作用。这样继续烧了若干小时，直至成为瓷器时为止。待火熄温度冷后取出，便成功了。

烧瓷器的主要工具是窑。德国式的窑是圆形的，四面有四个火门或二个火门，火力平均是其优点，不过不能在同一窑中烧出两三种火度不同的瓷器。我国的方窑宛如一间小方屋，两面有四个或两个火门，其优点是四角火度最低，上下部份［分］火度适中，中央火力最强，可以同时烧出火度不同的各种瓷器。所谓窑者，是一间火砖砌成的小屋，墙外有火门若干，并有一窑门，以便装入匣钵。窑底有火眼，分布如星阵，火眼下是烟道，通入地下，直上烟突。

——《申报》1942年11月12日，第6版。

## 话匣·瓷器（三）①

靠火头发财。浮梁县人，因多依烧瓷为生，故有“靠火头发财”的口头禅。烧窑一事，在浮梁县，迷信甚深。供奉窑神，视若神明。设若出品不良，就说是对窑神不敬所致，若不改变态度，甚至有倒窑之灾。古时近窑四周地带，均不许闲人走近或至窑边探望，对于女性，禁忌尤深，否则有慢窑神。据说从前有过路的远乡旅客，误走近窑，因好奇心而探望烧窑情形，被烧窑人发觉，立即集众扣留此不速之客。夜深时，因恐窑神震怒，以致倒窑，竟将此无辜之人投入窑中烧死，作为对窑神的祭品。数年前，杜重远先生至浮梁县时，竭力破除迷信，并悉心研究配料及烧窑技术，改用新式窑，将长度改短，高度改低三份［分］之一，于是不再有倒窑的不幸事件发生，而迷信思想也逐渐消除。

相传昔时某氏承烧御窑，但始终烧不出皇帝所指定的瓷器，而期限已近。倘若再烧不出，则有因慢上罪而惨遭杀戮重刑的危险。在烧最后一窑时，某氏小女爱父心切，不忍坐视父亲受刑，竟背人跳入窑中自杀。想不到此窑烧好开出后，窑内尽系最优良适合皇帝指定的瓷器。因

① 三篇《话匣·瓷器》作者都是张趾尘。

此每次烧窑封窑门时，在砖头所砌的窑门口上端，都留着两个平行的圆洞，每一洞口，各置饭碗或匣钵一只，窑门下段，还留一细直长缝，据说这是像［象］征女性的两乳及阴户。希望窑中每次出品，均能获优良的结果。

浮梁县人搭建新窑，必择黄道吉日动工，仪式甚为隆重。完工之后，必须祭祀窑神。据说古时每一新窑落成，在烧第一窑时，必须将童男女一对，活活在窑中烧死，作为对窑神的祭品。因为据迷信的人传说，不然的话，此新窑就永远没有烧出好瓷器的希望。此种残忍的迷信举动，后来经官厅禁止，业已绝迹。不过目下在新窑落成的时候，有一部份［分］人仍将干草扎成男女草人一对，置入窑中焚烧。在窑外则焚香点蜡，顶礼叩拜，并当场杀雄鸡一头以祭窑神，其慎重也不下于往日。

——《申报》1942年11月16日，第7版。

# 1943年

## 出售

氧化钴金水及瓷器颜料，如江西帮及厂家用户欲要，请向四川路三四六号四一三室洽。

——《申报》1943年12月17日，第4版。

# 1944年

## 历代古瓷展今日展幕

我国瓷器，见于载籍者，莫古于晋代瓯越之青瓷，此为五代钱氏秘色窑之源本。唐之霍器〔武德四年，命江西新平霍仲初等制器进御，时称霍器〕，色白而质薄，其釉莹澈如玉。嗣后驰名中外之景德镇瓷器，实渊源于此。自宋以降，制器无所不备，有清康雍乾三朝，物力丰厚所制，尤属精诣绝伦。瓷器至此，堪称集大成矣。顾岁远代更，丧乱濒仍，历代制作，亡失滋多，其历劫而幸存者，吉光片羽，弥足珍贵。海上各大藏瓷家，有感于此，爰本艺术公开之精神，慨出所藏之精华，荟集一堂，凡晋唐宋元明清历代古瓷，□然大备，以供吾人研究欣赏，洵为艺苑盛事。好古之士，幸勿交臂失之。〔展览自五日起至十二日止，地址静安寺路九九六号美琪大楼中国艺苑〕。

——《申报》1944年2月5日，第3版。

# 1945年

## 赵瘦梅启事

缘本人与戴达三、糜仲三两君账目，现当面结算清楚。双方立有清算据字为证。清算据字附后：立清算据字人戴达三、糜仲三，缘因在上海开元记瓷庄委托赵瘦梅在浮梁代采办瓷器及运输等一切款项，现经当面结算，至民国卅四年九月十五日止，结算清楚，双方均无缔欠，以后往来，再凭以后字据，欲凭立此清算字存证。计开寄存元记瓷庄内洋庄瓷器九件不计在内，另有书信为凭。再元记存在浮梁零碎令盅约五六□蓝［篮］不计在内。又结算项下，由元记付出民国卅四年十二月卅一日法币七万元凭票一纸，作为清楚。立清算字人戴达三、糜仲三。见证方守棠、许庆玉，代笔方守棠。中华民国卅四年九月十五日。

——《申报》1945年9月17日，第1版。

# 1946年

## 台瓷到沪，运费成本皆较廉

最近台湾航轮，运到大批香蕉等水果及瓷砖。闻浮梁瓷砖及瓷器，因产造成本及运费皆较台湾为高，而运输时间，又较台瓷为慢，故部份［分］瓷器市场，将为台瓷所占。

——《申报》1946年6月11日，第6版。

## 蒋介石关切瓷业，曾接见赣瓷校校长，指示今后改良之道

（本报牯岭廿三日电）驰名国内外之江西瓷器，刻因蒋介石之关切而将开始步入更大发展之途。昨晚八时，江西省陶瓷职业学校校长汪藩，曾蒙蒋召见。除垂询江西陶瓷业一般情况外，并指示今后研究改良之道。在质的方面，应追及康熙乾隆时代出品之精美，在花色方面，应多多搜罗我国历代名瓷，加以摹拟，以表扬中国固有艺术。此外，蒋并提示，景德镇原有之“御窑”应更名“国窑”，将其出品分赠盟邦，以纪念协助我国抗战之盛情。最后并嘱汪校长拟具整个江西瓷业之改良计划，由赣省府付诸实施。

——《申报》1946年7月25日，第1版。

## 蒋夫人预购精细瓷碗赠作纪念[①]

（本报牯岭航讯）法国大使之女公子在二十八日下山赴京，蒋夫人特将预购的精细瓷饭碗二只赠作纪念。这两个饭碗非常精美，外面是红色雕龙，里面是白瓷。（后略）

——《申报》1946年8月2日，第8版。

## 美国一老太太索取江西瓷器，纪念独子在赣阵亡

（牯岭十日电）王陵基[②]告记者，近接美国一老太太来函称，渠之独子，于中国抗战期间，驾P–40机，协助地面部队作战，在江西上空阵亡。闻赣省府将创设国家窑，要求赠该窑出品一件，以资纪念，藉舒晚年思子之余痛。王氏已函复，俟有出品，即优先寄奉。

——《申报》1946年8月11日，第2版。

## 学校工厂千疮百孔

（前略）产瓷闻名的景德镇瓷业，亦是一落千丈。战前一百六十多座瓷窑，现在祇剩下五十余座，大多数被敌机炸毁，因为成本过高，劳资纠纷时起，而无法复工。

——《申报》1946年8月17日，第9版。

## 窑府观光

九月廿八日浮梁讯，本报特约记者俞宁颇。

乍临窑府，骤视外貌，是繁荣与富庶，但如果一窥繁荣背后的筚路蓝缕，却已深藏着衰退颓败的暗影。

景德为吾国四大镇之一，隶治赣北浮梁，亦为江西内地唯一的巨埠。自民廿一年经五区专署督饬大规模的修整后，街面的繁荣，远过九江，奢靡的风，市容的壮，均足比肩省会的南昌。记者由静穆萧条的农村，乍□此地，意境为之一新。烟囱矗立，缭绕如云，示它窑厂的多；市屋□比，衢人肩摩，示它户口的众；娱乐场所，饮食馆肆，无不是座客常满，喧□达旦，又明示瓷镇人士挥霍的豪华。

---

① 本文是《申报》1946年8月2日《庐山小撷》的一部分，现标题为笔者自拟，原文作者是《申报》特派记者谢宝珠。

② 王陵基（1883—1967），字方舟，四川乐山人。民国时期川军军阀将领。1946年3月，国民政府改组江西省政府，王陵基受命出任江西省政府主席主兼江西省保安司令。1948年4月，调任四川省政府主席。

**城郭犹是，人事已非。**记者在民十一年驻景承办沪报推销，对往识的珠山面目，□别了已二十多年，这次观光窑府，大有丁令威化鹤归来，城郭犹是，人民已非之慨。但是镇无城郭，仅于接连镇郊的里村，剩有荒凉具有城门式的雉□砖堡半座，其他原有民房，大部都变了洋房，泥泞倾斜的街路，也都变了宽阔洋灰的马路，昔时轮廓，今已不复存在。

陌生人乍临窑府，观外貌的繁荣，没有不羡说是特产富庶之区。如果一去窥它繁荣背后的筚路蓝缕，却已深藏着衰退颓败的不少事实。这江西腹地唯一的重镇，所赖以滋养生发的惟瓷器。说起瓷器两字，无论是国内外人士，都知道景德瓷器为最著名，以名闻天下的景瓷，又为一地独有的特产品，供全国及欧美诸邦的需要，当然是求过于供，业务自成蒸蒸日上，何至于还愁销路上的滞塞，返退走入颓败的衰途呢？这里面又含蕴了多种复杂致衰的原因在，记者不敢自诩作明朗的透视，只可当走马看花式的掠察一过，而摭拾过去和现在的情状，大概写在下面。

**景瓷产运全面探溯。**陶瓷是由矿土制作烧炼而成，我国制造陶瓷，滥觞于上古，《通鉴》有“黄帝命宁封为陶正”之事，《史记》有“舞陶于河滨”的记载，汉代邹阳赋有云：“醪醸既成。绿瓷是启。”因知汉代已有釉彩之饰。景德瓷器，是滥觞于何代，是很难以稽考。据《浮梁县志》云：“新平冶陶，始于汉世。”六朝时代，陈至德二年，大建宫殿于建康，诏新平以陶□贡，雕巧而弗坚。考新平即景德镇，可知景瓷在技术上，六朝已有可观。

瓷土的种类有十三：（一）东港釉果（二）明砂高岭（三）星子高岭（四）祁门瓷土（五）寿溪瓷土（六）乐平瓷土（七）贵溪瓷土（八）余干瓷土（九）安仁瓷土（十）临川瓷土（十一）三宝蓬瓷土（十二）银坑坞瓷土（十三）陈湾瓷土。（子）东港釉果，产于浮梁属的东乡窑里，距镇一百十华里；（丑）明砂高岭，产于浮梁东乡高岭，距镇九十华里；（寅）星子瓷土，产于星子县，距镇四百余里；（卯）祁门瓷土，产于安徽祁门东南西三路，距镇四五十里不等；（辰）寿溪瓷土，产浮梁东乡寿溪，距镇六十华里；（巳）乐平瓷土，产乐平南乡黑林里村水路，距镇三百五十华里；（午）贵溪瓷土，产贵溪县，距镇三百四十里；（未）余干瓷土，产余干县，距镇二百八十里；（辛）安仁瓷土，产余江县，距镇三百华里；（酉）临川资土和贵溪、余干、安仁瓷土，都属做坯用的；（戊）三宝蓬、银坑坞、陈湾三处瓷土，均产浮梁，距镇三五十里至七八十里，产量甚丰。

景镇位居江西的东北，浮梁的西南。民国五年，县治始迁镇。北通秋浦、祁门，东邻婺源，南连乐平，西接鄱阳。水道仅有昌江，发源于皖属祁门县北的大洪山，西南流经景镇转入鄱湖，惟山河水源太小，不通轮舶，只赖帆船和小划驳载，在民二十年前公路未辟的时候，全镇出产瓷器输出，完全用舟车运输，险阻艰难，实为景瓷推销的隘障。到了民二十一年后景湖、屯景、南浮、婺景公路，先后通车，陆路运输，渐臻便利。民二十三年京黔干线景德至黄金埠一段通车，与浙赣路衔接后，旅运益便。如此路全线完成通车，于景瓷运输和推销，自然畅通无阻。

**瓷器畅销，出口总值。**景德瓷器的销场，因为是国内无与伦比的最著名的特产品，自不虞销路的滞积，各方需要的，近遍本国各省，远及南洋欧美诸邦。各瓷厂制出产品，向来不自行运销于各地，全赖各地客帮驻镇采办。各埠常川驻镇办瓷的有天津、广州、关东、同信、同庆、黄麻、马口、三邑、良子、孝感、过山、湖南、河南、宁绍、川湘、桐城、丰西、北平、扬州、金斗、南昌、九江、内河、康山、青岛、山东等二十余帮。

最盛的时期，全镇有窑厂三千余座，从业瓷工达十余万人。瓷器输出总值，年有六七千万两以上。清同治三年，瓷器输出量，有六万六千余担，光绪三年只有一万一千三百余担，宣统三年，复增五万九千七百余担，民国三年，又增至六万六千六百余担，至民十八年，更增至十二万七千八百六十余担，二十二年又降至五万四千七百余担，输出总值，不足四百万元。二十二年以后虽略有增加，仍无多大起色。抗战八年中，因途运的艰阻，整个瓷业，几陷停顿。抗战胜利一年来，窑厂虽曾一度恢复旧观，努力生产，不久又趋于静闲休止的状态。珠山高处不胜寒，也被深秋的凉风吹得懒洋洋地似带有萧瑟的秋意和恹恹的倦容。

降至清代，设景德镇御器厂。乾隆时内务府员外郎唐英督造御窑厂，鸠工萃能，研精抉巧，当时各厂竞技斗美，日异月新，国内和南洋各埠，销行极畅，遂成景瓷的鼎盛时代。

**瓷窑厂家门类复杂。**瓷器窑厂，门类复杂，就它工场的简称区别，有窑厂店三种。制造瓷坯匣钵的称厂，司烧炼瓷器的称窑，饰彩瓷器花色的称红店，再就它营业性质区分，有制瓷、烧窑、彩绘、匣钵、绞草五业，其中（甲）属于圆器类的有：（一）四大器业（二）二白釉业（三）脱胎业（四）饭闭业（五）四冬小器业（六）可器、灰渣器业（七）古器业（八）酒合盅业（九）七五寸业；（乙）属于琢器类的有：（一）大件业（二）粉定业（三）雕削业（四）官盖业（五）淡描业（六）滑石业（七）针匙业（八）汤匙业（九）古坛业（十）灯盏业（十一）博古器业；（丙）属于烧窑业的有：（一）柴窑业（二）槎窑业；（丁）属于彩绘类的有：（一）写意彩业（二）粉古彩业（三）美术彩业（四）黄家洲饰瓷业；（戊）（一）大器匣钵业（二）小器匣钵业。

各行的职工。（子）属于圆器类的有：司事、打杂、做坯、利坯、上釉、剐坯、艺徒、伙夫；（丑）属于烧窑的有：把庄、挖坯、架抄、收兜脚、□匣、小火手、三夫半、二夫半、一夫半、车匣、屑工、挑夫、管事；（寅）属于烧槎窑厂的有：把庄、做重、打大搥、收砂帽、匣钵、小火手、红半股、黑半股、打杂、管事、艺徒、数槎、挑槎、管窑；（卯）属于彩绘的有：职工、画工、施色；（辰）属于匣钵的有：推工、配土、做匣匠；（巳）属于纹草业的有：整□、包装、采蓝、打杂、挑运。总共以上诸业，在民廿二年前，有二千八百余家，廿三年以后降至一千零六十家。

至关制瓷、施釉及饰彩的经过手续至夥。如（甲）制瓷方法：（子）坯土配制（一）配合（二）练泥；（丑）制坯，（一）陶车做坯（二）印坯（三）利坯（四）上釉（五）□坯（六）补水（七）雕镶制坯（八）模形制坯（九）铸入制坯（十）防燥；（寅）匣钵烧窑，制钵有炼泥、切片、陶车编型、耐火分度，烧窑有堆砌、排列、配火、抢火、溜火、紧火、缓烧大小、出窑。（乙）施釉有两种：（一）白釉（二）颜色釉。施釉方法，又分：（一）蘸釉（二）荡釉

（三）浇釉（四）涂釉（五）吹釉。（丙）施彩有两种：（一）青花（二）彩花。青花有霁青、豆青、冬青等数种，彩花有□红、胭脂红、顶红、中红、广翠、顶翠、金翠、翡翠、炉均翠、玻璃白、老黄、上黄、大绿、苦绿、乌金、古大绿、本地绿、胶水料、细粉料、珠明料、本金、古铜、补白、雪白、甘青、黑料、赫色、洋金、西洋赤、西洋红等三十余种。施彩方法，又分：（一）圈填法（二）绘描法（三）贴花法（四）印花法（五）划花法（六）吹色法（七）拍色法。

**制窑原料需要孔多。**制瓷的原料，有窑柴和瓷土两种，景镇窑柴，完全以松柴和茅柴为燃料，松柴需要极多，茅柴较少。松柴的来源：（一）由婺源祁门等处采伐沿昌江下运，自山装镇；（二）由余江、余干、乐平、星子、都昌、彭泽、湖口、临川等处自运往鄱阳溯昌江而上，近的百余里，远的数百里，有保柴公所，专帮窑户协办柴料。

**瓷业颓势尚难挽回。**国内唯一特产的瓷器，有年输出六七千万两以上的总值，有十余万从业的瓷工，更引入了不远千里而来的各帮瓷客。窑厂店分门行业，又各是繁夥，完全是一无管理业务自由的分组手工业，总合起来，范围不能算是狭隘，营业不能算是稀微。这种分工合作的大企业，在有组织、有管理、有技术、有办法的公司工厂，常有劳资纠纷的倾轧，甚至罢工辍业的事件发生，何况这里面的无经济组织，牢守陋规，不乐迁善，不予客便，不广招徕，不求改进的分组手工业呢？劳资倾轧，同业斗争，还是当然的事实。然因为瓷业，是无管理的自由工业，它的衰败危机，亦就暗藏在里面，诸般不合理不适时足以致本业的弱点，俱赤裸裸的曝显出来了！

此其咎并不在原有的瓷商瓷工，整个瓷业的颓势，又非一般瓷商瓷工的力量所能挽回的，以记者的视察所得，现在瓷业的失败，归结说起来，有下面各点：（一）缺乏政府力量的帮助；（二）缺乏指导管理机关；（三）资力过于薄弱；（四）技术方面的幼稚；（五）交通运输的不便；（六）人事的不适宜；（七）瓷工太流动，生活不安定；（八）急功近利，求效太速；（九）陋习太深，引人厌恶；（十）无一定标准的正常市价。有此十因，致景德瓷业，祇有日趋于狭隘的侧径上踽行，自难转步光明坦途的希望了。

——《申报》1946年10月11日，第9版。

## 南昌至景德镇公路开驶班车

景德镇至南昌公路，全程计长二百五十三公里，为赣北内地至省会交通要道。八月间虽已通车，惟因车辆缺乏，暂无班车行驶。刻经省公路处调拨车辆，本月起已正式开放班车。每逢五、十两日，由南昌开驶景镇，二、七两日，由景开回南昌，以万年黄金埠为中途站，全程票价为一万三千九百十五元〔合每公里为五十五元〕。由景德镇达祁门衔接皖南屯溪之赣皖公路，现经两省公路处及交通部公路总局分段修筑，年内可望实行全线通车。

——《申报》1946年10月24日，第3版。

## 景德镇设国窑，萍乡瓷产计划改良

（本报南昌廿七日电）赣陶瓷工业，现均次第复员。景德镇瓷窑将改用电力，并在景德镇设国窑。萍乡瓷产亦正计划改良，省府为求改良今后陶瓷生产，决另设陶业管理局，专司其事，预计明春即可成立。

——《申报》1946年10月29日，第2版。

## “行总”①设瓷厂资金五亿元

江西景德镇之瓷产，为著名工业之一。因战时备受摧残，目前有十万工人失业，致产品滞销，窑厂大半停歇。“行总”为救济失业瓷工，特派员在该地设一示范瓷厂，内分原料精制、美术研究、炉窑供给及改良研究四大部份［分］，对瓷器售价及原料配给，均加规定，以便各厂观摩仿造。据“行总”估计，固定资金包括地基、建筑费、筑窑机械及流动资金，约需五亿元，“行总”总署刻已预备拨出云。

——《申报》1946年10月30日，第8版。

## 改进景德镇瓷器，拟建电力瓷窑并筹划设立国窑厂

本报浮梁讯。赣省府为改进景德瓷产，据计划建立电力瓷窑。预定建设费为二亿元，试验室设备费为一亿元，并设机制原料厂，充分供给制坯者之资金。采所特约保证方式，改良其技术技工人才，由陶业职校学生培养，并可能组设陶瓷公司。关于国窑厂之设立，闻初步核定经费十五亿元〔设备费十二亿元，周转金三亿元〕，专承制国定之高级瓷器用品。制造纯采科学仪器，以电力代柴。国窑厂，除设正副厂长工程师外，全厂职工编制，为二百六十人。预计在成立后之一年内，可年产陈设品、卫生品各二千件，饮食品二万件。上月建厅胡处长到浮考察时，已与冯专员、汪校长〔陶职〕互商研讨设立国窑之各项筹备，曾召瓷界领袖，详询一切。以为将来改进之借镜（鉴）。

——《申报》1946年12月30日，第3版。

---

① 国民政府行政院善后救济总署的简称，是国民政府执行联合国善后救济总署任务的机构。1945年设于重庆，隶属国民政府行政院，后迁南京。

# 1947年

## 精瓷一窑，蒋介石令制赠盟人

（本报南昌三日电）蒋介石令赣在景德镇制精瓷一窑，以赠盟人。瓷样已圈定，现正计划烧制。王陵基赠美威康空军中尉在赣作战殉战纪念瓷品花瓶一对，饭碗二只，已送外部转赠。

——《申报》1947年2月4日，第2版。

## 景德镇业衰落，赣省府计划改进

（南昌十四日电）景德镇之瓷器，为赣省时产之一。战前瓷窑，竟达一百五十余窑，历遭抗战与外瓷内销影响，逐次减少。现经省府极力扶助，渐见复苏。目前复出卅余窑，恢复至七十六窑。据□□最近估计，景瓷年产额，战前约为一万万九千九百五十四万八千件，战时约为三百万件，目前则为二百万件。战前之外销数字，每月曾达一亿元，战时则几陷停销，至战后之外销数，除胜利伊始时，情况较佳外，刻每月仅为廿亿元至卅亿元之间，较诸战前，产值大减。刻赣省当局，为期振兴昔日驰誉国内外之景瓷外，正着手原料之改进及计划设立电窑。

——《申报》1947年2月15日，第2版。

## 暮年余痛，老母悼美军，王陵基赠瓷慰情①

（南昌十二日讯）江西省主席王陵基，近接美国一老太太来函称：渠之子麦克冷兰于中国抗战时期，驾C–10机协助地面部队作战，在江西上空阵亡。闻赣省将创设国瓷窑，要求赠该窑出品一件，以资纪念，藉舒晚年思子之余痛。

现在这位老太太所希望得到的瓷器已经出窑了，是项瓷器是由王陵基主席托浮梁县政府代为设法所罗致。瓷器一共是四件，计瓷瓶一对，瓷碗一对。坯子俱是顶上成品，瓶高七市寸，口径二市寸，身宽三市寸。碗高二市寸，口径四市寸。瓶子全面除各留绘□地位二处外，全身图案，均仿乾隆御窑□灯洋莲锦地，瓶上四幅绘画，均为苍鹰，一题“高瞻远瞩”，一题“气塞苍冥”。碗薄如纸，色白如玉，上绘三雄并立图，瓶口瓶底碗口碗底皆抹赤金，精美绝伦。担任绘饰工作者，为景德镇名画家刘雨岑②先生。

---

① 本报南昌记者刘藻寄。

② 刘雨岑（1904—1969），男，出生于江西鄱阳县。原名玉成，后改雨岑、雨诚，斋名觉庵、觉鑫、饮冰，别号澹湖鱼，六旬后号巧翁。1918年考入江西甲种工业窑业学校。1921年师从潘陶宇学习中国画。刘雨岑系“珠山八友”之一，以画花鸟著称。

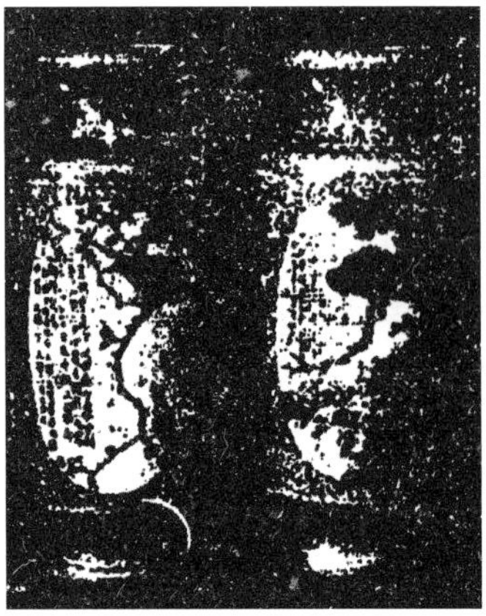
瓷瓶正反面图影1

瓷碗正反面图影2

——《申报》1947年2月19日，第8版。

## 蒋介石定制名瓷，备赠英美等国

（南京十九日电）蒋介石顷向江西景德镇定制精美瓷器多件，分赠英美等国，由江西省立陶瓷职业学校与饶华丰瓷号会同办理，定六九两月各交半数。闻此项瓷器白胎现已制就，正设计图案中。

——《申报》1947年5月20日，第2版。

## “国瓷”与“旧京”

（本报讯）胜利以后，听说政府拟指令江西景德窑兴办纪念瓷器，名曰“胜利窑”。最近又听说英国伊丽沙白公主婚礼，我国元首所赠精瓷一百七十五件，在礼堂展览，各国代表同声赞美，以为得未曾有之美术。以上的消息，可使国人感到莫大之兴味。

中国的名产，世界皆知，以丝、茶、瓷为三宗宝，尤以瓷器为中国工艺之代表。我国科学落伍，制造赶不上舶来物，以致向来入超甚大，惟瓷器一项，百余年来领销外洋，略可弥补。China一字，即含“中国”与“瓷”之两义，关系讵不重哉。

全国瓷产，首推江西景德镇，前清以九江道台兼任窑厂监督，提倡不遗余力，因之该镇各名厂产瓷大致分为三级：贡瓷、官瓷、客货。其进贡之瓷，有时是由北京内务府把宫内珍藏之宝石料及彩色颁发去做，做成之后，稍有不合款成或不甚精到者，辄令重做，故御用之瓷，精绝人寰。次则官窑，亦以规矩严整为特色。其客货虽属普通商品，亦较他处所造为优。

清代每一新君登极，必首先命办纪元精瓷，而每次都能代表一代之作风。如康熙之三彩、雍正之青华、乾隆之豆［斗］彩及霁蓝、嘉庆之五彩、道光之花鸟人物等，皆有特征。

至老袁之“洪宪”皇帝虽只八十三天，然洪宪瓷器乃将故宫御料发往精制者，故制造之精，几与乾嘉同值。又因“袁皇”期短，出品无多，物稀为贵，故瓷产虽在近代，而价值且超过咸同光而上之。老袁有此佳作，亦不负“九五”一场了。

河北之瓷产甚多，有磁州产，有唐山产，稍细者无不标榜江西。北平之瓷器铺各城皆有，最大者如前外大街之德泰、东四牌楼之恒发、西四牌楼之德茂，皆规模宏敞，物品丰富，其货物则有造货与办货两种，造货系本地工匠承做，做法亦仿江西。办货则按时派人赴赣省采办。

民国初年，“江西瓷业公司”在旧都开始营业，而一向标榜江西之本地店不免相形减色。“江西瓷业公司”一设于东安市场之十字街口，一设于前门外之劝业场楼上，出品之精，固属冠绝此行，而售价之昂，亦令人咋舌。其产品大多是美术性，如盘盏碗壶之类，不等卖出，先自作木架锦匣，装置玻璃窗中，竟是变相之“古玩铺”，以故□价极高而离开大众日常生活则愈远。北［洋］政府时期，其销路（一）为贵族家庭之陈设，（二）雅客之珍玩，（三）古玩铺购其仿古之品，加以伪饰，当作古董贩卖。

自民国十七年定都南京，北平改市，一般商业均见萧条，瓷业受影响尤巨，然而支持十年之久。直至二十六年倭难猝发，旧都沦陷，市况萧沉为从来所未见，东洋货之仿古瓷又侵略此业，因之东城及前门外之两个公司分店，先后关门，而本地之大瓷店恒发等亦相继停业，所剩二三流之瓷铁铺而已。

自此以至光复后的现在，市面所售瓷品至为复杂。有大瓷厂所遗之江西瓷存货、有日商日侨临遗大批卖出之东洋瓷、有河北省附近出产之磁州瓷、唐山瓷、西山瓷。其中江西瓷之“公司出品”仍在古玩摊或高等百货店陈设出售。大瓷店□品售价略昂，商贩投机，自造新闻，说江西瓷窑已被战事破坏无余，故存货皆将成为珍品。

近读南讯，知景德镇窑厂虽受兵灾，并未完全销毁，令人心［欣］慰。至于如何振兴，想南中贤哲及为道诸公，当有良策。记者异地寡闻，惟有伫盼好音耳。

——《申报》1947年12月6日，第9版。

## 景德镇瓷器生涯不旺①

（本报五日讯）（前略）景德镇瓷器生涯不甚旺。

九江的瓷器店要比南昌多，大概有一百家的光景，你走不上五步路，就有一家瓷器店，店里货物的花色也要比南昌繁得多了。这里直接可通瓷器的产地景德镇。景德镇制成的瓷器，可运到鄱阳湖，再由鄱阳湖转运到浔阳，就在九江靠岸卸货。而南京、上海、汉口，贩卖瓷器的人也都顺着江流到九江来贩货。瓷商告诉我：今年的生意不十分旺，卖去了货物，

---

① 本文是《申报》1947年12月6日《从九江归来》的一部分，现标题为笔者自拟，原文作者储裕生。

以卖出的价格补不进来，而且很多地方都因烽火而交通受阻，生意受着重大的打击。（后略）

——《申报》1947年12月6日，第9版。

## 瓷都消息[①]

凌霄汉阁主在本刊谈到了景德镇的瓷，颇为没有全毁而欣慰。笔者旅居赣省数月，虽然对于瓷全外行，可是欣赏瓷的兴趣很高，间常没事，总在□瓷器店细细地观摩，跟业中人膳谈，略述一二，料为开心所乐闻。

景德镇在胜利后虽添设了“胜利窑”，可是“胜利窑”的出品并不多，其中以创造的胜利茶壶，总算以新颖而颇受欢迎。茶壶嘴下的二侧，有凸印的圆形胜利二字，这算是胜利窑的代表作，也算是“瓷都”给胜利纪念的一种产物。

景德镇虽有“瓷都”的尊号，可是实际上是一个贫困的手工业区。当地人自称为“草鞋码头”，因十之七八都穿草鞋。顾名思义，也该知贫苦的程度了。目下产业工人只有战前的三分之一，一般窑主的资本都不够充实，所以产量日见减少。

精致的细瓷，现在出品很少，仿古的作品也渐见稀少，通常以光胎加以细绘，算是上品了。画瓷的人才，后继亦稀，目下以张志汤[②]画鸟、刘雨岑画鹤、田鹤仲［仙］[③]的画梅花、徐仲南[④]的画竹，算是画瓷的名家，此外邓候文的山水、熊梦渭的花卉，也都是有名的老作家。

一把名画的茶壶，市价十余万。小品的五件文具，须要二十万。近二个月来涨起来二倍多，一桌的细瓷餐具，要二千多万，普通的也要五六百万。瓷业中人对于瓷价认为还便宜，他们说：要是跟彩色颜料作比，瓷价的涨度，□真差远呢！这也是实情。

九江现在的瓷器集散地，瓷器店鳞次栉比，大有三步一店，五步一家之概，都陈列了新兴的花样，来招引路人，看了有些眼花缭乱。每一艘轮船停靠九江，多少总背了些瓷器出去，不过背走的都属中等以下的瓷器，细瓷的销路较呆些。

真的旧瓷已很少，只有华昌瓷店还有些陈列。瓷的人像，像福禄寿三星、关公、济颠、观

---

① 本文作者周敬痒。

② 张志汤（1893—1971），江西婺源人。斋名“亦陶”。1901年入景德镇余立卿红店学绘粉彩，后被大官僚袁秋舫聘至南昌彩瓷。张氏擅长山水，早年多参照宋元画印刷品绘彩瓷，笔法工细、构图谨严。20世纪40年代受郎世宁绘画风格的影响，大量绘制骏马，形象逼真，姿态生动，颇受客商欢迎。晚年在教学之余，偶作粉彩花卉小品，姿态轻盈，设色淡雅，尤为精妙。

③ 应为田鹤仙。田鹤仙（1894—1952），浙江绍兴人。名青，原名田世青，字鹤仙，号梅华主人、荒园老梅，“珠山八友”之一。少年时寄居江西抚州岳父家，民国初年曾任景德镇税务局职员，后任江西省瓷业公司夜校教员，加入绘瓷行列。田鹤仙先攻山水，后改画梅花，并以梅花独步画坛。

④ 徐仲南（1872—1953），江西南昌人。名陔，字冲南，斋名栖碧山馆，“珠山八友”之一。徐仲南青年时期以画人物为主，中年则改习山水，晚年又偏重于松竹。尤其喜爱画竹，可谓对竹情有独钟，自号“竹里老人”。

音等塑像，以光华的出品为最精。小件的宝瓷，要算立生瓷店最多最精致。因为瓷店多，所以生意也分散了，显得还是不景气。眼前水道浅涸，景德镇的货，运来很受阻碍，用人力走陆路挑，每担要五十万挑力，所以成本愈来愈贵了。

江西的瓷业还在暗淡过程中，现在亟需输血强心，才能繁荣。同时，质的改进和技工的再训练，也是很急切需要的。因为窑工们的守旧性很深，缺少新的科学技术。因此很多人想起了我们的瓷业专家杜重远先生，他具有改革“瓷都”的决心，为了抗战，打碎了整个革新计划，并且在辽远的魔掌中牺牲了生命。不仅国家短少了一员专门人才，也是江西瓷业的一大损失！（寄自九江）

——《申报》1947年12月27日，第9版。

## 1948年

### 赣瓷销路出色

（本报景德镇廿日讯）本市瓷器销路，入冬后渐趋活跃。上年十二月及本年一月输出瓷值，约在五百亿以上。内以圆器日需品最坚销，琢器稍疲，尤以津、浙、粤等帮去胃强大。

——《申报》1948年2月28日，第5版。

### 京汉途中[①]

（本报汉口四日讯）……

走马看九江。

船到九江，虽然只停九十分钟，但幸运的是白□帮了不少忙，使我能在短短的一个半小时中看个分晓。踏上九江的街头，我便想起上海的南市，除了几条马路比南市整齐宽广外，其他的都及不上南市的繁荣。马路上看不到一辆汽车，连人力车也寥寥无几。商店以贩卖瓷器者占最多数，生意也很冷落，只有一些由京沪到粤汉的过境旅客去光顾，然而毕竟是有限的。每家铺子外表上开着门，实际上与“打烊”无异。全城戏院只有一家荣誉平剧院，票价虽不贵，观众确并不拥挤。报纸仅有一家小型报，因纸张昂贵，用战时的熟料纸维持出版。售价与上海各大报相等。物价比芜湖还低，机米每担二百九十万。炒一盆肉丝，份量比京沪多一倍，售价仅八万元，一碗面只卖两万元。瓷器并不便宜，这是出乎意外的，一把小茶壶至少十六万，还有更贵的。走马看九江，刹那之间所看到的也许是九江外层的外层。

——《申报》1948年4月6日，第2版。

---

① 本报作者是《申报》华中战地记者卜眠。

## 日瓷倾销香港南洋，景德瓷商大受威胁

（本报景德镇八日讯）此间粤帮瓷商接港息：景瓷在港外销，近受日瓷倾销之打击。因日本开展对外贸易后，即将存有之瓷器，大量倾销该地。我国瓷器在南洋销路，首受巨大影响，本市瓷商以香港南洋一带，为我国瓷器主要销路，顷正筹谋对策，以图挽救危局。

——《申报》1948年7月12日，第5版。

## 罗斯福“小白宫”征求我国艺术品，教部决赠绣像瓷瓶

（本报南京十七日电）教部因美国乔治亚州拟将前总统罗斯福逝世时所居“小白宫”加以扩大，并在宫之一室，陈列罗氏曾用或受赠之物品，征求我国赠予足以代表中国典型之文物，备永久陈列纪念。已分令私立正则艺专绣制罗斯福总统像一帧及赣省立陶专精制瓷瓶一对，即将制竣运京转美。

——《申报》1948年7月18日，第7版。

## 蒋夫人在牯垂询国瓷生产现况

（本报牯岭讯）蒋夫人十八日午后六时许，闲步牯岭街头，参观各瓷器店。于协兴成瓷号牯岭分号选购仿古瓷器数件，并面询该号经理吴德泽国瓷之生产现况。

——《申报》1948年8月23日，第2版。

## 教部定制花瓶赠美海德公园

（本报南昌通讯）教育部顷向景德镇陶业专科学校，定制“雕刻沙地折半□□”名贵花瓶一对，将赠与美国海德公园，纪念美故总统罗斯福。

——《申报》1948年8月23日，第7版。

## 凄凉的瓷城[①]

（本报景德镇廿四日快讯）景市房屋，向来比南昌便宜，现在一幢中等的房子，租金也要白米六十多石。资短的商店，祇房租一项，已感不胜负荷，还有其他捐税、工资、伙食、杂用等，平均日常开支总须三四百万。瓷城的夜市，不像去年灯光如画，车水马龙的热闹了。电灯

① 本文作者是《申报》特约记者俞甯颇。

掩住发光的射力，黯淡催眠，是显得清淡而凄凉的。

前途大可忧虑。现在整个瓷业前途，大可忧念的是在销路方面。制成的瓷器，是要有广大销场，供求相应，方可支持产地出品，否则有供无求，产品即构成膨胀病象。窑厂为减省开销，自不得不在货品上作减少制造的打算。可是瓷器的涨价，是随物价以俱增，最近根据各地市场的瓷市报价，已和产地现在的价格几乎相等。

痛受日瓷威胁。尤其香港和南洋方面，日瓷已在该地大量倾销，因日本制出的瓷器，比我国瓷值低廉，出品更能花样翻新，景瓷在南洋销场，受了日货的威胁，不消说是抵抗不住它们，设再无限止的提高瓷价，国瓷将更望尘莫及了。这是关于我国瓷业的根本兴衰问题，须要政府和瓷业有否起衰救敝力量来与外瓷抗衡的。

迅谋适当解决。瓷器减少了制作，结果必然造成多数工人歇业，此间瓷业各帮工人，不下五万余，一旦停工失业，他们将如何活下去？这个严重问题，有关当局，是不容袖手漠视的。目下危机四伏，希望政府宜速谋适当的解决，这正是全镇工商业和十余万市民一致所企望的。

——《申报》1948年8月28日，第5版。

## 赣瓷业消沉，省府建议设国窑

（本报婺源十五日快讯）本市瓷业，因原料工资，逐月有增无已。瓷器市价，较“八一九”以前，提涨十余倍。致产地成本，与销地售价，几无分轩轾。月来各路冬季销场，益呈呆缩。目下瓷窑开烧者，仅有十分之二。赣省府鉴于景瓷之消沉，决定于最近期内，在景设立一大规模之新型窑厂，并建议中央设立国窑，积极推广海外贸易。同时，将原设立之萍乡、九江两地瓷厂，拨款予以扩充，俾三地瓷业，得以同臻发展。

——《申报》1948年12月21日，第7版。

# 附　录

按：研究近代景德镇瓷业，必须首先从搜集阅读近代景德镇瓷业具体史料入手，需要占有丰富而真实的具体史料，需要扎实的史料梳理能力，将“一颗颗宝石串成一串串宝石项链”。但研究景德镇瓷业又与研究其他区域和问题不一样，要研究深、研究透近代景德镇瓷业，仅仅拘泥于具体史料是不够的，还要求看得懂古瓷器物，懂古代瓷器生产工艺。换言之，需要将近代景德镇各层面文献资料与传世或出土瓷器实物进行综合分析与归纳，才能探索出近代景德镇瓷业的本质和特征。附录中选择近年来笔者发表的两篇关于近代景德镇瓷业的论文，特别是第二篇《江西瓷业公司与清代御窑厂关系再探析》，结合了现存关于江西瓷业公司各类史料和现存实物进行综合分析。该文曾参加“明清官窑研究”国际学术研讨会，得到与会专家学者的肯定，也是笔者近年来努力从多角度研究近代景德镇的尝试。谨附于此，供读者阅读参考。

# 晚清《申报》所载景德镇瓷业研究

**内容提要**：近代中国“第一大报”《申报》在景德镇设有通讯处和记者，对晚清景德镇报道及时全面。从晚清《申报》有关景德镇报道可以看出，晚清景德镇瓷业虽仍存昔日辉煌，但总体呈愈趋愈下之势。《申报》叙及晚清景德镇瓷业日益衰落情形时，指出最多的原因有三条：外瓷流入、拘守旧法、厘捐太重。尽管如此，透过《申报》的报道，也可以看出晚清景德镇瓷业的新气象：开启了中国制瓷业现代化之路，其瓷艺自由得到进一步解放。

**关键词**：《申报》；晚清；景德镇；瓷业

景德镇是明清时期中国制瓷业中心。学者们对景德镇瓷业的研究多停留在宋至清代中期以前，对近代景德镇瓷业研究较少涉及[①]。然则，从历史完整性和历史研究启发当代价值角度看，近代景德镇瓷业史研究意义重大。

学者们不愿关注近代景德镇瓷业，其原因有二：一是认为近代景德镇瓷业是衰落史，乏善可陈；二是由于史料缺乏。关于近代景德镇瓷业生产销售情况的史料缺乏且“碎片化”严重，很难叙写近代景德镇瓷业发展史。

《申报》是近代中国“第一大报”，清光绪年间即在景德镇设有通讯处和记者，其及时、全面的关于近代景德镇的报道，是不可多得的研究近代景德镇瓷业史料的来源。本文结合《申报》1872年至1911年关于景德镇的报道，尝试对晚清景德镇瓷业情况作一叙述，以期对研究晚清景德镇瓷业历史有所裨益。

## 一、晚清景德镇瓷业一般情况

“洪杨之乱”时，景德镇曾是太平军与湘军厮杀的主要战场，瓷业损毁严重，御窑厂被太平军焚毁。清同治至光绪初期，伴随着“同光新政”，政局相对稳定，御窑厂重建完工，景德镇民窑也迅速恢复生产并有所革新。《申报》初办的同治末年至光绪初年有不少景德镇瓷闻名寰宇的报道。如同治十二年（1873）报道中国商人前往卑鲁国[②]和美国旧金山做瓷器生意：“近

---

① 代表性成果有：北村弥一郎的《清国窑业调查报告书》（日本农商务省商工局，明治四十一年出版），该书是日本农商务省技师北村弥一郎明治四十年（1907）到景德镇、德化、石湾三个中国重要制瓷产地的实地调查资料，对清末景德镇瓷业生产销售情况有详细论述，且图文并茂，具有相当的史料价值。李松杰的《近代景德镇瓷业社会的多维冲突和秩序重构（1903—1949）》（中国社会科学出版社，2017年出版），探讨了清末至民国景德镇社会结构变迁与瓷业改革关系，视角独特。此外，方志、陶瓷史方面的著作对近代景德镇瓷业多有涉及，但大多是梗概性的略述，缺乏深入、细致的研究。

② 今秘鲁。

日时有船舶由中国地方驶往该境，所载货或付卑鲁国发售或运赴旧金山，该货多有手饰及茶、瓷器之类，中国生产日繁，谋生计广，从前足迹所未至者，兹往往帆樯万里矣。”[①] 1875年美国为庆贺建国百年设立赛奇会，中国挑选瓷器参赛，《申报》在报道中写道：“所有瓷器，自九江来。又有发蓝［珐琅］物件，系杭垣某钱庄主吴君邮去也。统计以上诸物约值银十万云。”[②]赛后其评论文章中又说：“瓷器之为物，惟中国为独美，他国所不能及也。”[③] 光绪七年（1881）《申报》还专门报道景德镇瓷业革新。报道写道：“闻驻九江之英领事言，近来九江地方之瓷器较前为胜。格式既见新奇，颜色亦复工雅，现在西人之购办者甚多，想日新月盛再三四年，该处之瓷业必将大加兴旺矣！”综上，笔者认为“同光新政”时期景德镇瓷业曾有过短暂中兴。这一观点同一般陶瓷史家认定的“（清）嘉、道已降，画工彩料愈趋愈下的”[④]概述性结论不太吻合。事物往往曲折发展，晚清瓷业衰退中也有“回光返照”。从现存实物看，同治大婚瓷、“大雅斋”“体和殿”款瓷器实物形制精美，颇多佳作，起码从官窑瓷器生产上亦侧面证实了这一点。

尽管如此，光绪中期以后，《申报》对景德镇瓷业报道最多的是：愈益萧条。光绪中后期，尤其是中日甲午战争后直至清末，这样的报道越来越多。如光绪十年（1884），《申报》报道景德镇瓷业时写道：“有江西友人函本馆，述及景镇地方市面坏极。该地以造瓷为大宗，昔盛时贸迁云集，即咸、同后亦不过十减一二。旧岁诸商裹足，有不可终日之势。至本岁则萧条愈甚，歇业者踵接。”[⑤]光绪二十二年（1896），景德镇爆发闹窑巨案，屡翻屡定，屡定屡翻，致使全镇瓷业停工半年之久。光绪二十七年（1901），《申报》在呼吁整顿景德镇瓷业的评论文章中则叙及：“然闻之彼业中人，则谓近今瓷业日渐衰耗，得利反不如从前者。”[⑥]光绪二十

清光绪御制松石绿地粉彩“大雅斋”仙芝寿桃大缸一对

① 卑鲁国信息·选录香港中外新闻[N]. 申报，1873年12月10日，第3版。

② 美国赛会近闻[N]. 申报，1876年2月25日，第2版。

③ 论往美国赴会事[N]. 申报，1875年8月6日，第1版。

④ [清]陈浏. 陶雅[M]//陈雨前. 中国古陶瓷文献校注（下册）. 长沙：岳麓书社，2015年，第1027页。

⑤ 官瓷滞销[N]. 申报，1884年7月25日，第4版。

⑥ 整顿瓷业说[N]. 申报，1901年4月19日，第1版。

九年（1903），赣抚柯逢时在奏请设立瓷业公司奏折中则写道："窃西浮梁县之景德镇制造瓷器，已历数朝，曩年售价约值五百万金，近乃愈趋愈下，岁不及半。"[①]

从《申报》有关景德镇窑厂窑工数量中亦可看出瓷业愈益萧条之势。如光绪二年（1876），《申报》在报道景德镇窑案时写道："江右瓷产甲于天下，……所设窑厂不下百数十处，各色手艺人等，五方不齐，尤以都昌人为最多。业窑糊口计十五六万人，类皆极窘贫民，藉谋衣食……"[②]光绪三十三年（1907），江西盐法道庆观察视察景德镇瓷业后的禀覆中则写道："（镇）民窑八十六座，外烧匣钵之窑二十六座。……工人、窑户及运料运柴各项苦力人等，约十四五万人，临省府县者居其大半。"[③]虽然报道数据统计不甚精细，但从中亦可看出窑厂窑工数量的减少。

清末，景德镇瓷品质量在江西瓷业公司创办后有短暂好转，但无法改变瓷业日益颓势的大局。光绪三十四年（1908），为抵塞漏卮，保住瓷业利权，仿照西方机器制瓷，历经三任两江总督、五任江西巡抚的江西瓷业公司开办。虽在短短两三年间对景德镇瓷业有不少改进，但终究孤木难支，无法挽救景德镇瓷业日益衰退的局势。《申报》报道江西瓷业公司创办业绩时写道："自戊申五月开办，所制瓷品均经同人研究，参采欧化，注意美术，式样图绘，穷力追新，不但非外窑所及，且能驾官窑制品之右。"[④]因江西瓷业公司实际还兼管景德镇窑务，在改进瓷业技术同时，它还努力改善地方风气。如设立景德镇商务总会、创办陶业学堂、警厅，禁烟禁赌、禁三脚班淫戏，"遇事整顿，不遗余力""分行别业，提挈纲领，向时僭伏不出之端人正士，皆肯出力协助，谋抵于成。又得司马认真秉法，汰除害马，诚地方合群进化一大转。"[⑤]但在清末江河日下的形势下，区区一公司，终究是难以挽救景德镇瓷业的颓势。1911年，武昌起义后，江西瓷业公司景饶两厂前后三次遭遇匪兵劫略，此后一蹶不振。[⑥]

总之，从《申报》相关报道可以看出，晚清景德镇瓷业虽有短暂复兴，但总体呈愈趋愈下之势。

---

① 赣抚柯大中丞奏请振工艺以保利权折[N]. 申报，1903年7月7日，第2版。

② 窑厂滋事[N]. 申报，1876年8月11日，第1版。

③ 禀覆考察景德镇瓷业情形江西[N]. 申报，1907年8月12日，第12版。

④ 奏办江西瓷业公司广告[N]. 申报，1909年2月10日，第1版。

⑤ 景德镇商务总会广告[N]. 申报，1909年7月14日，第1版。

⑥ 詹伟鸿. 资金短缺困境下的清末民初民族工业——以江西瓷业公司为中心的考察[J]. 城市史研究，2017年，第37辑。

## 二、晚清景德镇瓷业愈益萧条的原因

对于晚清景德镇瓷业的日益萧条，《申报》报道中例举最多的三条原因是：

（一）外瓷流入。明清景德镇瓷器享誉全球，但到晚清，随着西方逐步掌握硬质瓷生产技术，开始机械制瓷，加之不平等条约中规定的洋货输入我国“只纳子口税2.5%，不纳厘金税”的税收优势，外瓷开始输入我国。从《申报》报道看，外瓷输入压力在光绪中期即已出现。这或许与西洋瓷器装饰样式与传统中国瓷器仍有隔阂，而日本为向中国出口则千方百计模仿中国传统瓷器装饰样式有关，《申报》曾报道光绪十三年（1887）相关案例。

“日本近年所出瓷器，运入中国盈千累万，业此者获利独厚。惟种种花样，不能合中国之意，故有先期定制，以期花样合式者。今年正月，西京尾张、美浓等制造家集会协议，派遣三人赴天津参仿各式。上月上旬，更选巧匠十余名，以俟三人回时，以样传授。此后造出瓷器定□精细入妙，适合华人所用，不知肥前地方各家制造能参照否？”[①]

中日甲午战争后，外瓷输入压力迅速增加。如《申报》报道：“今西人于瓷器别运匠心，处处有求胜中国之意；苟不及时思一挽救之策，则不特将来华瓷不能销行于外国，恐中国日用所需，必将非尽易洋瓷不止。”[②]“自互市以来，商战日绌，年甚一年。即茶瓷两宗，为中国独擅之利，亦听洋商任意抑勒，莫可如何。”[③]“所慨者，外人自来中国，初则见有佳瓷，不惜重金购去，精美者一瓶一碗，贵至数千金。既而自募良工，刻意仿造，虽其式样之古雅，终不逮中华，而彩画鲜明，泥质洁白，转觉过之。近来日本又仿西制，物多价廉，浸淫入我内地，置身五都之市，花樽茗碗，几于触目皆然。”[④]“请观沪上之研究器具者，所陈列之瓷器，无非东西洋货也。”[⑤]“近年以来，充塞于市者，莫非洋瓷，每年钱力溢出者，不下数百万。”[⑥]

除报纸相关报道外，《申报》副版中刊有大量售卖外国瓷器广告，从这一侧面不但可以窥探出晚清外国瓷器输入中国大概情形，甚至可以获取不同时期洋瓷输入我国品类、价格、产地、代理商等信息。如同治末年光绪初期的洋瓷拍卖广告中写道：“本行于八月初五日夜八点半钟拍卖东洋瓷器花瓶、象牙人物。”[⑦]“本行议于西历本月二十四日在本行拍卖各货，……吃

① 东报彙译[N]. 申报，1887年5月22日，第11版。

② 整顿磁业说[N]. 申报，1901年4月19日，第1版。

③ 江西茶磁赛会公司呈外务部禀稿[N]. 申报，1903年3月3日，第3版。

④ 书赣抚柯大中丞奏请振工艺以保利权折后[N]. 申报，1903年7月8日，第1版。

⑤ 商战利器（续）[N]. 申报，1907年5月25日，第26版。

⑥ 江西瓷业公司小启[N]. 申报，1909年3月6日，第10版。

⑦ 礼拜二拍卖[N]. 申报，1874年9月15日，第5版。

大餐瓷器成副、吃早饭瓷器成副、瓷器唾盂……"①"十八日十点钟在本行拍卖……外国花纸瓷器……"②光绪中期售卖洋瓷广告写道："本号设在法界三洋泾桥……自运东西洋瓷器要货，一应俱全……"③"启者准于十九日十点半钟在本行内拍卖顶好各式白瓷马桶数十只……鲁意师摩启。"④可以看出，晚清最后几十年，正是洋瓷逐步加大输入我国时期，先是西洋，后是东洋，不但数量上逐渐增多，相较传统景德镇瓷器，还多出机制瓷器、花纸瓷器、瓷器灯罩、卫浴陶瓷等许多景德镇传统瓷器所没有的新品类。

（二）拘守旧法。《申报》认为当时景德镇瓷业日益衰落的另一重要原因是工艺式样上的因循守旧。《申报》报道："况瓷器、漆器、雕工本为我国所自有，惟精巧或逊于日人。"⑤"则以外洋瓷器日渐流入中国，仍因陋就简、不思振作，以故利日微而业日衰也。"⑥"惜尚拘守旧法，不能尽餍购者之心。"⑦留学日本窑业学校、归国后任江西瓷业公司首任经理的康达于光绪二十九年（1903）曾在京城创办"江西茶瓷赛会公司"，他在给清廷外务部和南洋商务大臣《禀稿》中，对"商数十年来，中国之瓷不闻贩运出口，彼东西洋之瓷反得畅销于中国"的解释是："噫，此岂今日之瓷料不如畴昔，实有逊于东西洋耶？盖由坯工旧规自守，不于此讲求新异，以致数见不鲜，加之瓷商故步自封，不知振作，为可叹也。"⑧赣抚柯逢时上奏创办新式瓷业公司的奏折中则写道："徒以业此者皆微贱之流，旧法相安，不思振作。而东西洋诸国，不惜糜厥巨款，刻意揣摩。"⑨清廷出使俄国大臣在评论瓷器为代表的中国土货时认为："中国瓷工，于瓷质颇知讲求，而于绘画设色造式次之。正与西法相左，无怪其不能畅销也。……又闻江西窑主，惑于风水窑变等说，不肯轻以新式瓷器入窑，当先有以开其智矣。"⑩光绪三十一年（1905），曾受赣抚任命开办江西瓷业公司的候补道蒋辉考察景德镇瓷业后，提出整顿景德镇瓷业六条措施，其中第一条就是"形式宜求翻新也"。他在文中写道："查景德镇各坯工，明敏者实亦不乏其选。见有外帮定购新瓷及仿古各器，无论何项形式，但具有陈样或绘有图形者，皆可制造，信手提成，无不酷肖。特以风气未开，拘泥旧制，除外帮定烧外，多不肯频翻花样，恐碍营销，以致所出各瓷，略无独出心裁之器。"⑪言语中道出景德镇瓷工拘守旧法、不

---

① 卖余存货[N]. 申报，1880年3月21日，第6版。

② 礼拜五拍卖[N]. 申报，1880年6月24日，第5版。

③ 新开源丰号[N]. 申报，1886年5月4日，第4版。

④ 礼拜三拍卖[N]. 申报，1890年5月7日，第5版。

⑤ 中日通商议[N]. 申报，1890年6月30日，第1版。

⑥ 整顿瓷业说[N]. 申报，1901年4月19日，第1版。

⑦ 抵制洋瓷[N]. 申报，1902年12月4日，第2版。

⑧ 茶瓷赛会公司章程及宪批之制瓷说略[N]. 申报，1903年3月8日，第3版。

⑨ 书赣抚柯大中丞奏请振工艺以保利权折后[N]. 申报，1903年7月8日，第1版。

⑩ 三续出使俄国大臣胡考求中国出口土货公文[N]. 申报，1904年11月18日，第2—3版。

⑪ 江西蒋观察考察景德镇造瓷工作整顿章程六条[N]. 申报，1905年3月9日，第9版。

求新异的原因是未进文明、风气未开。

（三）厘捐太重。瓷器生产固然重要，销售也很关键。明清时期，因景德镇周边陆路交通不便且常有盗匪出没，除粤广、南洋地区外，景镇瓷器运输绝大多数是先由驳船装运，经昌江到鄱阳湖，再到九江换大船后，经长江运往各地。因此，内河运输是其关键。而《申报》报道晚清景德镇瓷商最多最严重的问题恰是内河卡点的苛重厘捐。“洪杨之乱”时，曾国藩率领的湘军为济饷粮之不足，征收瓷厘，本意是一时权宜之策，庶料此后“库藏奇绌，非但不能裁去，且又从而议加焉。”到光绪时期，厘局随意设卡，正常完厘之外，卡员还蓄意留搁，多方苛索。如光绪七年（1881）《申报》报道：“自光绪六年夏六月以来，而饶州之某卡陡生弊端，每运瓷器船到卡，蓄意留搁，多方苛索。必须□花洋蚨数十元或数元，然后盖戳放行，否则开舱点数，或扣留半月一月不等。夫瓷器出自景镇，既经景局至黄龙等卡点数完厘，此外并无加办瓷器之处。况驳船载轻，点数颇易，大船载重，点数甚难。且各省之采运瓷器者，细彩俱多，若任开舱翻驳，损坏破碎，谁为之□？故瓷商始而忍耐花销，冀图快运，不期该卡至今习为常规，瓷商之苦不可胜言。”[①]光绪十年（1884），《申报》报道景德镇瓷器滞销情形时写道：“推其故，一为厘捐太重，一为土碗□销。查江西瓷器厘章，本省以十二分为止，就地先抽七分，越百廿里为古县渡卡，抽三分，越六十里为饶州黄龙卡，抽二分。即此三处，约货一千，非完至一千三四百不可过。此为照票，向无加厘之说，今则至初验以为多，当加若干，至次验犹以为多，又加若干。一卡如此，卡卡如此，盖明知瓷器一经搬查，易于损坏，诸客未有不哑忍者。至于贩运往各省，仍须在江西出口之处加抽二分，以后有卡即完，有完必加，直至所卖地方而止。前之一千完至一千三四者，今且完至二千有余矣。故相传有本一千厘八百之说，又何怪跋涉江湖者弃此如敝屣哉！”[②]

光绪二十八年（1902），赣抚柯逢时为杜绝“历年所收厘金为数无几”，而卡员却大量隐漏中饱的积弊，上奏将瓷厘改为统捐，即不用开舱翻驳，不分粗细瓷区别，以丈量货船为度，按登方和包装瓷器茭草支数收取。[③]此后各省纷纷仿效，为求简便，安徽、江苏等省还将卡点瓷器厘捐交由私商承办。私商获得官府批准后，大权独揽，勒索瓷商，种种苛虐，逾于原来官办厘卡。[④]如《申报》报道川帮到江西贩卖瓷器，路经武穴厘卡情形。“……上宪为恤商便民起见，改为统捐后……今两年，该卡司巡愈换愈恶，回回加申，客船到卡，任意乱量，运头带尾，长短几多，不分宽狭，不辨深浅，甚至一仪瓷草所装两千余件，要算二万几千支之多，完捐钱二千几佰串文。呜呼！一船货本不过值四五千串，一卡厘捐去了一半，若与争论，扣留不放。武穴江边风浪最险，司事巡丁藉此苛索，孤客至此，含泪吞声，祇得求伊早给捐票，开行

① 卡员滋弊[N]. 申报，1881年12月29日，第4版。

② 官瓷滞销[N]. 申报，1884年7月25日，第4版。

③ 京报全录[N]. 申报，1903年10月9日，第14版。

④ 通信[N]. 申报，1908年3月19日，第20版。

上游，免遭风浪。不料新河口、沌口、宝塔洲三卡，无处不留，难加补□，共算来实有值百抽六七十之谱。资本亏耗，所以上今两年，运川瓷客十无四五，若不整顿，渐渐断绝，惟愿保商者鉴察焉。”①

## 三、晚清景德镇瓷业的新气象

事物发展总是对立统一的，衰败中往往也孕育了生机。通读晚清《申报》关于景德镇瓷业的报道，亦有类似体会。在大量关于景德镇瓷业日益衰落的报道中，同样也蕴含了一些瓷业发展的新气象。

（一）开启了中国制瓷业现代化之路。明清时期，景德镇虽然是中国制瓷业中心，但瓷业生产都是手工操作。即瓷土粉碎靠水碓、练泥靠脚踩、拉坯靠手工、干燥靠日晒、烧窑靠薪柴的“五靠”技术。而19世纪中叶以后，德、法等西方国家已经开始机械制瓷，近邻日本明治维新以后，也效仿西方，逐步开始机械制瓷。对于制瓷业的这些新动向，当时在外访学的有识之士都有所察觉，在《申报》上亦有报道。如光绪三年（1877），《申报》报道首任驻英大使郭嵩焘游历西洋瓷器砖瓦窑厂情形。“见自磨泥石成粉以至成胚［坯］悉由机器，惟修饰以及运入窨中则藉人力耳”。②差不多同期，翻译家傅兰雅的《格致汇编》在中国刊印，内中详细刊载了西欧机器造瓷情形。③面对外瓷大量流入，为抵塞漏卮，保住环球称美的瓷国名声，维护瓷业这一“中华固有之美利”，光绪二十二年（1896），两江总督张之洞上《江西绅商请办小火轮瓷业蚕桑学堂折》，首次主张效仿西方机械制瓷，创办瓷业公司。在官府和有识之士的推动之下，晚清《申报》刊登了许多西方瓷土分析、制瓷机械、花纸印花、煤窑筑造等方面的科学制瓷知识，从瓷工教育养成、制瓷流程等方面对中西、中日瓷业进行比较，提出派遣聪颖子弟赴外国瓷业学校学习、到西方瓷厂研习、学校中添设窑业科、建立窑业实验室陈列室等主张，这些都是中国传统制瓷史上从未有过的思想，可谓中国瓷业现代化的启蒙之章。光绪末年，在实业救国的氛围中，江西、湖南、福建、广东、山东等地先后建立二十多家新式制瓷公司。其中影响力最大的是江西瓷业公司，它于光绪三十四年（1908）在景德镇创办，并设新式制瓷分厂于饶州。虽然此后江西瓷业公司在辛亥革命后迅速衰败，但其在短短三四年间在景德镇兴办商会、报刊、瓷业养成所，建设新式机械制瓷工厂、陶业学堂，开启印花制瓷、聘请日本专家试筑煤窑等，实质是用西方现代陶瓷工艺、西方美术理论重新审视和改造中国传统“师徒相授”手工制瓷业的肇始之举，这对于明清中国制瓷中心景德镇，无异于声声春雷，吹响了现代制瓷业的号角。

---

① 鄂省瓷捐病商[N]．申报，1909年1月11日，第6版。

② 详述郭钦差游阅矿厂[N]．申报，1877年11月8日，第2版。

③ 书《格致汇编》第八卷后[N]．申报，1877年11月22日，第3版。

（二）瓷艺自由的进一步释放——炉花和定彩加款。艺术的生命在于自由表达。陶瓷艺术作为诸多艺术中的一种，同样如此。明清时期，除了外销瓷、皇宫制样御用瓷外，大部分普通人是不能随意定制瓷器上的图案文字的。在有些朝代，为体现礼制，不但不能定制，还明确规定某些图案颜色禁止使用。如洪武六年，朱元璋严令："除一品至五品酒盏用金，其余器皿俱不得棱金、描金，并雕刻龙凤，妆饰金玉珠翠及朱红黄色彩画、古先帝王、后妃、圣贤人物、宫禁故事、日月、龙凤、狮子、麒麟、犀象等形，……违者罪之。"[①]明正统十二年，"禁江西饶州府私造黄、紫、红、绿、青、蓝、白地青花等瓷器。命都察院榜谕其处，有敢仍冒前禁者，首犯凌迟处死，籍其家资，丁男充军边卫。知而不以告者，连坐。"[②]清朝对瓷器装饰图案同样有禁令，甚至到同治时期，赋有监管景德镇窑厂事务的九江关监督仍发出禁令："所有窑户造卖商贩定烧底盖，代以花纹尽堪区别。年号偶书款识或免模糊，若四围制字一律尽除。……自示之后，窑户瓷贩倘敢故违，一经拿获，从严惩办。瓷则缴官收存，人则纳锾示罚。"[③]

官府虽有禁令，但在晚清，随着政权日益式微，民智日益开启，景德镇瓷商们为抵制外国式样精巧瓷器的冲击，他们将瓷庄开到沪上租借地，不但在瓷器上制字，而且还大肆在《申报》上打广告，提出可按顾客需要任意"定彩加款"。如光绪八年（1882）《申报》的广告写道：

本号向在江西，驰名久远。专办官礼细瓷，定彩加款，笔墨无不精妙，诚为士大夫高雅之所共赏。苏浙名区，讲究极多，往往托办多不称心，往返迟缓，非数月半载之久不可，且不能点要花色。今小号迁移沪江，系官商雅仕之通衢路径，此地定办，较之往江西殊为便捷，现由景镇拣选极细粉定瓷胎，随时彩画加款，数日即可，官商来往，配送产仪点画，花色清淡，浓艳上下双款均无不可，价值悉从货之高低定沽，划一不二，老少无欺，赐顾者至四马路口……从好堂主人白。[④]

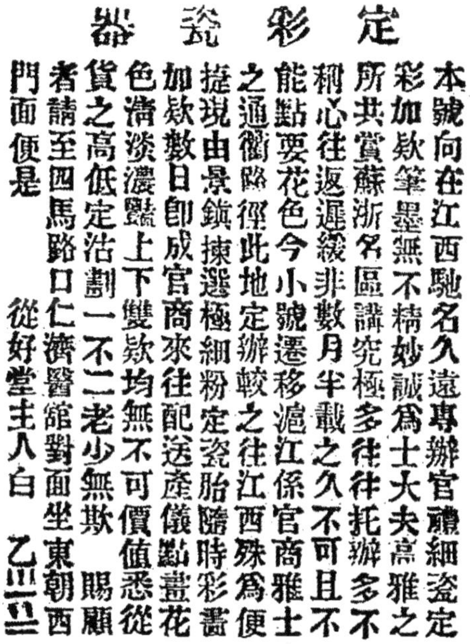
定彩瓷器

本號向在江西馳名久遠專辦官禮細瓷定彩加欵筆墨無不精妙誠爲士大夫高雅之所共賞蘇浙名區講究極多往往托辦多不稱心往返遲緩非數月半載之久不可且不能點要花色今小號遷移滬江係官商雅士之通衢路徑此地定辦較之往江西殊爲便捷現由景鎮揀選極細粉定瓷胎隨時彩畫加欵數日卽成官商來往配送產儀點畫花色清淡濃豔上下雙欵均無不可價値悉從貨之高低定沽劃一不二老少無欺 賜顧者請至四馬路口仁濟醫館對面坐東朝西門面便是 從好堂主人白

定彩瓷器广告

从《申报》报道还可以得知，当时人们还给予这类"定彩加款"瓷器一新的名称"炉花"，这类

① 明太祖实录（卷八十一）[M]. 台湾"中央研究院"历史语言研究所校勘本，1962年，第1463—1464页。

② 明英宗实录（卷一百六十一）[M]. 台湾"中央研究院"历史语言研究所校勘本，1962年，第3132页。

③ 出示严禁事[N]. 申报，1872年11月2日，第5版。

④ 定彩瓷器[N]. 申报，1882年8月1日，第4版。

瓷器虽出现时间不长，但颇受市场欢迎：

瓷器之有“炉花”，始于三四年前。缘景德镇各坐号客商，偶以一二茶壶酒杯小件，自出花样，填写名号于上，渐传至省，见者莫不以为新雅。于是有画明款式，托友定造，又有买其白瓷料，并买其画花料水。自请妙手画成，以炉火烘之，遂名之曰：“炉花”。初出时，一碗贵至七八百文。而官幕两途，凡案头之陈设，席上之用具，觉无炉花，则不足以壮观瞻。驯至近日排庄而售者，有加无已（减）。其价虽较前两年稍落，然与窑瓷相比，犹约昂四倍。①

光绪中期以后，《申报》类似“定彩加款”的广告越来越多，且“书画刊字”明码标价、愈益成熟。如光绪十一年（1885），《申报》广告刊出：“本号自景镇运来优质细瓷白胎、尺寸多样……点景、题诗、落款者请家面议，价格格外克己……”。光绪十七年（1891），《申报》广告刊出：“专办景镇官窑白玉瓷器，精刊山水人物、翎花卉，官□书款均能随意。每字刊资洋三分，各自书画面议。”②

不难看出，官府有严令，瓷商们甘愿冒“纳锾示罚”严惩风险的目的是获取高额利润，而官幕两途乐于将炉花陈设案头、民众愿意多花银两为瓷器“定彩加款”等现象，则恰恰折射出瓷艺自由表达的强烈需求。瓷器的传统器型、纹饰、图案已不满足人们的审美，他们需要有更多的“私人订制”。

## 四、余论

《申报》是近代中国“第一大报”，在景德镇设有通讯记者，能及时报道景德镇相关资讯。通过晚清《申报》对景德镇的报道，可以清晰地描绘出晚清景德镇制瓷业情形：虽然景德镇作为中国瓷业中心的光环依然闪耀，但愈趋暗淡了。在东西洋瓷器倾销的压力下，景德镇瓷业因循守旧，不求创新，加之繁重苛捐，瓷器销路愈发狭窄。晚清景德镇宛若一个没落贵族，垂垂老矣，但好在骨子里自由创新的灵魂仍存，他开始放下身段，向曾经的学生寻求现代化制瓷之路。

值得指出的是，文中第二部分论述晚清景德镇瓷业衰落原因时，外瓷流入的冲击、自身因循守旧、瓷业苛捐繁重是晚清《申报》论述最多的三个方面。当然，因不同报道的记者观感不一，他们也会提及战争对瓷业生产和市场破坏、坯工屡有滋闹、蛟灾冲毁窑厂坯房等方面原因。笔者认为，虽然战争对晚清景德镇瓷业生产和市场确有破坏，晚清景德镇昌江因“挑倒钵

① 花样一新[N]. 申报，1880年3月12日，第3版。

② 新到精刊瓷器[N]. 申报，1891年1月9日，第8版。

屑瓷砾，络绎不绝，日积月累，河道渐狭，河面渐高”，光绪四年、十年蛟灾尤甚。”[①]但这些都不是晚清景德镇瓷业衰落的主要原因。从社会经济的角度分析，景德镇深处内陆，不是交通运输要冲，不是省城、商业中心或沿海租借地所在，能够在明清成为中国制瓷业中心，其主要原因在于瓷器是当时的生活必需品和艺术品，工匠们能够持续地进行工艺创新，不断降低生产成本，最终打败其他窑口。事实上，早在景德镇兴起以前南北方均有许多知名窑口，尤其在宋代几乎到了百花齐放地步，景德镇所具备的条件其他很多地方也同样具备，在历经多次战乱破坏后，为何中国制瓷业中心最后却转移到景德镇并一直保持其中心地位长达六七百年？这绝非是国家政局、自然环境等外力因素所能完全解释的，相应地，晚清景德镇瓷业衰落也绝非是“洪杨之乱”、政局动荡、自然灾害等外力因素所导致的。

笔者认为，晚清景德镇瓷业衰落是其自身创新能力衰竭所导致，而这又与时代大背景及景德镇当时的社会结构紧密相关。“国运兴，瓷运盛”，在瓷器是生活必需品的时代，碗瓶杯盘等小小瓷器，确实同国运息息相关。其成型烧造技艺的提升仰赖国家物质生产技术的进步，瓷器装饰水平的提高则离不开国人审美情趣的提升，瓷器市场的拓展则要以国富为基础。从大的时代背景看，在近代中西两种文明的较量下，以景德镇制瓷业为代表的传统农业文明的手工业被西方机械制造技术为基础的现代制瓷工业打败是历史的必然。

小的从景德镇区域的历史背景看，明清景德镇一直游离于国家政权控制的边缘，只是饶州府浮梁县下的一个集镇，历经了“从地域性冲突”到“行业内部冲突”的历程后，到清中期，初步形成集血缘、地缘、业缘为一体的商帮行会，“三窑九会”“五府十八帮”等行帮议事事实成了景德镇有效的社会治理架构。这一社会治理架构一方面可以使微如沙粒的小手工业者聚沙成塔，有效保护个体小手工业者与行会利益；另一方面，作为代价，出于帮会权利斗争和保持平衡需要，在瓷器生产分工愈细，更加需要协作之时，帮会间的钳制也愈发严重，行业“内卷化”现象愈演愈烈，而真正缘于个体的有效创新却被压抑。其外在历史表现就是清代中期以后行会工人罢工越来越频繁，“银色饭食，锱铢必较，动即知会同行罢工、罢市，以为挟制”。[②]真正的创新不仅缺乏国家法律保障，且常常触犯行帮利益平衡，不但得不到奖赏，还会因此遭受极大惩罚。如不合规制的瓷坯不让入窑，用印花、刷花代替原来手绘，却“谓将夺绘画者生计也，罢工相要，甚至斗殴杀人，酿成大祸”。[③]

（原载《美术学报》，2022年第2期）

① 江西省饶州府署内幕友徐少衡同乡致上海丝业会馆筹赈公所告灾书[N]. 申报，1884年9月21日，第9版。

② 引自凌燽《西江视臬纪事》卷四《条教》中的《禁窑厂滋事》；彭泽益《中国近代手工业史资料》第一卷第418页（三联书店1962年出版）。另，晚清光绪二年、光绪二十二年、光绪三十年、光绪三十二年景德镇都发生了波及全城的罢工或械斗，其中以光绪二十二年的罢工最为严重，前后延续近一年（详情可见笔者发表于《中国地方志》2021年第1期的《清末景德镇窑案史料一组释读》一文）。

③ 抱一. 景德之瓷[N]. 申报，1914年5月19日，第6版。

# 江西瓷业公司与清代御窑厂关系再探析

**内容提要**：江西瓷业公司创办过程曲折复杂，并与清廷有千丝万缕的联系。学界现有研究认为江西瓷业公司是清代御窑厂的延续与变更，光绪末年至宣统时期的清宫瓷器是江西瓷业公司产品。本文利用相关文献、档案，在完整叙述辛亥革命前江西瓷业公司曲折复杂的创办历程的基础上，结合相关史料和实物分析，推断出光绪末年至宣统元年七月前的清宫旧藏瓷器仍是清御窑厂生产，御窑厂具体采用的是“工匠用则招之来，不用令之去”和“官搭民烧”的方法制作。御窑厂这种简单灵活生产瓷器的方法极有可能一直延续到清廷垮台，换言之，江西瓷业公司未必是“最后的官窑”。

**关键词**：江西瓷业公司；御窑厂；瓷器；商办

江西瓷业公司[①]以“最后的官窑”闻名于世，但该公司创办过程曲折复杂，其漫长复杂的创办过程至今仍很少有人能说清楚。[②]因江西瓷业公司与清廷有千丝万缕的联系，力图厘清江西瓷业公司与清末御窑厂的关系是学界努力寻求突破的一个重要方向。两者究竟是怎样的关系？江西瓷业公司成立后是不是完全取代了原来的清御窑厂？清宫旧藏光绪末年至宣统年间的瓷器是否确是江西瓷业公司的产品？囿于史料和相关实物的双重缺乏，加之江西瓷业公司本身创办过程的曲折复杂，这些问题至今仍像迷雾一样笼罩在学界。

现有研究结合史料和实物对两者关系作出了初步论断，[③]但仍有许多不足。本文利用清末

---

① 江西瓷业公司的创办历时5年之久，历经多任大员兴办，创办形式历经官商合办、官办、商办三个阶段。1907年最终创办完成的江西瓷业公司全称应为“商办江西瓷业有限公司”，但各类文献包括瓷业公司自身撰写的文本一般都写为“江西瓷业公司或瓷业公司”，本文遵从约定俗成习惯，缩写为“江西瓷业公司或瓷业公司”；为区别起见，方便理解，商办江西瓷业有限公司以前，张之洞、柯逢时、胡廷干提出和创办的瓷业公司，本文则写为“景德镇瓷器公司或瓷器公司”。

② 景德镇、江西地方志及有关陶瓷史的著述大多有江西瓷业公司的记载。但这些地方志、陶瓷史著述只是几十字的略述，而且多有雷同。笔者先后查阅《景德镇市志》《景德镇市瓷业志》《江西陶瓷工业志》等志书和《中国陶瓷史》《景德镇陶瓷史稿》等陶瓷史著作，大致都有如下论述：“宣统二年，江西瓷业公司在景德镇正式成立，性质为官商合办。除张季直、袁秋舫、瑞莘儒等社会名流私人集资认股外，官方由河北、湖北、江苏、安徽、江西五省协款。”此说法在长时期内一直有重要影响，但笔者认为它实际上是以讹传讹，与史实相去甚远。

③ 相关成果有：刘新园《考古发掘揭开景德镇明清御窑厂神秘面纱》，《中国文物报》2004年2月25日第一版；王光尧《清代御窑厂的建立与终结—清代御窑厂研究之一》，《故宫博物院院刊》2004年第2期；项坤鹏《由柯逢时〈开办江西瓷器公司折〉引发的思考——试析江西瓷业公司的几个问题》，《中国国家博物馆馆刊》2012年第4期。王光尧、项坤鹏等结合相关文献论述了江西瓷业公司与清御窑厂的关系，认为自光绪二十九年起，至少自光绪三十三年起，清御窑厂已实际归入江西瓷业公司，清宫旧藏光绪末年至宣统时期的御用瓷器是江西瓷业公司出品，并通过实物分析，进一步确认了此观点。该研究认为清政府以御窑厂入股商办江西瓷业公司的做法，是清廷变更封建官府经济实体，筹集资金入股新式瓷业公司的体现，江西瓷业公司实质就是清御窑厂的延续和变更。

民初报刊、时人著述的有关江西瓷业公司文献和《江西瓷业公司第四届报告书》，结合江西省档案馆档案，穷究相关文献档案，在完整阐述辛亥革命前江西瓷业公司艰难创办历程的基础上，力图进一步厘清江西瓷业公司与清御窑厂的关系，不妥之处，请各位方家不吝指教。

## 一、辛亥革命前江西瓷业公司的艰难创办历程

甲午战后，面对瓷器市场的持续低迷，且有逐渐被外瓷攘夺之势。不少开明士绅提出改进制瓷技术、仿制西方瓷器，扩大销路，以保利权的设想。①

光绪二十二年正月，两江总督张之洞上《江西绅商请办小火轮瓷业及蚕桑学堂折》。主张创办瓷器公司，仿制西式瓷器。他的设想是：

现拟集股兴办，惟成本巨而运费多，必须官为扶持乃能兴鼓舞，拟请除中式瓷器经行关卡仍照例完税抽厘外，其有创造洋式瓷器统归九江关出口，援照烟台制造外洋果酒之例，暂免税厘数年，数年以后，如销广利倍，再按海关进出口税则及内地厘金办法酌量征收，并援制造果酒之例，准于江西一省，定限十五年，只准华人附股，不准另行设局。②

张之洞提出了兴办瓷器公司的设想，并提出派人去西方考察瓷业，研究洋人习性，仿制西式日用瓷器，免税数年，限江西省一省专利十五年等措施。此提议得到光绪帝和总理衙门同意。但当清政府把此事交给江西巡抚德寿办理时，却遭到了拒绝。德寿同年五月上《为查明江西景德镇窑厂早有仿照西瓷贩运出口历系照章完厘现据江西绅商兴办西瓷自应仍照华瓷章程按抽护验各厘未便减免折》，折中写道：

是西式瓷器实为瓷厘大宗，虽江西各厘卡历年查照华瓷按篮件大小酌收厘数，并未立有西瓷名目，而实为向来厘局一大进项，……嗣后西式瓷器应完厘金必至全免，启此漏卮年亏十余万两之收数，何能当次重咎，即或准该绅商另制新式西瓷，遵照奏案免厘三年，既恐广帮诸商藉口同为西瓷，将向有厘金相率抗缴，又虑奸徒混蒙隐射难以剖别，转辗筹思诸多窒碍。③

德寿认为景德镇早有窑厂仿制西方瓷器，而且产量还不小，最重要的是，西瓷瓷厘是财政一个重要来源，每年共计可得银十余万两，倘予以免税，是财政一大损失。而且他还担心，仅仅免收景德镇产西瓷的厘税，广帮诸商会以同为西瓷相率抗缴厘金，还有许多本来贩卖华瓷的

① 论商本于工[N]. 申报，1895年12月19日，第1版。

②（清）张之洞. 张文襄公全集（第一集）[M]. 北京：中国书店，1990年，第784页。

③ 光绪朝硃批奏折（第101辑）[M]. 北京：中华书局，1996年，第554页。

瓷商通关时会以西瓷免厘税为借口不予缴税，将给通关管理带来很大不便。为此请求仍照原来办法，无论华瓷西瓷，一律照章纳税，德寿的意见得到光绪帝支持。由此，创办瓷器公司的第一次提议就此搁浅。

张之洞创办瓷器公司的提议搁浅后，国外特别是日本的制瓷技术不断进步，光绪二十五年，日本成功试验用煤代替柴作为烧制瓷器燃料，大大降低了瓷器生产成本。①洋瓷凭借低廉价格逐步扩大对中国的倾销，景德镇瓷器市场面临着持续萎缩的压力。为保住利源，扩大市场，清政府又把开办瓷器公司的提议重新提上日程。光绪二十八年，护理江西巡抚柯逢时派张祖笏、李栩煌总办瓷器公司。②光绪二十九年五月四日，护理江西巡抚柯逢时上《为开办景德镇瓷器公司派员经理以振工艺而保利权折》，主张开办瓷器公司。他对此事的看法是：

然中国之［瓷器］销数日绌而外洋之浸灌日多，揆厥所由，实缘窑厂资本未充，不能与之相竞。……于是年复一年，利日以微，货日以窳，其行销内地者，即通都大邑亦少精制之品……然而工匠之精能者，至今实未尝乏也。……经臣周咨博访，查有湖北候补道孙廷林，器识宏通，办事精审，……当即电调来江，即经委办瓷器公司，筹拨银十万两，以为之创，余由该道自行集股。据称已得五万金，于三月间，在该镇建设窑厂，招集工人，专造洋式瓷器，必精必良，约计秋间，即可出货。③

柯逢时看到，甲午战后，《马关条约》允许洋人直接在华投资设厂，当时已有洋人多次企图在景德镇设厂制瓷，为避免利权丧失，成立瓷业公司势在必行。再者，从创办瓷器公司可行性角度分析，景德镇瓷器生产仍有技术和人力资源方面相对优势。“工匠之精能者，至今实未尝乏也”，“他项工艺，收效难期，不若因期固有者而扩充之，为事半而功倍也”。柯逢时认为景德镇瓷器“俞趋俞下，岁不及半”的主要原因是“实缘窑厂资本未充，不能与之相竞。”故此，他提议官商合办瓷器公司，并派湖北候补道孙廷林实际着手开办。柯逢时还吸取张之洞提议创建瓷器公司遭到德寿否决的教训。在奏折中明确指出，此次兴办瓷器公司“所有章程，均循商例，应完厘税，一律抽收，且不敢援专利之条，致为商人所疑阻”④。但柯逢时奏办的瓷器公司创建并不顺利，主要原因是资金不到位。柯逢时在上奏后次月即接到调任广西巡抚命令，七月十九日启程离开了江西。⑤原来筹拨官款十万两的计划没有落实。另一方面，瓷器公司总办孙廷林筹集商股也很不顺利，不得以中途停止。此事的因由和后续事项《商务官报》中有所记载：

① 陶瓷器烧料之新法[N]. 湖北商务报，1899年第22期，第11页。

② 抵制洋瓷[N]. 选报，1902年第36期。

③④ 光绪朝硃批奏折（第101辑）[M]. 北京：中华书局，1996年，第561页。

⑤ 殷应庚，黄健. 柯逢时年谱[J]. 江汉考古，1989年，第1期。

故公司房屋窑位虽已建筑，迄未开工，而孙道又因差在鄂，势难兼顾，亦禀请销差，声明原奏所拨江西官款十万两并未核发，仅由藩司经发皖省瓷土公司订购祁门土不先付之价银一万两，自招商股五万，亦仅筹集三万，一面自行咨照股东，一面将所建房屋窑位酌量变价退还原股本银。①

柯逢时官商合办瓷器公司计划中途辍止后，先后继任几位江西巡抚也有兴办景德镇瓷器公司计划，但大多不了了之，其主要原因仍是资金难以筹足。几位继任江西巡抚中，胡廷干在赣时间最长。胡廷干曾有集官商股本三十万创办瓷器公司的计划，但因未能筹齐股本而放弃，②还有过收回原来官商合办景德镇瓷器公司，改归官办，成立瓷业公局的想法。《北洋官报》1906年第933期曾对此事有过报道：

赣抚胡中臣前派李观察嘉德往景德镇考查瓷业改良，观察于去腊回省销差，详细面禀，已集股五万两，闻现拟将孙廷林所设公司改为公局，归官买回，因此，李观察拟不日前往九江，立约缴价，即为定局云。③

光绪三十二年，南昌教案发生。三月十二日，胡廷干因处理南昌教案不力而被撤职，创办瓷业公局计划最终仍未施行。

清末江西农工商矿务局总办傅春官在光绪三十四年九月著有《江西农工商矿纪略》一书，其中对江西瓷业公司这时期的创办过程有如下记载：

二十九年十二月，禀经前署抚夏咨送，商部三十年接准咨复，饬按公司律更正，又经电复，以瓷器公司设于未定商律以前，故条款未能尽合，章程久定，更改不易，其时孙道回鄂委办要差，且远在宜昌，恐难兼顾，改派候补道蒋辉接充，会同本局司道及各绅，集股筹办。三十一年四月，又准商部咨催，蒋道考察之后，股本已否筹足？章程已否改良？屋已否布置妥恰？如其开办有日，应令遵章来部注册，经前抚宪胡以饬，据蒋道迭次禀称，前赴景镇调查情形，随往上海考查办有成效之各公司章程，病体纠缠，一再辞差，自应另行遴员接办，先行咨复。嗣于八月，改委候补道李嘉德接办，因未筹有切实办法，迄未咨报。④

综上看出，从光绪二十二年之后的两江总督到后来清廷商部和历任江西巡抚都非常关心瓷

① 候选道曾铸等禀本部文为江西瓷业公司改归商办[N]. 商务官报，丁未年第8册，第8—9页。

② 江西瓷器公司[N]. 申报，1905年3月2日，第4版。

③ 立约购回瓷业公司[N]. 北洋官报，1906年第933期，第8页。

④［清］傅春官. 江西农工商矿纪略（卷6・饶州府・浮梁县），光绪戊申年九月石刊本，第7—8页。

器公司的创建，但历经十年之久，几经曲折还是没能创办起来。

光绪三十二年，新任江西巡抚吴重憙，以创办瓷器公司应以筹款为第一要义，饬令李嘉德赴沪招集商股。[①]三十二年六月，瓷器公司总办兼洋务局江西补用道李嘉德抵沪。[②]因时任上海道瑞澂曾在九江担任过广饶九南兵道，并督办过九江关税兼管景德镇窑场事务，[③]李嘉德到沪后就瓷器公司如何筹款办理，是否要申请专利，手工生产抑或是机器生产等事商晤于上海道瑞澂，瑞澂表示：瓷器公司拟不请专利，但需改为商办。并主动提出由他来办理瓷器公司招商事务，"总之允澂办一切，当遵商部章程，不允，则毋庸议。"[④]七月三十一日，瑞澂收到李嘉德和江西农工商矿务局总办傅春官两份来电，均表示江西巡抚同意由瑞澂办理瓷器公司事务，请他速拟章议办。[⑤]

随着瑞澂的介入，江西瓷业公司成立步伐大大加快。瑞澂自己以身作则，入股三万于筹办中的江西瓷业公司，[⑥]还先后找到时任上海总商会总理曾铸、协理朱葆三、董事陈润夫等人，邀集入股。八月二日，瑞澂收到赣抚来电，咨催江西瓷业公司办理情况，希望他速行照办，俟商招妥，拟章禀候农工商部核定。[⑦]八月三日，瑞澂复电南昌汪少翁，请他代向江西巡抚表示，既然敢担任招商，就必能召齐商股且可振兴江西瓷业公司。[⑧]八月九日，瑞澂找到来上海办事的张謇，请他入股筹办中的江西瓷业公司，张謇同意。[⑨]

这里需要回答这样一个问题，为什么上海道瑞澂要主动承担为江西瓷业公司招商这原本不是分内的任务呢？他又为何要改变原来历任江西巡抚官商合办甚至官办瓷器公司的决定，改为商办呢？在光绪三十三年江西瓷业公司向农工商部申请注册的《禀文》中是这么叙述的：

瑞澂以前在浔关任内管理窑厂，与瓷业情形当时会加考察，每念江西以瓷业为大宗，又为民间日用之要品，旧规渐失，制作日窳，而近来外瓷输入渐多，……该公司旧章原定官商合办，官商隔阂故多疑阻，若依公司办法，不如改归商办较易有成，李道嘉德甚韪其议，回江后，遂以所见陈于台府。[⑩]

---

① [清] 傅春官. 江西农工商矿纪略（卷6·饶州府·浮梁县），光绪戊申年九月石刊本，第8页。

② 沪城官事[N]. 申报，1906年6月14日，第17版。

③ 九派江声[N]. 申报，1904年4月29日，第3版。

④ 沪道复江西李观察电（为瓷业公司事）[N]. 申报，1906年7月27日，第17版。

⑤ 李傅两观察复沪道电（为办瓷器公司事）[N]. 申报，1906年7月31日，第4版。

⑥ 专栏：景镇瓷业公司之恐慌[N]. 申报，1912年3月9日，第6版。

⑦ 赣抚致上海道电（为瓷器公司事）[N]. 申报，1906年8月2日，第4版。

⑧ 补录上海道瑞致南昌督练公所汪观察（为瓷器公司事）[N]. 申报，1906年8月3日，第4版。

⑨ 李明勋. 张謇全集（第8卷）[M]. 上海：上海辞书出版社，2012年，第634页。

⑩ 候选道曾铸等禀本部文为江西瓷业公司改归商办[N]. 商务官报，丁未年第8册，第8—9页。

瑞澂自己在给江西巡抚的电文中则表述道："澂敢担任招商者，原因有友治瓷多年，素所研究于商情，必能联络且可振兴。"[①]经过瑞澂积极介入，瓷业公司迅速筹集到发起人认购股款，光绪三十三年初，商办江西瓷业公司发起人曾铸、张謇、袁蔚章、陈作霖、许鼎霖、朱佩珍、樊棻、瑞澂等八人联名向清廷农工商部禀文，申请将原官商合办瓷器公司更名为商办江西瓷业有限公司，并推选康达为商办江西瓷业公司经理。[②]

光绪三十三年四月，两江总督端方奏改江西瓷业公司为商办。批：下所司知之。[③]六月八日，《申报》头版开始以"奏定商办江西瓷业有限公司"为名刊登招股广告。[④]光绪三十四年五月，公司正式开工生产。[⑤]六月，公司得到农工商部正式批准立案，并填给执照。[⑥]

从光绪三十四年五月公司开工至清廷垮台，江西瓷业公司办得较有成效。按照经理康达计划，"设总厂于景德镇珠山之上，注重恢复康乾古制……设分厂于饶州鄱湖之滨，专仿东西新法。"[⑦]在景德镇的公司总厂，用景德镇传统方法制瓷，但讲求产品质量。工艺上力求寻仿失传精良技艺，研发各种新釉料配方，高薪聘请一些绘瓷名家参与瓷器绘制，并注重题材、技术、款式创新，公司产品销路甚广。在生产形式上，第一次在景德镇瓷业中实现了规模化工业生产，改变了景德镇传统瓷业生产长期形成的分业分工、烧做两别、名目殊别甚多而不能兼营的模式。[⑧]

虽然江西瓷业公司前两年办得较有成效，但实际自光绪三十四年冬，即公司正式开工仅半年后，公司就面临资金短缺问题。公司原拟筹股四十万元，经理康达所有的规划也是按四十万元股本设计的，但后来发现实收股本只有十六万元左右，"以十余万之实力，支持四十万之规模，改良工作又复兼程并进，搁积甚多，暗耗颇为不少。"[⑨]公司资本运转失灵。

更为不幸的是，公司兴办于时局动荡的清末。1911年，辛亥革命爆发，景饶两厂遭兵匪围攻，盘踞数日，厂房蹂躏，瓷器被毁、账本丢失。1913年，公司饶州分厂停办，景德镇本厂亦收缩经营。[⑩]1919年，公司发生火灾，半付焚毁，[⑪]从此公司一蹶不振。1949年，公司被人民政

---

① 补录上海道瑞致南昌督练公所汪观察（为瓷器公司事）[N]. 申报，1906年8月3日，第4版。

② 候选道曾铸等禀本部文为江西瓷业公司改归商办[N]. 商务官报，丁未年第8册，第8页。

③ 朱寿朋. 光绪朝东华录（第10册）[M]. 台湾新北：文海出版社，2007年，总第5653—5654页。

④ 奏定商办江西瓷业有限公司广告[N]. 申报，1907年6月8日，第1版。

⑤ 江西瓷业公司小启[N]. 申报，1909年3月6日，第10版。

⑥ 批江西瓷业公司禀·商办江西瓷业有限公司准予注册由[N]. 商务官报，戊申年第17期，第5—6页。

⑦ 黄立中. 江西瓷业公司第四届报告书[J]. 实业杂志，1921年第二卷第二号，丛录第10页。

⑧ 黄立中. 江西瓷业公司第四届报告书[J]. 实业杂志，1921年第二卷第三号，业录第14页。

⑨ 江西瓷业公司合并御窑之先声[N]. 中华国货月报，1915年第1卷第2期，第122—123页。

⑩ 黄立中. 江西瓷业公司第四届报告书[J]. 实业杂志，1921年第二卷第三号，丛录第13页。

⑪ 黄立中. 江西瓷业公司第四届报告书[J]. 实业杂志，1921年第二卷第四号，丛录第16页。

府接收，在原址基础上建立了新中国第一个国营瓷厂——建国瓷业公司，[①]后更名为景德镇市建国瓷厂。

## 二、有关江西瓷业公司与清代御窑厂关系的几条新发现史料及分析

前文已经叙及，光绪三十三年初，江西瓷业公司向清廷农工商部申请，将原来官商合办瓷器公司改为商办，并定名位“商办江西瓷业有限公司”。在同年清廷农工商部主办的《商务官报》第八期刊有一份江西瓷业公司发起人兼大股东瑞澂撰写的《商办江西瓷业有限公司章程并缘起》的专件，该文简述了商办江西瓷业公司创办前的历程及“前领浔关兼督窑厂”的瑞澂为什么要担任瓷业公司发起人的原因，文中还详述了瓷业公司各项《章程》，其中《章程》第五章制造处规定：

本公司制造处，暂拟设立江西景德镇，即用官办原有房屋，如坯房、画室、客厅、账房已成者，只好悉仍其旧，……其未建造者，如陈列所、材料所、亟当自行添设，其从前建造费用，当由本公司与原办事人磋商，从减认缴归公；至本公司租用之地，每年应交租银六十元，悉照原议兑付。[②]

同年第二十九期《商务官报》刊有一份瓷业公司经理康达撰写的《瓷业总理致发起人及各股东说略》的文章，文中叙述了在景德镇开办瓷业公司的种种困难，其中困难之一即“公司原有之坯房、窑屋窄不敷用。此间地狭人稠，其密如鲫，环公司前后左右无一隙地”。[③]康达本想迁移办厂，但再三考虑，并与公司同仁商量后，决定还是采取现在与将来两层办法，“现在办法就景德镇现买之屋，暂用旧法开办”，文中还叙述了他购买原官办厂基房屋花费较多的情况：“目下购买此屋，合修理添置及一切杂用，综计大较，为数不赀”。[④]总而言之，按照瓷业公司大股东瑞澂和经理康达的说法，商办江西瓷业公司位于御窑厂的地基和厂房是从原官商合办瓷器公司花钱买得的。

但另一方面，按照光绪三十三年四月两江总督端方《奏改江西瓷业公司为商办》奏折记载，则是“既而景德镇之官窑亦归该公司经营，于是以景德官窑为总厂，鄱阳官窑为分厂”[⑤]。

---

① 为将景市江西瓷业公司官僚资本问题处理情形呈核备案由（1950年）[A]. 上饶市档案馆馆藏，浮梁专属办公室档案，档号1041–2–3。

② 商办江西瓷业有限公司章程并缘起[N]. 商务官报,丁未年第8期，第36—37页。

③ 瓷业总理致发起人及各股东说略[N]. 商务官报,丁未年第29期，论丛第5页。

④ 瓷业总理致发起人及各股东说略[N]. 商务官报,丁未年第29期，论丛第6页。

⑤ 刘锦藻. 清朝续文献通考（卷386·实业九·窑业·新式窑业）[M]. 杭州：浙江古籍出版社，2000年，考11338。

按端方的说法，有学者认为，江西瓷业公司位于御窑厂的地基和厂房不存在所谓购买问题，是原官商合办瓷器公司完全给予了新成立的商办江西瓷业公司，或者是地基厂房作为官股入股了新成立的商办江西瓷业公司，并认为清政府以御窑厂入股商办江西瓷业公司的做法，是清廷受现代资本主义经济政策与制度冲击，变更封建官府经济实体，筹集资金入股新式瓷业公司的体现，江西瓷业公司实质就是清御窑厂的延续和变更。

那实际情况是怎样的呢？江西瓷业公司位于御窑厂的总厂地基和房屋究竟是购买得到的，还是原来官商合办瓷器公司赠与的呢？抑或是清政府以土地房屋入股方式获得的呢？

江西档案馆馆藏一份20世纪30年代时任瓷业公司经理康国镇[①]撰写的《为据江西瓷业公司略陈经过情形恳准据情呈转以为营业由》的档案，讲述了康达在商办江西瓷业公司开办之初，在赣藩司沈爱苍、劝业道傅春官见证下，花二万元买到原官商合办瓷器公司所建房屋及基地的情形。文中叙述到：

因闻［原官商合办］公司有年租六十元之议，亦欲援照认租，而孙延林则谓此地与屋皆其借用湖北善后局之款购买，既经停办，欲脱离关系，则须清还善后局之款，力劝本公司出资二万将其基地围墙办公厅一概顶受。国镇之父［康达］遂与之同到南昌，向沈藩司爱苍及傅劝业道春官讨论，亦皆以孙延林之言为然，公司因系需要，不得不筹出二万元交与沈方伯转付孙延林清理湖北善后局之债。交款之时，傅劝业道亦在场，乃由劝业道属移知接收。[②]

综上文献档案可以看出，商办江西瓷业公司基地厂房是从原官商合办瓷器公司总办孙延林手中花二万元买来的，原官商合办瓷器公司的基地和房屋不是赠与，也不是以固定资产作为官股入股方式转让给商办江西瓷业公司。值得指出的是，从现存相关文献、档案来看，原官商合办瓷器公司的确只是占据了御窑厂位于珠山北面和东面的一部分，江西瓷业公司也只是购买到了这一部分地基及房屋，并非全部御窑厂都划归或出售给了商办江西瓷业公司。有两份史料可以证明这一点。

一是叶喆民先生20世纪80年代曾在景德镇发现两件光绪末年御窑厂出租的契约，其文如下：

1. 光绪二十三年正月初六日立暂租字人干昌局

立暂租字人都昌县罗时是今托中保租到：

御窑厂文昌宫福德社内有店屋壹间，土各坐落东辕门首，坐北向南，东至己墙为界，西至

① 康达之子。

② 为据江西瓷业公司略陈经过情形恳准据情呈转以为营业由（1937年8月23日）[A]. 江西省档案馆馆藏，档号JD45-2-00847-0044。

已墙为界，南至官街出路为界，北至已墙为界。当日断定每年交租银拾两零肆钱正。其银按于三节前交清，不得短少拖欠分厘。如有短少拖欠，任凭屋东追租、退业另租无阻。亦不得迟延玩误，以物霸占等情。恐口无凭，立暂租字为据。（保长茂林花押）

2. 立暂租字人咸宁县干昌局今托中保租到：

御窑厂文昌宫福祠祀下房屋壹座，坐落五图保厂前真武殿内堂壹间，内房两间半，坐西朝东，其租店装修房东自理。其租□拾捌仟文，当曰三面言定，三节前交清不得拖欠。如有拖欠，任凭房东追租、退业另租无阻。恐口无凭，立暂租字人存据。（花押）①

另一份资料是一份口述史资料。原景德镇政协文史办主任陈海澄对曾在江西瓷业公司担任过技师的杨庭辉之子杨瑞开作过口述史资料收集，据时年90多岁的杨瑞开回忆清末民初御窑厂的情景说：

御窑厂面积很大，南至公关岭（今珠山中路），东至后山亭（今中华北路），西至毕家上弄和东司岭，北至彭家上弄，占地有数十公顷……江西瓷业公司占据御窑厂北部，公司大门开在彭家上弄弄口，坐西朝东，面对后山大亭，八字门头两侧，饰有松鹤、虎形图案，门楣书“奏办江西瓷业公司”……后门以西折南，是鳞次栉比的坯房群和南窑、北窑。（图一）②

这两份资料如果单独一份拿出来，可能还值得怀疑。笔者开始也很难想象，清廷在位时期的清末御窑厂怎么会沦落到出租的境地？但仔细想来，放在当时实际来看，确也有这种可能。瓷业的发展总是与国运的兴衰紧密相连，康雍乾时期，国家强盛安定，瓷业发展到鼎盛。道光以后，国家开始走下坡路，瓷业的发展总体上也趋于衰落。道光皇帝晚年甚至有废除御窑厂的想法：

［道光］二十九年闰四月甲戌，江西九江关监督士魁奏制造圆琢瓷器名目件数，得旨：勾除者十六项，自本年永停烧造。此册发往九江关监督衙门，作为交代，从前按节令按花文［纹］之鄙例再不能除些，些小事尚然如是，可恨可恶之至，总之，有用之物不嫌多，繁文世俗必当力屏刱［除］，不再数十种瓷器也。③

到了晚清，国家内忧外患，政权都处在风雨飘摇当中，清廷统治者对于瓷器这类“玩物”自然无暇顾及太多，连一向穷奢极欲的慈禧也表面上做得像有所收敛的样子，让光绪帝传谕内

① 叶喆民. 中国陶瓷史[M]. 北京：生活·读书·新知三联书店，2011年，第619—620页。

② 陈海澄. 御窑厂[J]. 景德镇陶瓷，2001年第11卷第3期，第35—37页。

③ 清实录（第39册·卷467·宣宗成皇帝实录七）（影印）[M]. 中华书局，2008年，第42169页。

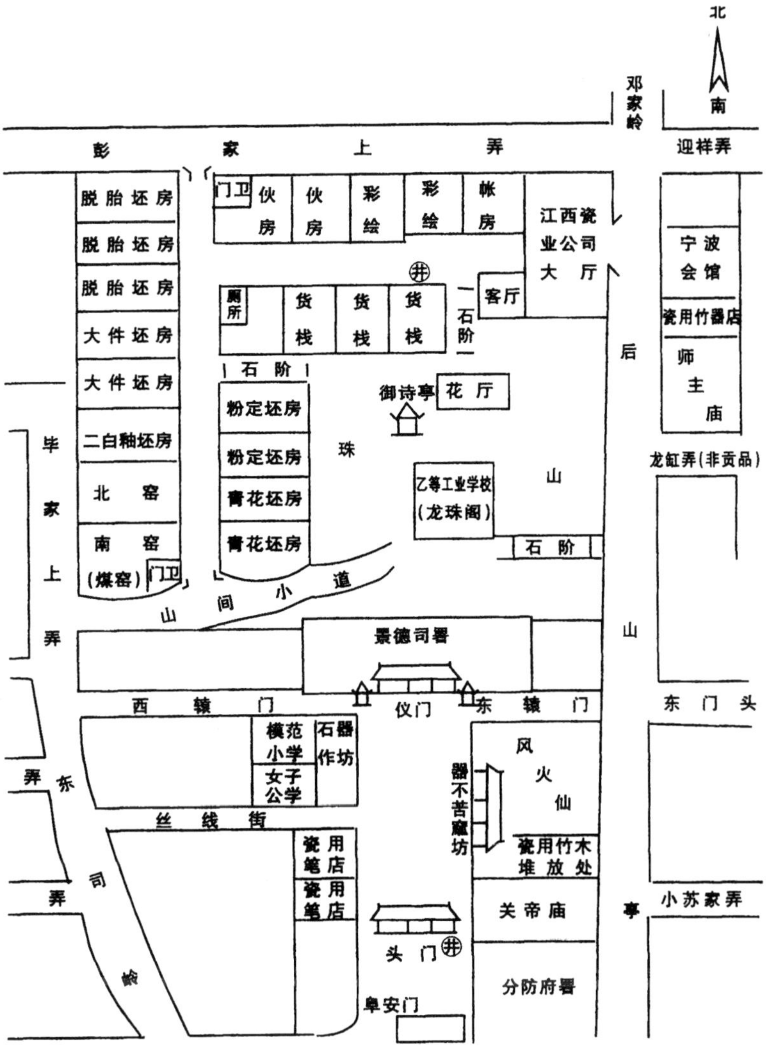


图一 杨瑞开回忆清末民初御窑厂遗址示意图

阁，七十大寿不准铺张。“当此时局多艰，财用匮乏，本年万寿庆典，业经降旨不准铺张，所有传办瓷器，着即停止。”[①]同年《清史稿》中也有“秋七月，乙未，停九江进瓷器。”的记载。[②]

综合上述两份地契和口述史资料，可以得出这样的结论：甲午战后，清廷财政赤字严重，财政入不敷出。烧造宫廷瓷器的御窑厂部分厂房已经开始沦落到出租的境地。光绪二十九年由柯逢时请旨创办，孙延林任总办的官商合办瓷器公司只是在御窑厂北面珠山脚下部分规划了土地，盖起了厂房。光绪三十三年端方奏折中“既而景德镇之官窑亦归该公司经营”所指的“官窑”仅是孙延林那半途而废的官商合办瓷器公司。商办江西瓷业公司是购买到了那半途而废官

① 清实录・德宗景皇帝实录・八［第59册］卷533（影印）[M]. 中华书局，2008年，第62036—62037页。

② 清史稿校注（第二册・德宗二・本纪卷二十四）[M]. 台北：商务印书馆，1999年，第1003页。

办瓷器公司的地基和厂房，而不是官方赠与或以固定资产入股方式所得。换言之，从形式来看，商办江西瓷业公司除了基地和厂房在原御窑厂北部外，与御窑厂并没有直接关系。这种情况才能使我们更好理解为什么御窑厂占地数十公顷，而瓷业公司经理康达在《瓷业总理致发起人及各股东说略》中还不断抱怨“公司原有之坯房、窑屋窄不敷用，此间地狭人稠，其密如鲫”的真正原因了。

那么从实质来说，江西瓷业公司是否曾经行使过类似于御窑厂的功能，为清廷生产过瓷器呢?

查阅清档，从光绪三十三年至宣统三年，每年清廷都有大量九江关负责报送的瓷器。据《清宫瓷器档案全集》统计，光绪三十三年至宣统元年，每年进大运瓷器琢器80件、圆器1204件，大运备用瓷器琢器8件、圆器238件。另外，光绪三十三年进传办瓷器1684件并传办备用瓷器13件，光绪三十四年未见记载。①关于清宫旧藏，光绪末期瓷器不论，仅宣统款瓷器就有近万件。②

总而言之，从史料和现有清宫故藏两方面来看，光绪末期及宣统朝，有大量由九江关送入宫中的宫廷瓷器。问题的关键在于这些瓷器是谁生产的呢？究竟是原来的清御窑厂烧造的还是新成立的江西瓷业公司所为？对此，有学者认为，自光绪二十九年，至少从光绪三十三年始，至清廷灭亡，此时段的清宫瓷器是江西瓷业公司生产的。③其理由主要有两方面：一是官方史料有证据；光绪二十九年，柯逢时上奏成立江西瓷业公司。光绪三十三年，端方奏折中有“既而景德镇之官窑亦归该公司经营”的记述。二是实物对比分析清宫旧藏宣统年款瓷器与江西瓷业公司商品瓷的款识，发现具有一致性。故宫博物院古陶瓷研究员王光尧判定，宣统御窑瓷器上的楷书款识在识款方式上除清代御窑瓷器所见传统的六字两行的“大清宣统年制”款外（图二、图三），又开始流行六字三行无圈框的“大清宣统年制”楷书款（图四、图五），而这种六字三行无圈框的楷书款在同治光绪时期的御窑瓷器上几乎不见，可谓无上源，但在江西瓷业公司所产商品瓷上所署的“江西瓷业公司”六字楷书款，也以三行无圈框者最常见，二者间的这种一致性或即正是产品出自同一生产单位的表现。④

对于上述的推断，笔者认为不妥。笔者认为得出上述推断的两方面理由都有问题。第一，史料方面，之所以得出上述的判断，原因在于对江西瓷业公司史料掌握还不全面，对本文前述第一部分辛亥革命前江西瓷业公司曲折创办过程，没有完全理清。很显然，光绪三十三年前，

① 项坤鹏．由柯逢时〈开办江西瓷器公司折〉引发的思考–试析江西瓷业公司的几个问题[J]．中国国家博物馆馆刊，2012年第4期，第128页。

② 王光尧．清代御窑厂的建立与终结——清代御窑厂研究之一[J]．故宫博物院院刊，2004年第2期，第41页。

③ 详见本文前言脚注中有关江西瓷业公司与清御窑厂关系“现有相关成果”中王光尧、项坤鹏等文论述。

④ 王光尧．清代御窑厂的建立与终结——清代御窑厂研究之一[J]．故宫博物院院刊，2004年第2期，第44—45页。

图二 “大清宣统年制”青花松竹梅纹碗

图三 “大清宣统年制”青花松竹梅纹碗底款

图四 “大清宣统年制”粉彩花卉纹碗

图五 “大清宣统年制”粉彩花卉纹碗底款

江西瓷业公司虽历经多任大员兴办，但终未实质建立起来，因而实际上不可能为清廷大规模生产瓷器（虽有机器制瓷样品）；光绪三十三年，江西瓷业公司建立起来后，仅凭端方奏折中“既而景德镇之官窑亦归该公司经营”的论述就推断御窑厂并入瓷业公司，此后的清廷瓷器就由瓷业公司生产，这与本文前面论述显然也是不符合的。第二，从实物的对比来看，很难说清宫旧藏宣统年款瓷器与江西瓷业公司商品瓷存在多大的一致性。复旦大学文博系刘朝辉教授及笔者认为，同治光绪时期的御窑瓷器确实极少出现六字三行无圈框的楷书款，但江西瓷业公司早期带纪年产品所署底款，多为六字带圈三行楷书款（图六、图七），且从楷书字体字形辨认，其样式也很难说与清宫旧藏宣统瓷器相同。

与此相反，笔者新发现的几处相关史料能证实既有成果中上述推断的错误。至少笔者可以这样推断，光绪末年至宣统元年七月以前的清宫旧藏瓷器应该不是瓷业公司出品。①

虽然甲午战后，晚清处在内忧外患当中，国家财政匮乏，慈禧为顺应民意，表面装作节俭，“传办瓷器，着即停止”，但实际御窑厂瓷器的生产并未真正中断。《申报》1904年8月28

① 光绪末年景德镇瓷器公司上供仿洋机器制瓷样品除外。

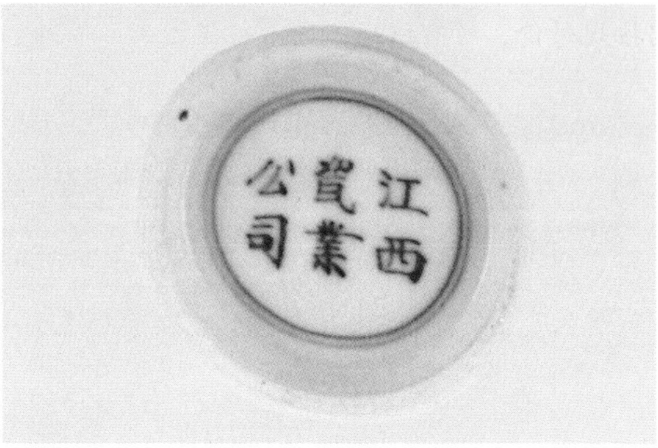


图六　粉彩印花莲荷纹碗（1910年）图片采自赖大益著《晚清民国瓷器——江西瓷业公司》

图七　粉彩松鹤富贵纹盒（1913年）图片采自赖大益著《晚清民国瓷器——江西瓷业公司》

日刊有瑞瀓去御窑厂查看上用瓷器生产情况的报道，“江西广饶九南兵备道兼管窑厂事瑞莘儒观察于本月初九日乘长龙船往景德镇查阅御要，监制上用瓷器。”[①]《申报》1906年12月27日刊

① 溢浦鹃啼·九江访事人云[N]．申报，1904年8月28日，第3版。

有九江所解贡瓷由津运京因火车烟筒炸裂将贡瓷焚毁的报道。“贡瓷由津运京计装二车，行至黄村迤北，适逢狂风大作，逆风前进，火车头烟筒内冒出浓烟，火星风落瓷桶，致兆焚如，当时呼救，人力难施，幸保住一半仅烧毁二十墩［桶］。”[①]甚至到了1907年8月，《申报》还刊有时任江西按察使瑞良派人去景德镇查看大运传单生产制作情况的报道。赴御窑厂察看官员禀覆文中有当时御窑厂大运传单生产情况的叙述：

职道抵镇后即借寓御器厂，该厂内各工作所制大运传单各件逐一察看要皆，陈陈相因无多佳品，厂作分十三行，凡制一器如练泥做胎画稿染色吹釉等类各有专责，□器圆器平器琢器各有专门，既毕，工送各民窑分烧，占其中位，仍按规付价，所有该厂工匠用则招之来，不用令之去，各就范围，无居奇抗之风，其规制之长如此。然而优者勿赏，劣者勿罚，无所激劝故无有进步，此其一短也。[②]

与此报道相呼应的是，到了宣统元年六月的《景德镇商务总会己酉春夏二季报告书》中仍有御窑厂“非时选调各户紧要工人大碍民窑生计事”及付给民窑承烧户柴价过低的记载：

又陶庆会[③]值年[④]等节略，为烧窑户承烧御窑厂瓷器仍照数十年前价码给发柴价，现值柴薪飞涨，承烧之户难认亏累，向系摊归烧户八十余家公认弥补，近来派费岁有增加，异常苦累，恳会移请。关道饬该厂司事酌增柴价以免差累事，公议应由窑业会员调查每年派累实在数目并窑厂发价，究较民窑短给若干，以凭核夺办理。[⑤]

从这些史料来看，清朝末年，虽然清廷处在内忧外患之中，慈禧曾下令“传办瓷器，着即停止”，御窑厂部分出租，但实际御窑厂生产并未停止，此时段清宫瓷器仍是江西巡抚或九江关监督按照清廷旨意在原御窑厂生产，具体采用的是“工匠用则招之来，不用令之去”和“官搭民烧”的方法制作。这种御窑厂制作瓷器的方法简单灵活，工匠相对来去自由，也无需要占用很大的场地。平时御窑厂闲置和部分出租，接到清廷瓷器生产任务时，临时组织民窑工匠制作，然后“官搭民烧”。从上述资料看，御窑厂这种瓷器生产的方法至少延续到宣统元年六月。笔者推断御窑厂这种简单灵活的瓷器制造方法有可能一直延续到清廷垮台，换言之，清宫旧藏大量光绪末年至宣统年间的瓷器极有可能是御窑厂一直采用这种方法生产的，而非江西瓷业公司所为。

---

① 九江解贡瓷委员电音九江[N]. 申报，1906年12月17日，第3版。

② 禀覆考察景德镇瓷业情形江西[N]. 申报，1907年8月12日，第12版。

③ 明清时期景德镇独立于“三窑九会”之外的第四窑——陶庆窑，是烧柴窑业的业主行会团体。

④ 明清时期景德镇三窑九会行会负责人，也称为总老板，任职期限为一年，每年夏历四、五月接任。

⑤ 吴简廷. 景德镇商务总会己酉春夏二季报告书[R]. 景德镇陶瓷学院图书馆馆藏，第20页。

但实事求是地说，从目前资料和实物看，尚不能完全排除宣统元年七月以后瓷业公司有为清廷生产瓷器的可能。其原因主要有二个方面：

（1）宣统元年《景德镇商务总会已酉秋冬二季报告书》中有江西瓷业公司为清农工商部生产商品陈列瓷器的记录。在景德镇商务总会宣统元年秋冬两季报告书中有如下记叙：

七月初七日，星期常会。宣布农工商部劄催各商会解送陈列所物品文，公议由会提选瓷业公司暨□窑厂上品瓷器送部陈列。[①]

有意思的是，《景德镇商务总会已酉秋冬二季报告书》这段文本中"公议由会提选瓷业公司暨"之后没有按照古代文书避讳要求重起一行，顶格写"御"字，而是窑厂前面紧接着故意留有一空格。分析清代文献中有关御窑厂的记载，有"御窑厂""御器厂""窑厂""厂"等称谓。联系此处上下文及古代文书避讳制度看，此处的"□窑厂"应该就是指御窑厂。从中可以看出，由康达担任会长的景德镇商务总会《报告书》中，直接把江西瓷业公司与御窑厂同等并列，并确实在为清廷农工商部烧造商品瓷。

（2）从江西瓷业公司的性质分析。从瓷业公司八位发起人的身份看，其中不少是清廷握有实权的官员，主要发起人兼大股东瑞澂更是满洲正黄旗权倾一方的清廷大员，他还曾经担任过江西广饶九南兵备道兼管窑厂事。从历届巡抚创办瓷器公司奏折和商办瓷业公司《章程》《缘起和附说》《办事章程》等文献可以看出，江西瓷业公司的使命不但要成为引领当时瓷业发展的模范工厂，更要有类似原御窑厂兼管瓷业和景德镇地方事务的职责。宣统二年，江西瓷业公司资金困难，不能周转的时候，在瑞澂的请求下，赣抚冯汝骙还拨银二万两予以救济。这些说明，商办江西瓷业有限公司虽名义上为"商办"，但实际与清廷仍有千丝万缕的联系。

从上述两点看来，笔者认为宣统元年七月以后，不排除有江西瓷业公司为清廷烧造瓷器的可能。但这仅仅只是一种推断，到目前为止，尚无直接、有力的证据证实这一点。

## 三、结语

江西瓷业公司是清末瓷业发展的一个重要典型，其创办历程曲折漫长。光绪二十九年，江西巡抚柯逢时奏请成立官商合办景德镇瓷器公司。光绪三十三年，原官商合办瓷器公司改归商办，成立商办江西瓷业有限公司。光绪三十四年五月，商办江西瓷业公司正式开工，设总厂于清代御窑厂。

虽然江西瓷业公司的创办与清廷有千丝万缕的联系，创建后设总厂于清代御窑厂，但不能由此简单地推断，宣统年间的宫廷瓷器都由江西瓷业公司生产。更不能片面地认为自光绪二十

① 吴简廷．景德镇商务总会已酉秋冬二季报告书[R]．景德镇陶瓷学院图书馆馆藏，第1页。

九柯逢时上奏官商合办景德镇瓷器公司，并实际派孙延林开办以后，清廷的瓷器都由江西瓷业公司生产。自光绪二十九年柯逢时上奏创建瓷器公司到宣统元年七月以前，虽然清廷处在内忧外患之中，慈禧曾下令“传办瓷器，着即停止”，御窑厂已有部分出租，江西瓷业公司总厂建立在清御窑厂，但实际御窑厂生产并未停止，此时段清宫瓷器仍是江西巡抚或九江关监督按照清廷旨意在原御窑厂生产，具体采用的是“工匠用则招之来，不用令之去”和“官搭民烧”的方法制作。御窑厂这种瓷器生产的方法一直延续到宣统元年六月并极有可能延续到清廷垮台。瓷业公司建立起来后，其设在御窑厂的厂基和房屋是从原官商合办瓷器公司买得，而且只仅仅占有珠山脚下一部分。从形式来看，公司性质自始至终为商办性质，并未完全取代清御窑厂。换言之，称江西瓷业公司为“最后的官窑”，此说法笔者认为有些言过其实。但另一方面，从目前相关文献和现存实物分析，尚不能完全排除自宣统元年七月以后商办江西瓷业公司为清廷生产瓷器的可能。

（原载《明清官窑研究——2016年明清官窑国际学术研讨会论文集》，华龄出版社，2017年版）